Die Weltreligionen

Arnulf Zitelmann, geboren 1929, trat nach seinem Studium der Philosophie und Theologie in den Dienst der Evangelischen Landeskirche in Hessen. Von 1977 bis 1992 war er als Religionslehrer an einem Gymnasium in Darmstadt tätig. Heute lebt und arbeitet er als freier Schriftsteller in der Nähe von Darmstadt. Er ist Autor zahlreicher Jugendromane und Biografien für junge Leser, für die er mit vielen Preisen ausgezeichnet wurde. Zuletzt erschien von ihm im Campus Verlag *Die Welt der Griechen* (2008).

Silke Reimers, geb. 1966, studierte Grafik-Design mit Schwerpunkt Buchgestaltung und ist seit über zehn Jahren für verschiedene Verlage tätig. Für den Campus Verlag illustrierte sie unter anderem die Jugendbücher *Die Welt der Wirtschaft* (1998) von André Fourçans, *Warum ist der Eisbär weiß* (2003) von Bas Haring, *Die Geschichte der Christen* (2004) von Arnulf Zitelmann und *Die Geschichte der Deutschen* (2005) von Wilhelm von Sternburg. Weiter Informationen unter www.silke-zeichnet.de.

Die Weltreligionen

vorgestellt von Arnulf Zitelmann

Illustrationen von Silke Reimers

Campus Verlag
Frankfurt/New York

Redaktion: Dr. Barbara Werner, Stuttgart

Bibliografische Information der Deutschen Nationalbibliothek:
Die Deutsche Nationalbibliothek verzeichnet diese Publikation in der Deutschen Nationalbibliografie. Detaillierte bibliografische Daten sind im Internet unter http://dnb.d-nb.de abrufbar.
ISBN 978-3-593-38353-8

2. Auflage 2008

Umschlaggestaltung: Guido Klütsch, Köln
Umschlagmotiv: Silke Reimers, Mainz
Satz: Presse- und Verlagsservice, Erding
Druck und Bindung: Freiburger Graphische Betriebe, Freiburg
Gedruckt auf säurefreiem und chlorfrei gebleichtem Papier
Printed in Germany

Besuchen Sie uns im Internet: www.campus.de

Inhalt

Anhang

Religion, ein erstes Wort

Religion ist ein schrecklich allgemeines Wort. Ich gebe es in die Suchmaschine ein, und auf dem Bildschirm erscheinen unsortiert Thai-Tempeltänzerinnen, Rosenkranzgebete, Ufos, Malcolm X und Martin Luther King, Selbstmordattentäter, die magischen Bildgalerien der Eiszeitjäger von Lascaux, Judenstern und Halbmond, St. Paul's Cathedral, Sexismus, tibetanische Räucherstäbchen. Ich könnte nächtelang weitersurfen und käme an kein Ende. Unmöglich! So viel passt in kein einzelnes Wort. Doch ein besseres habe ich auch nicht.

Mir fällt die Begegnung mit einer Dame ein, der ich als Student aus meinem Studium erzählte, Philosophie und Theologie. Ich vergesse den Blick nicht, als sie mir sagte: »Sie sind doch ein vernünftiger junger Mann, wozu haben Sie Gott nötig?« Ich war verlegen, und meine Antwort weiß ich nicht mehr. In Europa und in der ganzen westlichen Welt sind Gott und Vernunft, Religion und Wissenschaft unüberbrückbare Gegensätze. Jahrhundertelang ist darüber im Abendland endlos gestritten worden. Was würde ich heute, nach all den Jahren, der Frau antworten? Ich brauche einen Rasierapparat, eine Zahnbürste und meine Pfeife, aber einen Gott brauche ich nicht.

Ich bin frommer Atheist. Atheisten nannte man im römischen Weltreich die Christen, weil sie an keine Gottesbilder glaubten. Das tue ich auch nicht. Gottesbilder sind ein Notbehelf, eher harmlos also. Klammert man sich daran, werden sie gefährlich. Deswegen bin ich Atheist, aber ein frommer. Ohne dieses Gefühl der Frömmigkeit möchte ich nicht leben, nicht einen Augenblick.

Beim Stichwort Religion höre ich hupende Hochzeitsautos, tibetanische Tempelmusik und Glockenspiele aus Holland, sehe Kardinalspurpur in Rom, im Iran die schwarzen Turbane der Mullahs, in das Kirchlein vor meinem Arbeitszimmerfenster tragen Eltern ihr Kind zur Taufe, buddhistische Mönche verbrennen sich in Vietnam, das Fernsehen überträgt einen Gottesdienst für Tiere, zeigt kirchliche Entwicklungshelfer, die in Eritrea Brunnen bohren. Religionen gibt es weltweit, sie kommen aber nicht miteinander aus. Sie schließen

Bündnisse mit der staatlichen Macht, zwischen Thron und Altar, eine brisante Mischung! Ich lese von mordenden Kreuzrittern, aber Franz von Assisi, der Vater der Franziskanermönche aus dem 13. Jahrhundert, predigte den Vögeln und wusch das faulende Fleisch von Leprakranken. All das ist Religion, auch das Lehrhaus des Konfuzius in China, die Kaaba in Mekka, die Klöster auf dem Berg Athos in Griechenland, die Stupas mit den Reliquien Buddhas, die Synagogen, der Kölner Dom. Ich rieche Papier, sehe Tinte fließen, Druckpressen arbeiten. Und dann fällt mir Hildegard von Bingen ein, die heilkundige Mystikerin des Mittelalters. Mystik ist Religion ohne Worte. So wie Hildegard dachten viele intelligente, weise Frauen. Aber Religion ist männerzentriert, weltweit, sei es im Buddhismus, Judentum, Christentum oder im Islam. Gott erbarme dich! Und dieses ganze Konglomerat von Ritualen, Institutionen, Rechtgläubigen und Ketzern heißt Religion. Was habe ich damit zu tun? Gar nichts. Oder doch? Wie auch immer, in mein Gefühl lasse ich mir von niemandem hineinreden.

Meine Mutter Helene betete abends mit mir am Kinderbett: »Will Satan mich verschlingen, so lass die Englein singen: Dies Kind soll unverletzet sein.« Laut mitgebetet habe ich, und dieses Gefühl, das ich damals dabei empfand, ist mir nie abhanden gekommen: Die Gewissheit, im Letzten unverwundbar zu sein, angstfrei leben zu können.

Die Existenzialisten des vorigen Jahrhunderts machten die »Geworfenheit« als menschliche Situation aus. Albert Camus beschrieb sie in seinem »Mythos von Sisyphos« als »Verstoßensein ohne Ausweg«. Der Mensch ist einfach da und muss mit diesem Dasein fertig werden, so wie Sisyphos, der den Stein den Berg hinaufrollte, aber niemals oben ankam, weil der Stein immer wieder hinunterfiel und er von vorn anfangen musste. Ich habe eine schwierige Biografie, einen Katastrophenslalom sozusagen, doch die Einstellung von Camus teile ich nicht. Viel stärker empfinde ich die Tatsache, dass ich mich einer endlosen Reihe von glücklichen Zufällen verdanke. Jeder, der neben mir in der S-Bahn sitzt, kann sein Leben bis auf den Urknall zurückführen. Als vor 15 Milliarden Jahren in den ersten drei Minuten des kosmischen Prozesses jene atomaren Bausteine entstanden, die heute beim Schreiben meine Finger bewegen. Und wir verdanken uns der Evolutionskette, die auf unserem Planeten bis zum Menschen führte. Ein verschränktes Geschehen von Zufall und Gesetzmäßigkeiten. Von Mozart bis Madonna.

Dafür, dass ich da bin, mein Leben bis heute erhalte, weiß ich nicht nur meiner Mutter Dank, sondern ungezählten Menschen, Lebewesen, auch der

Mutter Erde, ihren Früchten, ihren Tieren, ihrer sauerstoffhaltigen Luft, ohne die wir nicht atmen können. Ich verdanke mich Menschen, deren Leben in meinem Leben Spuren hinterließen, der Musik, die ich hörte, den Büchern, die ich las. Nicht zu vergessen Kitti, unsere Katzenmamsell! Wo soll ich aufhören? Genauer gefragt, wo fange ich an? Ich weiß es nicht, aber schließlich bin ich doch da, einmalig, unverwechselbar.

Nie wieder wird es mich in den Milliarden Jahren der Zukunft noch einmal geben, wenigstens nicht genauso. Jede und jeder von uns ist einzigartig. Und auch darin verdanken wir uns. Wem? Oder was? Warum ist das große Los in der Gen-Lotterie ausgerechnet auf mich gefallen? Mit einer Wahrscheinlichkeit von 1 zu mehreren Trillionen. Mich dürfte es gar nicht geben, rein statistisch gesehen. Trotzdem bin ich da. Unser Dasein beruht auf einem riesengroßen Zufall. Und die Religion verspricht, aus unserem Zufallsdasein einen Glücksfall zu machen, dem Zufall einen Sinn zu geben.

Das ist der gemeinsame Nenner der Philosophie von Laotse, Buddha, Moses, Jesus und Muhammad. Religion funktioniert wie eine Rückversicherung gegen das brutale Faktum des Zufalls. Die Frage nach dem Woher und Wohin werden sich vermutlich alle Menschen irgendwann einmal stellen. Und wahrscheinlich auch die Lebewesen von anderen Planeten irgendwo in der Galaxis. Falls es sie gibt, und falls die Außerirdischen wie wir die Zeit erfahren, nämlich als Vergangenheit, Gegenwart und Zukunft. Solche spekulativen Fragen möchte ich hier aber lieber nicht diskutieren.

Religion als die Bewältigung des Zufalls. Das klingt fast wie eine Umschreibung der Kritik von Sigmund Freud: »Der letzte Grund der Religion ist die infantile Hilflosigkeit des Menschen.« Ähnlich sah es Karl Marx, der aber auf die soziale Funktion der Religion abhob. Für ihn war sie ein Beruhigungsmittel, das »Opium des Volks«. Diese Funktion hat die Religion verloren. Heute benutzen wir als »Opium« Risikosport, Fitnesstraining, Rock- und Popmusik, Internetsurfen, Actionspiele, Erlebnisurlaub, eben alles, was einen aus dem Alltag herauskatapultiert, greifen vielleicht sogar zu richtigen Drogen, Ecstasy oder Alkohol. Hinein in die große Spaßgesellschaft, und die geht über Leichen. Daran würde Marx am Anfang unseres Jahrtausends die Kritik der ökonomischen Verhältnisse festmachen. Nicht mehr an der Religion.

Karl Marx entstammte einer alten jüdischen Familie, und unter seinen Vorfahren befanden sich mehrere Rabbiner, Schriftgelehrte, die Recht sprachen, Trauungen und Scheidungen vollzogen und die ihre Gemeinden nach außen vertraten. Der Religionskritiker kannte sich also in Sachen Religion gut aus.

Und er sprach ihr nicht rundweg jede Existenzberechtigung ab. In ihr vernahm er den »Seufzer der bedrängten Kreatur«, sah in ihr den ohnmächtigen Protest gegen die gesellschaftlichen Missstände, »in denen der Mensch ein erniedrigtes, ein geknechtetes, ein verlassenes, ein verächtliches Wesen ist«.

Zu einem ähnlichen Ergebnis kommt die Religionskritik des Österreichers Sigmund Freud, der Anfang des 20. Jahrhunderts die Psychoanalyse begründete. In jeder Religion, befand Freud, steckt eine Portion Trotz, »versteckter Sohnestrotz« gegen einen übermächtigen Vater. Ich stimme zu. Religion ist mehr als ein Kuschelgefühl, mehr als liebes Eiapopeia. Alle großen Religionen begannen irgendwann als Protestbewegungen, alle Religionsgründer waren

Moses, Buddha, Laotse, Jesus, Muhammad: Ihre Religion verspricht, dem Zufall einen Sinn zu geben.

zugleich Religionskritiker und mussten sich gegen zahllose Widerstände durchsetzen.

Laotse, der chinesische Weise, verließ seine angestammte Heimat: »Denn die Güte im Land war wieder einmal schwächlich, und die Bosheit nahm an Kräften wieder einmal zu.« So beschreibt Bert Brecht, der Poet, den legendären Auszug Laotses in seiner Ballade »Von der Entstehung des Buches Taoteking«. Buddha, eventuell des chinesischen Weisen Zeitgenosse, war das Ziel mörderischer Anschläge. Ein Vetter hetzte den wilden Elefanten Nalagiri auf den Erleuchteten. Auch gegen Moses intrigierten seine eigenen Verwandten. Aaron und Miriam wiegelten die Juden gegen ihren Anführer auf, und um ein Haar wäre Moses gesteinigt worden. Jesus wurde gekreuzigt, Muhammad, der Prophet, musste seine Heimatstadt Mekka fluchtartig verlassen.

Solche biografischen Übereinstimmungen sind kein Zufall. In jedem religiösen Genie steckt auch ein Religionskritiker. Unausweichlich, denn der ultimative Horizont der Dinge ist größer als unser Kopf. Egal wie die Menschen es nennen, das Tao des Laotse, das Nirwana von Buddha, der Jahwe-Gott Israels, der Allah des Koran oder der Jesus Christus des Neuen Testaments. Alles sind Annäherungen, keine letzten Wahrheiten. Darum muss die Religion gegenüber sich selbst kritisch sein und selbstkritisch bleiben.

Das ist ein weiterer Grund, warum mir das Wort »Religion« eigentlich so missfällt. Wir verbinden damit ihren Anspruch, im Besitz ewiger Wahrheit zu sein. Doch ewige Wahrheiten gibt es nicht. Schließlich ist alles unterwegs, noch im Werden. Nichts ist schon endgültig ausgemacht und entschieden. Und außerdem: Ewige Wahrheiten sind Killer. Sie leben vom Blut ihrer Opfer. Die Fernsehnachrichten dokumentieren täglich jene Grausamkeiten, die aufs Konto von totalitären Religionsansprüchen gehen. Die gut gemeinte Belehrung, ich dürfe über den Missbrauch von Religion ihr wahres Wesen nicht verkennen, hilft mir gar nichts. Im Gegenteil. Wer Religion doppelte Moral unterstellt, bringt sie vollends um allen Kredit.

»Es ist das Beste an Religion, dass sie Ketzer erzeugt«, oppositionelle Geister, Abweichler, Dissidenten, notierte der Philosoph Ernst Bloch im 20. Jahrhundert. Wer wollte das bestreiten? Alle großen Religionsstifter waren große Ketzer, Aufrührer in Wirklichkeit. »Neuerer« kennen die meisten religiösen Traditionen nur als Schimpfwort, doch was wären die Religionen ohne ihre Erneuerer! Und die gab es in jeder Religion, sonst wären sie längst alle vom Erdboden verschwunden. Es ist die Aufgabe der Theologen, die Balance zwischen Tradition und Reformation immer neu auszutarieren, und das gelingt ihnen mehr oder weniger gut. Tatsache bleibt: Jede Religion schreibt ihre Geschichte ständig neu. Heute gilt das erst recht, weil der Globalisierungsprozess sich zusehends beschleunigt und keine Religion auf der Welt sich mehr von den übrigen abschotten kann. Der Dialog zwischen den Weltreligionen ist endlich in Gang gekommen. Mein Buch verstehe ich als Teil dieses Prozesses.

Dass ich es gerade jetzt schreibe, hat einen persönlichen Grund: die kürzliche Einweisung in eine Klinik. Ich lebte seit Jahrzehnten ärzte- und medikamentenfrei, doch jetzt lag ich plötzlich auf dem Operationstisch. Noch dazu unter Krebsverdacht.

Schläuche, Infusionsbeutel, Krankenschwestern, Pfleger, Ärzte um mich herum. Ich konnte nicht fassen, wie mir geschah! Hier und heute, an meinem Schreibpult, blicke ich fast mit Wehmut auf jene Wochen zurück. Ohne Termine, keine Korrespondenz, ohne Computer, Telefon, keine Schreibarbeiten, keine Lese- und Vortragsreisen. Statt ständig unterwegs zu sein, lag ich im Bett und spürte, dass mein Leben endlich ist. Eine Woche später kam der erlösende Befund: kein Krebs. Doch ich hätte auch einen positiven Befund akzeptiert, ohne Bitterkeit, ohne die Frage: Warum gerade ich?

Während jener Zeit entstand dieses Buch. Als ich die Klinik verließ, hatte ich es im Kopf fertig geschrieben. Ein gutes halbes Jahr später stehe ich jetzt am Schreibpult und bringe den Text zu Papier. Als Dankeschön, ein Gefühl ohne bestimmte Adresse. Doch es schließt die Leserinnen und Leser mit ein. Sie sind mein Gegenüber, während ich schreibe. Jedenfalls, ich wollte mich bedanken, bei wem auch immer. Ich hatte Glück im Unglück gehabt, mal wieder.

Ich möchte mein Buch nicht abgehoben und abstrakt schreiben, sondern, wenn schon, auf der persönlichen Ebene, entlang meiner eigenen Biografie. Über Religion kann man nicht von außerhalb, nicht von oben herab schreiben. Jede Religion ist doch eine Art von Liebeserklärung. Anders gesagt, das religiöse Gefühl ist das Persönlichste, was ein Mensch besitzt. Ich wenigstens kann mich keinen Augenblick davon verabschieden.

Ein »Handbuch der Weltreligionen« kann und will mein Buch nicht sein. Davon gibt es genug, sehr gute und weniger gute. Ich werde die Welt von Laotse und Buddha, die Religion des Juden- und Christentums und die Botschaft Muhammads dem Leser so vorstellen, wie sie sich mir darstellt. Gewiss nicht, ohne dass ich mich rundum kundig gemacht hätte! Eine gewisse Unschärfe lässt sich trotzdem nicht vermeiden. Nicht mal seine eigene Religion kann ein einzelner Mensch ganz erfassen. Dazu ist jede Religion in sich zu reich, zu vielgestaltig. Religionen sind Kulturprodukte, an denen Hunderte von

Generationen gearbeitet haben. Auch deswegen ziehe ich eine subjektive, persönliche Sichtweise vor. Sie ist ehrlicher als ein Lehrbuch.

Meine Vorbehalte gegenüber dem Begriff von Religion habe ich mehrfach angesprochen. Dennoch muss ich von dem Wort Gebrauch machen, es lässt sich nicht vermeiden, obwohl manche Religionen das Wort überhaupt nicht kennen. Es stammt aus unserer westlichen, griechisch-lateinischen Kultur. Und die dominiert allein schon mit ihrer Zeitrechnung – vor oder nach Christus – innerhalb der Weltkulturen als Leitkultur. Nur innerhalb der westlichen Kultur kann ich meinen Begriff von Religion definieren. Ein Hindu beispielsweise, in dessen Sprache das Wort Religion nicht existiert, würde es ganz anders tun. Was also verstehe ich unter Religion?

Mir gefällt, was Thomas Mann in seinem Roman *Joseph und seine Brüder* dazu zu sagen hat:

»Gewissermaßen war Abraham Gottes Vater. Er hatte ihn erschaut und hervorgedacht, die mächtigen Eigenschaften, die er ihm zuschrieb, waren wohl Gottes ursprüngliches Eigentum, Abraham war nicht ihr Erzeuger. Aber war er es nicht dennoch in einem gewissen Sinne, indem er sie erkannte, lehrte und denkend verwirklichte? ... Darum blieb Gott aber doch ein gewaltig Ich sagendes Du außer Abraham und außer der Welt ... Gott aber hatte seine Fingerspitzen geküsst und zum heimlichen Ärger der Engel gerufen: ›Es ist unglaublich, wie weitgehend dieser Erdenkloß mich erkennt! Fange ich nicht an, mir durch ihn einen Namen zu machen? Wahrhaftig, ich will ihn salben!‹«

Den Text lasse ich so stehen. Die Leserinnen und Leser sollen ihn auf sich wirken lassen. Meine eigene Religionsauffassung veranschaulicht die Geschichte vom Paradies, mit der die Hebräische Bibel, das Alte Testament der Christen, beginnt. Bibelwissenschaftler datieren diesen Text in das 8. Jahrhundert vor unserer Zeit.

»Jahwe Gott« formte am Anfang den Menschen aus Staub von der Erde, hauchte ihm Lebensatem zu und versetzte ihn in eine Oase, die »Jahwe Gott« gepflanzt hatte, damit der Mensch sie hege und pflege. Und »Jahwe Gott« sprach: »Es ist nicht gut, dass der Mensch allein sei! Ich will ihm ein entsprechendes Gegenüber machen.« Noch ist der Mensch allein mit sich. Inmitten der pflanzlichen Kreatur erfährt er sein Fremd – und Anderssein. »Da bildete Jahwe Gott aus dem Erdboden jedes wildlebende Tier des Feldes und jedes fliegende Geschöpf der Himmel, und er begann, sie dem Menschen zu bringen, um zu sehen, wie er jedes nennen würde.« Aber es bleibt bei dem Fremd- und Anderssein, der Mensch ruft den Namen der Tiere, doch sie antworten nicht in seiner Sprache. »Da ließ Jahwe Gott einen Tiefschlaf auf den Menschen fallen«, bildete aus des Menschen Gebein eine Menschenfrau und brachte sie dem Menschen. »Da sagte der Mensch: Endlich! Diese da ist Bein von meinem Gebein!« Das Fremd- und Anderssein war aufgehoben, Adams entsprechendes Gegenüber ward endlich gefunden!

Wir kennen den traurigen Fortgang der Geschichte! Adam und Eva essen von der verbotenen Frucht. Darüber gehen ihnen die Augen auf. Und ihnen wird bewusst, dass sie zum »Guten wie zum Bösen« fähig, durch die Existenz des Anderen gefährdet, verwundbar sind. »Da flochten sie Feigenblätter zusammen und machten sich Lendenschurze.« Das erlösende Gegenüber wird zur Bedrohung.

Jahrtausende später, zu unserer Zeit, schreibt der französische Philosoph Jean-Paul Sartre: Die Erfahrung des Angeblickt-Werdens wirft mich auf mich selbst zurück, der Blick des anderen ist mein Richter. »Mein eigentlicher Sündenfall ist die Existenz des anderen.« Seit ihnen die Augen aufgingen, ist jeder Mensch noch radikaler allein, verdammt zum ewigen Fremd- und Anderssein. Auch und gerade Gott kann Adam und Eva kein »entsprechendes Gegenüber« sein, denn als sie seine Stimme hörten, »versteckten sich der Mensch und seine Menschen-Frau vor dem Angesicht Jahwes inmitten der Bäume«.

»Er (der Mensch) weiß nun, dass er seinen Platz wie ein Zigeuner am Rand des Universums hat, das für seine Musik taub ist, gleichgültig gegen seine Hoffnungen, Leiden oder Verbrechen«, so beschreibt der Biologe und Nobelpreisträger Jaques Monod die menschliche Situation. Der Mensch ist ein Geschöpf ohne ein Gegenüber, ein Tier, das in die Welt nicht hineinpasst. Ein Missgriff Gottes? Ein Irrläufer der Evolution? Die Wirklichkeit, so immens sich uns die Realität auch darstellt, ist jedenfalls eine Nummer zu klein für den Menschen. Er kann sich in ihr nicht wiederfinden. Blaise Pascal, ein Mathematiker und mystischer Philosoph des 17. Jahrhunderts, trieb diesen Gedanken auf die Spitze: »Begreife, der Mensch übersteigt unendlich den Menschen.« Er transzendiert sich, wie es in der philosophischen Fachsprache heißt, ist noch nirgends ganz angekommen und da, bleibt Projekt, ein Entwurf, entwickelt sich weiter und bleibt doch einsam. »Die Füchse haben Gruben, und die Vögel des Himmels haben Nester, der Sohn des Menschen hingegen hat nichts, wo er sein Haupt hinlegen kann«, sagt ein Jesuswort. Adams Sprösslinge sind unbehaust. Eine tragische Situation? Ja und Nein. Seiner Unangepasstheit verdankt der Mensch doch seine Kultur. Die Realität, immer und ewig eine Nummer zu klein, erweitert er um tausend virtuelle Welten. Anders könnten wir die Wirklichkeit nicht ertragen. Neugier, Tanz und Musik, Sprach- und Liebesspiel, Erfindungsgeist, technische Kreativität, Traum und Vision: Was wären wir ohne sie? Kultur ist der ewige Versuch, in ihr zu finden, was uns als Naturwesen versagt ist, unsere Passung. Der taube Beethoven hörte seine Musik inwendig.

Die Religionen unseres Planeten gehören mit zu diesem produktiven Chaos. Sie bieten Orientierung an. Bei der abenteuerlichen Reise, bei der endlosen Suche nach Heimat in dieser befremdlichen Welt: Wir werden uns nie abfinden mit der Welt, wir werden uns nie ganz versöhnen mit uns selbst. Immer bleibt etwas von uns außen vor, ein schmerzlicher Rest. Vielleicht aber ist der Weg schon das Ziel? Darin jedenfalls besteht das Versprechen jeder Religion.

Eine Bemerkung zum Schluss, mit der Bitte um Pardon vorab! Beim Durchgang von mehreren tausend Jahren Kultur- und Religionsgeschichte werden dem Leser viele fremde, für unsere westlichen Ohren und Augen exotische Namen und Begriffe begegnen. Eigennamen wie Shi Huangdi und Tschuangtse in China beispielsweise, Siddharta in Indien, im muslimischen Ägypten Al-Hakim Bi-Amr Allah aus der Fatimiden-Dynastie, Shinran in Japan und so weiter. Und ganz ohne Fachterminologie komme ich auch nicht aus. Karma und Nirwana, gut, das haben wir schon einmal gehört, aber Dharma, Atman, Brahman, Sutra und Sunyatta, von denen die Buddhisten und Hindus sprechen, was ist denn das? Nicht einmal eine konsequente Rechtschreibung kann ich versprechen, sondern ich richte mich mal nach der englischen, mal nach der deutschen Schreibweise dieser Wörter, je nachdem, wie die Begriffe in der deutschen wissenschaftlichen Literatur auftauchen. Ärgerlich, gewiss, doch es gibt nun mal keine perfekte Umsetzung des Sanskrit oder Altindischen, des Chinesischen, Japanischen oder Arabischen in unsere westlichen Alphabete.

Ich verspreche, mein Bestes zu tun, muss aber doch gelegentlich die Augen der Leserinnen und Leser strapazieren. Die Geschichte spricht eben viele Sprachen. Und in einer Weltgesellschaft lernen wir jeden Tag ein paar Vokabeln dazu.

Taoismus: Die kosmische Urkraft

Der Tao Te King, »Das Buch vom Tao und Te«, ist unter den zeitreisenden Büchern eines der kleinsten. Es umfasst gerade mal 5000 chinesische Schriftzeichen in 81 kurzen Kapiteln, so viele Worte wie ein schmales Gedichtbändchen, mehr nicht. Geschrieben hat es ein chinesischer Philosoph namens Laotse, der vermutlich im 4. Jahrhundert vor unserer Zeit lebte. Laotse, manche sagen auch Laozi oder Lao-tse, ist chinesisch und bedeutet »alter Meister«. Aus einer Entfernung also von 2500 Jahren kam sein Büchlein 1947, zwei Jahre nach Kriegsende, zum ersten Mal in meine Hände. Bis heute hat es mich begleitet. Aber nie wieder riss ich die Augen auf wie damals, als ich frisch und unvorbereitet darin blätterte und las.

Ein Manifest gegen den Krieg

»Wo Heere lagern, wachsen Disteln und Dornen, auf lange Kriege folgen Jahre der Not«, schrieb Laotse, und genau das war meine Situation. Mit Glück hatte ich den Krieg überlebt und befand mich inmitten einer unermesslichen Trümmer- und Ruinenlandschaft, die Hitler uns hinterlassen hatte. »Disteln und Dornen«, die auf den Schutthalden wuchsen, soweit die Augen reichten.

Ich las die Worte des Weisen: »Ein guter Führer kennt seine Kraft, wenn er siegt, hält er inne und lässt der Gewalt nicht freien Lauf. Er kennt seine Kraft, doch prahlt er nicht damit, nur widerwillig macht er von seiner Kraft Gebrauch, er hasst die Gewalt. Treibt man die Dinge bis ans bittere Ende, geht nichts mehr nach Tao-Art. Doch übst du am Tao Verrat, kommt bald die Wende.«

Was Tao-Art ist, wusste ich nicht, jedenfalls hatte Hitler diese nicht praktiziert. Laotses Worte klangen wie eine nachträgliche Untergangsprophetie:

»Ein böses Werkzeug sind Waffen, ein Mensch von Tao-Art benutzt sie nicht. Widerwillig nur greift er zur Waffe, Frieden, Nachdenklichkeit schätzt er am meisten. Er siegt, aber freut sich nicht daran. Wer sich an Siegen berauscht, ist der Mordlust verfallen, wer aber der Mordlust verfällt, erreicht nicht sein Ziel in der Welt. Mit Trauer, unter Tränen, soll man der Abgeschlachteten gedenken, mit Trauerriten feiern den Sieg.«

Ich war mit Wehrsport groß geworden, in der Hitlerjugend. Siegesfanfaren ertönten zu Kriegsbeginn, und germanisches Heldentum predigten uns die Schulbücher. Gelobt sei, was hart macht, war unser Wahlspruch. Jetzt lernte ich bei Laotse:

»Das Feste und Harte gehört dem Tode, das Weiche und Schwache gehört dem Leben. Daraus folgt: Durch Waffenhärte gewinnst du nichts.« Und weiter: »Wie weich und schwach ist der Mensch, wenn er geboren wird, wie fest und stark, wenn er stirbt. Weich und biegsam sind Kräuter und Bäume, wenn sie entstehen – sterben sie ab, sind sie trocken und dürr. Festigkeit und Härte sind des Todes Begleiter, das Weiche und Schwache sind Begleiter des Lebens. Daraus folgt: Sind die Waffen stark, siegen sie nicht, ist ein Baum stark, wird er gefällt. Das Große geht an sich selbst zu Grunde, das Weiche und Schwache obsiegt.« Und noch einmal: »Was andere lehren, das lehre ich auch: Ein Balkenstarker nimmt kein gutes Ende! Das soll der Ausgangspunkt meiner Lehre sein!«

Noch nie hatte ich dergleichen gehört oder gelesen. Viel später erst erschloss sich mir die historische Dimension dieser Sätze. Im gleichen Zeitraum, als in China der Tao Te King entstand, schwor Ashoka, der große indische Herrscher und Buddha-Verehrer, öffentlich dem Krieg ab. In Israel predigten die Propheten gegen den Krieg, und der Grieche Sophokles legte Antigone die Worte in den Mund: »Nicht mitzuhassen, mitzulieben bin ich geboren.«

Durch die ganze Menschheitsgeschichte zieht sich der Widerstand gegen den befohlenen Mord. Und mit welcher Wirkung? Mit durchschlagendem Erfolg gewiss nicht. Hätte es aber nicht immer wieder diese Stimmen gegeben, die wie Laotse der Gewalt und dem Hass Einhalt geboten, wären die Menschen längst im eigenen Blut ertrunken.

Die Geschichte ist keine Tragödie. Durch alle Bedrohungen, Katastrophen und Gefahren begleitet uns ein Wärmestrom, der immer wieder für kurze Zeit an die Oberfläche gelangt und Trost und Erleichterung bringt, wie bei Laotse, dem Tao-Freund. Wie bei Martin Luther King, dem schwarzen Pfarrer und Bürgerrechtskämpfer, der im vorigen Jahrhundert in den USA den Schwarzamerikanern die Gleichberechtigung erstritt. Den gewaltfreien Widerstand hatte Martin Luther King von Gandhi und dessen Freiheitskampf in Indien gelernt, und Ghandi wiederum war bei Laotse in die Schule gegangen, beim großen

Buddha sowie bei Jesus. In den 1980er Jahren ließ sich die Friedensbewegung der Bundesrepublik mit dem Lied auf der Straße vernehmen: »Wir wollen wie das Wasser sein, das weiche Wasser bricht den Stein.« Ein Zitat aus dem Tao Te King, wo es weiter heißt:

»Nichts ist nachgiebiger und weicher als Wasser, doch gibt es nichts wie das Wasser, das Hartsein und Starksein bezwingt. Das Schwache besiegt die Stärke, das Weiche besiegt die Härte, wer in aller Welt wüsste das nicht!« Denn: »Höchste Güte ist wie Wasser: Wohltätig ist es und nützt den zehntausend Wesen, ohne mit ihnen zu streiten. An niedrigen Orten, die alle verachten, weilt es, darin der Tao-Bewegung ähnlich.«

Tao in Theorie und Praxis

Tao-Philosophie – der Begriff klingt esoterisch, vielleicht, weil man ihn nicht übersetzen kann. Wörtlich bedeutet Tao »der Weg«, und so wird es meist auch verstanden. Laotse hat den Begriff nicht erfunden. Tao ist ein chinesisches Alltagswort und bedeutet in Zusammensetzungen einfach »sagen«, etwas verlautbaren. So begegnet es uns auch in der ersten Zeile des Buches: »Das Tao, das getaot werden kann, ist nicht das beständige Tao.« Es kann nicht in Worte gefasst werden.

Laotses Büchlein trägt den Titel: »Das Buch vom Tao und Te.« Auch das Wort Te ist kaum in eine westliche Sprache übertragbar. Manchmal wird es mit dem Begriff »Tugend« wiedergegeben. Aber das klingt zu sehr nach erhobenem Zeigefinger. »Moral« bietet sich eher an, und zwar in dem Sinn, wie Sportreporter das Wort verwenden: Die Moral der Mannschaft ist gut, ungebrochen. Hier meint Moral etwas Ähnliches wie Laotses Begriff vom Te, der damit in einem weiteren Sinn die Idee von einem spontanen, natürlichen Verhalten verbindet. Te ist das zur persönlichen Energie gewordene Tao. »Tao Te King« heißt demnach streng genommen: »der rechte Weg und das rechte Tun«. Etwas freier übersetzt können wir sagen: Tao in Theorie und Praxis.

Was bedeutet das genau? Tao ist die Ordnungsmacht des Universums, des Himmels und der Erde, die universelle Regel, die nach dem Prinzip des Ausgleichs funktioniert: Tao sorgt dafür, dass alle Ereignisse und Begebenheiten der Welt sich immer wieder ausgleichen und die Waage halten. China kennt viele Gottheiten, die man anbetet und um Hilfe bittet. Zur Tao-Regel würde jedoch kein Chinese beten. Kein Gott steuert das Tao, es steuert sich selbst.

Am Anfang, als Himmel und Erde sich ins Dasein brachten, gab es ein ungestörtes Gleichgewicht zwischen den Dingen. Es herrschte grenzenlose Harmonie: »So hatten in den Tagen, da die Natur noch vollkommen war, die Menschen ruhige Bewegungen und ein heiteres Aussehen. Damals führten keine Pfade über die Berge, keine Boote und Brücken über das Wasser. Alle Dinge wurden, jedes in seiner naturgegebenen Gegend, erzeugt, Vögel und Tiere mehrten sich, Bäume und Sträucher gediehen. So kam es, dass Vögel und Säugetiere sich an der Hand führen ließen und man den Baum besteigen und in das Elsternnest gucken konnte. Denn in den Tagen der vollkommenen Natur lebten die Menschen mit Vögeln und Tieren beisammen und bildeten mit allen Dingen eine große Familie. Konnten sie da etwa einen Unterschied zwischen Adel und Volk wissen? Alle waren in gleicher Weise ohne berechnendes Wesen und darum verließ sie ihre natürliche Spontaneität [Te] nicht. Und weil alle in gleicher Weise frei von Begierden waren, befanden sie sich im Zustand natürlicher Unversehrtheit«, so erzählt Tschuangtse (oder Zhuangzi, »Meister Zhuang«), ein berühmter Schüler Laotses, der zwischen 369 und 286 vor unserer Zeit lebte und zeitweise als königlicher Beamter diente. Als der König ihn zum Minister ernennen wollte, lehnte er ab. Tschuangtse zog es vor, ein unabhängiges Gelehrtendasein zu führen. Aus seinen Schriften kennen wir ihn als einen Mann von sprudelnder, heiterer Gedankenfülle, die er sich bis an sein Sterbelager bewahrte.

Dahin gilt es wieder zurückzukommen: zur »natürlichen Unversehrtheit«. Aber wie? Mit Gewalt geht gar nichts, soviel ist sicher. Blinder Aktionismus bringt auch nichts. Augen zu und durch? Nein, nimm dich zurück, rät Laotse. Geh mit Gefühl die Dinge an, mit Fingerspitzengefühl, beginne nichts, solange du nicht mit dir im Gleichgewicht bist. Das ist Handeln nach Tao-Art. Laotse hatte dafür ein besonderes Wort: Wu-wei.

Vom Wu-wei handelt eine Geschichte, die chinesische Kinder in ihren Schulbüchern lesen. Einem Bauern ging das Wachstum seiner Reissetzlinge nicht schnell genug. Er zupfte sie alle Stückchen für Stückchen in die Höhe. Erschöpft von seiner Arbeit kam er nach Hause. »Ich habe mich sehr geplagt«, erklärte er seiner Familie. »Den ganzen Tag habe ich unserem Reis beim Wachsen geholfen!« Da lief sein Sohn auf das Feld und fand alle Setzlinge verwelkt. Die Moral von der Geschichte? Wegen der Ungeduld verloren die Menschen das Paradies, schreibt Franz Kafka, und wegen der Ungeduld finden sie nicht wieder zurück.

Der dumme Bauer hatte vom Wu-wei noch nie etwas gehört. Zurückhaltung und Geduld kannte er nicht. Wörtlich bedeutet Wu-wei das Nichtvorhandensein von Tun, ein Nichttun. Wenn wir uns zurücknehmen, nicht ständig und überall mitmischen, handeln wir nach der Tao-Art. Denn auch das Tao wirkt lautlos, allein durch seine universelle Gegenwart in den Dingen. »Drei Besitztümer bewahre ich, die währen. Als Erstes nenne ich die Liebesfähigkeit, als Zweites die Einfachheit, als Drittes die Bescheidenheit: liebesfähig, bin ich zu allem fähig, einfach, kann ich verschwenderisch sein, bescheiden, wird mir alles zuteil«, heißt es im Tao Te King. Laotse glaubte daran, dass die Menschheit zu ihrer »natürlichen Unversehrtheit« zurückfinden könne. Vielleicht ist das unmöglich. Aber jeder kann es versuchen und einen Anfang machen.

In unserer heutigen Welt ist das Gleichgewicht der Dinge ständig bedroht. Statt mit dem Tao und in Harmonie mit der Natur zu leben, versucht der Mensch, sie zu überlisten. Dies ist das Thema einer weiteren Geschichte von Tschuangtse:

»Tsekung reiste einmal nach Thschu und kam auf dem Rückweg nach Tschin durch Hanyin. Dort sah er einen Bauern, der seinen Gemüsegarten bearbeitete. Er ließ einen Eimer in den Brunnen hinab, zog ihn wieder herauf, ergriff ihn mit der Hand, ging umher und begoss seine Pflanzen. Das alles kostete viel Arbeit und brachte nur wenig Erfolg. ›Ich weiß von einer Maschine, die in einem Tag

Das Tao wirkt lautlos durch seine universelle Gegenwart in allen Dingen.

hundert Felder bewässert, Arbeit spart und gute Ergebnisse erzielt. Möchtet Ihr nicht so eine Maschine haben?‹, sagte Tsekung. Der Gärtner sah auf und fragte: ›Wie sieht sie aus?‹ ›Es ist ein hölzernes Gerät, dessen Hebel hinten schwer und vorne leicht ist. Es zieht das Wasser auf, das dann in einen Graben strömt. Die Maschine wird Schwingbaum genannt!‹, sagte Tsekung. Das Gesicht des Gärtners veränderte plötzlich seinen Ausdruck, und er lachte: ›Ich hörte von meinem Meister, dass wer listige Geräte besitzt, auch in seinen Geschäften listig ist und, wer listig in seinen Geschäften ist, auch List im Herzen trägt. Wenn List im Herzen eines Menschen sitzt, hat er etwas verloren und wird ruhelos. Mit dieser Ruhelosigkeit des Geistes fliegt das Tao fort. Ich wusste wohl von dem Schwingbaum, würde mich aber schämen, das Ding zu benutzen!‹« Tschuangtse hatte wie sein Lehrer Laotse große Vorbehalte gegenüber der Technik. Was hätten die beiden wohl zu dem Computer gesagt, auf dem ich jetzt gerade schreibe?

Warum ist die Welt nur so schwierig? Eine Frage, die die Menschen seit jeher beschäftigt. Ein chinesischer Mythos erzählt, wie Kung-Kung, ein gehörntes Ungeheuer, die Welt durcheinander brachte. Er stürzte sich auf einen der Himmelspfeiler und beschädigte ihn. Im Nordwesten brach der halbe Himmel ein, dort wo sich die weibliche Seite des Erdreichs befindet. Spalten taten sich in der Erde auf, Wasserfluten schossen hervor, Drachen, Schlangen und Bestien griffen die Menschen an, ganze Wälder standen in Flammen. Die Göttin, die Schöpferin der Menschen und deren gute Mutter, war tief betrübt, dass ihren Kreaturen solches Leid widerfuhr. Sie machte sich daran, den Himmel auszubessern. Aber Himmel und Erde fanden ihr ursprüngliches Gleichgewicht nicht vollkommen wieder. Seit diesem Sündenfall neigt das Universum dazu, den Halt zu verlieren, von seinen Pfeilern abzurutschen und ins Chaos zu versinken.

Laotse erwähnt Kung-Kung nicht. Gewiss aber kannte er den Mythos. Immer wieder weist er darauf hin, dass den Menschen die Einfachheit des Taos abhanden kam. Statt sich wieder darauf zu besinnen, versuchen sie mit Tricks und Kniffen, die gestörte Natur zu überlisten. Doch die Entfremdung von der Natur wird dadurch nur noch schlimmer. Die Menschen sollten sich lieber bemühen, ihr inneres Gleichgewicht zu finden. Dann nämlich erhalten auch die Dinge ihre Balance zurück. Denn die Tao-Kraft funktioniert wie ein Regelkreis, ein sich selbst regulierendes System.

Ich will in die Tao-Philosophie nichts hineingeheimnissen. Aber mich beeindruckt, dass auch die Astrophysik sozusagen mit einem Sündenfall im Weltall rechnet. Beim ersten kosmischen Lichtblitz, dem Urknall, muss ebenso viel Materie wie Antimaterie entstanden sein. Dann kam es zu einem Symmetriebruch. Die Materie überwog um ein Winziges die Antimaterie, und die Materie, aus der wir bestehen, gewann die Oberhand. Gegensätze bestimmen auch die Elementarteilchenphysik, die die Wechselwirkungen zwischen den kleinsten bisher beobachtbaren physikalischen Einheiten untersucht. Das Universum der Astrophysiker funktioniert tatsächlich auf Tao-Art, in einem wechselwirkenden Prozess seiner Bestandteile, die ihre Balance ständig neu einpendeln müssen. Man könnte geradezu von einem Harmoniebedürfnis des Kosmos sprechen, ein Gedanke, der mir auch in den Schriften von Albert Einstein begegnet.

Dass der Kosmos ein atmendes Ganzes sei, klingt für uns esoterisch. Für Chinesen ist es ein Lebensgefühl, dass kosmische Wechselwirkung alles, was in der Welt geschieht, bedingt und in Bewegung hält. Ausatmen und Einatmen, weiblich-männlich, Yin und Yang, sagt man in China, sind wie unsere beiden Hände einander zugeordnet, wie der rechten meine linke Hand.

Der Abstecher in die Welt des Makrokosmos soll den Lesern die Tao-Kraft als universales Prinzip vor Augen führen. Sie ist die kosmische Kraft schlechthin und durchwaltet den Mikrokosmos wie den Makrokosmos. Tao ist die Weltsubstanz. Ihrer Wirkkraft verdanken sich die »fünf Elemente«: Wasser, Feuer, Holz, Metall und Erde, ebenso wie die »fünf Tätigkeiten«: die Geste, das Wort, der Wille sowie die Wahrnehmung durch Augen und Ohren. Im Tao leben heißt, sich der Weite des Himmels zu öffnen und gleichzeitig im Dunkel der Erde zu wurzeln. Alles gedeiht, wenn die »Zehntausend Dinge« dies tun. Das ist die Botschaft des Tao Te King. Tao ist allgegenwärtig. Es ist das Sein, das allem Seienden innewohnt.

Ich hätte es in meiner Umschreibung der Texte gern so übersetzt. Die erste Zeile des Tao Te King würde dann lauten: »Das Sein, das begriffen werden kann, ist nicht das wahre Sein.« Diese Übersetzung wäre sogar sehr vorteilhaft. Denn »Sein« ist in den westlichen Sprachen ein Wort, das jeder versteht. Versuchen wir jedoch zu erklären, was »Sein« ist, finden wir keine Worte. Das hat Tao mit dem Sein gemeinsam, und so gesehen passt es genau in unser westliches Denken. Vom Sein sagt Hegel, der Weltphilosoph des 19. Jahrhunderts: »Das reine Sein und das reine Nichts ist dasselbe.« Ähnlich lesen wir bei Laotse: »Zehntausend Dinge entstehen im Sein, das Sein aber entsteht im Nichtsein.«

Allerdings, das Tao öffnet und verschließt sich, es sucht und findet seinen Weg. Tao ist kosmischer Rhythmus, Bewegung. Es sammelt und gibt frei, kommt und geht weg. Diese Sichtweise ist uns fremd. Für uns bedeutet »Sein« bloßes Beharren. Außerdem ist unser Wort »Sein« ein geschlechtsloses Neutrum, Tao aber hat für mich einen spezifisch weiblichen Klang. Ich lese Tao darum als »Tao-Art« oder auch als »Tao-Bewegung«, beide Doppelbegriffe stehen im Femininum.

Mit Yin und Yang im Einklang

Ich gebe zu: Diese Erklärung ist langatmig, aber sie ist unerlässlich. Denn die Tao-Philosophie ist das einzige unter den großen philosophischen Systemen, das nicht patriarchalisch daherkommt. Nach dem Gleichgewichtsprinzip von Laotse halten Yin-Weiblichkeit und Yang-Männlichkeit einander die Waage, eine Vorstellung, die mir sehr gefällt. Ja, im Augenblick unserer Weltzeit, so sah Laotse es voraus, scheint die Tao-Bewegung das Yin deutlich zu bevorzugen. Die einseitige Sonderstellung des Yang in den patriarchalischen Gesellschaften wird sich früher oder später über das Yin ausgleichen müssen: eine Gegenbewegung. In unserer heutigen Gesellschaft sehen wir Spuren dieser Bewegung in den Bemühungen um die Gleichstellung der Geschlechter, vom Tao Te King gleichsam vorweggenommen.

In diesen Zusammenhang gehören die folgenden Zitate: »Die Gottheit im Talgrund stirbt nicht, ein dunkles Weibchen ist sie. Ihrem geheimnisvollen Schoß entstammen Himmel und Erde. Unergründlich ist die Gottheit des Talgrunds, vereinigst du dich mit ihr, weicht alles Mühen von dir.«

Im »Talgrund« sieht Laotse ein Symbol des Weiblichen, wie auch im Wasser, dem Dunkel-Geheimnisvollen. Und wenn er von Stille, Nachgiebigkeit, dem Weichen und Schwachen spricht, ist immer das Weibliche mitgedacht.

»Sein Männliches kennen, sein Weibliches wahren, wirst du zum Talgrund werden. Zum Talgrund geworden folgst du dem Ruf der Natur, bringst dich aufs Neue zur Welt.« Oder: »Der Himmel öffnet und schließt sich, so kannst auch du zum Weibchen werden.« Welch eine Provokation inmitten einer Männergesellschaft!

Laotses Philosophie versteht sich als Abwägung der Aspekte des Yin und des Yang, des Weiblichen und des Männlichen. Das Zusammenspiel zwischen ihnen ließ das Universum entstehen. Ihre Dynamik, die veränderliche Vorherrschaft des einen oder des anderen, erklärt den Fluss der Ereignisse. »Einmal Yin, einmal Yang, das ist das Tao«, heißt es im I-Ching, dem chinesischen »Buch der

Wandlungen« aus dem 7. oder 6. Jahrhundert vor unserer Zeit, das ursprünglich nur aus 64 Hexagrammen bestand und den Chinesen bis in unser Jahrhundert hinein als Wahrsage- und Orakelbuch dient. Seine Passung, seinen Platz in der materiellen und geistigen Welt, findet der Weise in der inneren Ausgewogenheit. Und indem er sich dem kosmischen Rhythmus von Yin und Yang anvertraut, widersteht er zugleich dem Anpassungsdruck der herrschenden Verhältnisse.

Gegen die Herrscher, für das Volk

Während Heraklit in Griechenland zur gleichen Zeit den Krieg zum »Vater aller Dinge« erklärte, hören wir vom chinesischen Weisen: »Ein Balkenstarker nimmt kein gutes Ende! Das soll der Ausgangspunkt meiner Lehre sein.« Die »Balkenstarken« – das war die feudale Oberschicht.

Die Masse des Volkes darbte zu Laotses Zeiten. Fast 90 Prozent der Bevölkerung waren Bauern. Um ihren Herren ein glänzendes Leben zu gewährleisten, mussten sie endlos schuften. »Die Bauern pflügen im Frühjahr, jäten im Sommer das Unkraut, ernten im Herbst und lagern im Winter die Ernte ein. Sie schneiden Unterholz und Bäume als Brennmaterial und leisten Arbeitsdienst für die Regierung. Während des ganzen Jahres können sie keinen einzigen Ruhetag einlegen.« Und um ihre Abgaben an die Lehnsherren, die »Balkenstarken«, bezahlen zu können, »müssen die Bauern ihre Besitztümer zum halben Preis weggeben, und wer mittellos ist, muss sich Geld zu einem Zinssatz von 200 Prozent leihen. Schließlich müssen sie ihre Felder und Unterkünfte veräußern oder ihre Kinder und Enkel als Sklaven verkaufen, um die Schulden zurückzuzahlen«. So schilderte ein zeitgenössischer Chronist das harte Leben der chinesischen Bauern. Laotse reagierte darauf mit öffentlichem Tadel.

»Sind des Adels Höfe wohl versehen, siehst du die Felder voll Unkraut stehen. Sind auch die Scheunen leer, kommen sie in bunten Kleidern daher: Am Gürtel das prunkende Schwert, von Trank und Speise beschwert, mit Luxusgütern ohne Ende voll die beiden Hände: Das nenne ich Banditen-Allüren, solche Leute kann Tao nicht führen!« Schuld am Unglück des Volkes war die Oberschicht: »Nur darum hungert das Volk, weil die da oben zu viel Steuern fressen, nur darum hungert es. Nur davon wird ein Land unregierbar, wenn die da oben sich in alles einmischen, nur dadurch wird ein Land unregierbar.«

Aus dieser Zeit stammt die folgende Erzählung: »Als Kaiser Tschou Essstäbchen aus Elfenbein verlangte, ahnte sein Minister nichts Gutes. Denn wer mit Elfenbeinstäbchen isst, dem werden irdene Schüsseln nicht mehr genügen. Er wird Schalen aus Jade verlangen. Und statt Reis und Gemüse wird er das zarte Fleisch von Leoparden-Jungen oder von Elefantenschwänzen fordern. Das raue Alltagskleid wird er verschmähen und kostbare Seide wünschen. Ein Strohdach wird ihm zu gering sein und er wird in prächtigen Gemächern wohnen. Wo soll das alles hinführen, dachte der Minister, als der Kaiser Essstäbchen aus Elfenbein verlangte. Schon fünf Jahre später war Tschou ein gefürchteter Gewaltherrscher, der seine Untertanen grausam quälte. Berge von Fleisch häuften sich auf seiner Tafel, und es floss so viel Wein, dass man damit einen Teich hätte füllen können. So kam es schließlich zu seinem sicheren Fall.« Die sozialkritischen Passagen des Tao Te King lesen sich wie ein Kommentar zu dieser Geschichte. Wo waren die Zeiten der »vollkommenen Natur« geblieben? Als die Menschen noch auf ihr inneres Gleichgewicht achteten? Als es noch keinen Unterschied zwischen Volk und Adel gab?

Das vollkommene Wesen ist weiblich und männlich zugleich. Aber die »balkenstarken« Herren vernachlässigten die weibliche Seite ihrer Natur und verursachten so ein Ungleichgewicht. Gewinnt das Yang die Oberhand, entsteht Aggressivität. Typisch dafür sind zum Beispiel das männliche Imponiergehabe, der Egoismus, die Rechthaberei, das Streben nach Macht, Ruhm und Ehre, der Herrscherwille. Ohne das Yin kann und darf das Yang nicht bestehen, da die männliche Seite die Welt im Alleingang ins Unglück stürzt und selbst untergeht. Denn: »Wer auf den Zehen steht, hält sich nicht. Wer mit gespreizten Beinen geht, eilt sich nicht; wer sich selbst ansieht, leuchtet nicht, wer sich recht gibt, den liebt man nicht, wer sich rühmt, den ehrt man nicht, wer sich zur Schau stellt, wird niedergemacht. Im Blick aufs Tao gilt: Schlemmen, dicke Spesen, verachten die anderen Wesen, wer auf solchen Dingen beharrt, ist fern von Tao-Art.«

Die große Krise kommt, warnte Laotse. Sie kam schleichend, fast unmerklich: »Die Tao-Art ging verloren, so kamen Moral und Ordnung auf, Berechnung und Schlauheit stellten sich ein, so entstanden die großen Lügen, die Blutsverwandtschaft löste sich auf, seitdem fordert man Kindesehrerbietung, der Staat versinkt in Anarchie, und man verlangt von Untertanen Ehrlichkeit.« Die Oberschicht störte das Gleichgewicht zwischen Yin und Yang, indem sie dem rein Männlichen folgte und dem Volk Anarchie, Gewalt, Ausbeutung und Armut bescherte. Deshalb hat sie den Anspruch auf die Herrschaft verwirkt:

»Würden Adel und Fürsten nach Tao-Art leben, räumte man freiwillig ihnen die Herrschaft ein. Himmel und Erde vereinigten sich, süßen Regen herabzusenden, und zwanglos kehrten die Menschen zur Eintracht zurück.« Ich sehe in unserer heutigen demokratischen Ordnung auch die Erfüllung von Laotses fernem Traum. Sie ist schließlich die einzige Regierungsform, die mit möglichst wenig Gewalt auskommt, weil wir den Gewählten freiwillig die Regierung anvertrauen. Das Gegenteil, die »große Lüge« der Hitlerzeit, habe ich noch deutlich vor Augen. Gerade deshalb weiß ich die Demokratie so sehr zu schätzen.

Konfuzius begegnet dem Drachen

Laotses Worte waren nicht in den Wind geschrieben. Sie wurden zur Magna Charta chinesischer Nonkonformisten und Einzelgänger. Immer wieder war es die Philosophie des Taoismus, die in ihren ungezählten Spielarten das Denken in China durchkreuzte und dabei oft genug als »Befreiungstheologie« auftrat. Die Taoisten haben den wechselnden Regierungen in der reichen Geschichte Chinas häufig das Fürchten gelehrt. In den Bauernkriegen der »Gelben Turbane« brachten sie sogar eine ganze Dynastie, die der ruhmreichen Han-Kaiser, in Bedrängnis.

Während der Han-Dynastie (202 vor unserer bis 220 nach unserer Zeit) erfanden die Chinesen das Papier. Der Überseehandel blühte. Die legendäre Seidenstraße wurde bis an den Persischen Golf durch chinesische Armeen abgesichert. Die militärische Expansion überforderte allerdings die Finanzkraft des Reichs der Mitte, sodass die chinesischen Bauern bald unter der Steuerlast stöhnten. So kam es im Jahr 184 nach unserer Zeit zur Revolution der »Gelben Turbane«. Die Farbe der Turbane unterstrich die Entschlossenheit der Rebellen: Sie wollten »den blauen Himmel«, ein Symbol für den Thron der Han-Kaiser, durch den »gelben Himmel« einer besseren, taoistisch geprägten Welt ersetzen. Die führenden Generäle trugen Namen, die dem Harmoniegedanken ihrer Religion entsprachen. Sie nannten sich »General des Himmels«, »General der Erde«, »General der Menschheit« und verkörperten so den Gleichklang von Himmel, Erde und Mensch nach Tao-Art. Innerhalb von neun Monaten wurde der Aufstand zerschlagen, kleinere Gruppen setzten ihren Widerstand jedoch noch über Jahre hinweg fort. Taoistisch inspirierte Aufstände flackerten danach immer wieder in Chinas Geschichte auf, einer ihrer Anführer erklärte sich sogar zu einer Inkarnation des »Gottes Laotse«, und heutzutage macht die »Falon-

Gong-Sekte«, die ebenfalls taoistisch inspiriert ist, der Regierung in Peking zu schaffen.

Chinas Regierungen hielten es darum lieber mit dem Konfuzianismus. Möglicherweise war Konfuzius ein Zeitgenosse Laotses. Nach der Legende sollen sich beide sogar begegnet sein. Der taoistische Weise ließ Konfuzius abblitzen, denn dieser beabsichtigte, das Verhalten der Menschen völlig zu reglementieren, eine Idee, die dem Freiheitsdenken Laotses missfallen musste. »Das alles sind Dinge, die keinem nutzen«, urteilte er. »Mehr habe ich nicht zu sagen.« Konfuzius kehrte heim und sagte seinen Schülern: »Der Drache lässt sich mit Gedanken nicht fassen. Er schwingt sich auf Wind und Wolken himmelwärts. Heute habe ich Laotse gesehen. Er ist ein Drache.«

Die Konfuzianische Lehre wurde einige Jahrhunderte nach dem Tod des großen Lehrers zur Staatsdoktrin erklärt. Wichtig sind Konfuzius Sitte und An-

Konfuzius (links) sagte: »Heute habe ich Laotse gesehen. Er ist ein Drache.«

stand vor allem in den folgenden Beziehungen: zwischen Herrscher und Untertanen, zwischen Mann und Frau, zwischen Eltern und Kindern, zwischen dem älteren und dem jüngeren Bruder, zwischen Freunden. Alle Beziehungen außer der Freundschaft gründen sich auf Autorität. Dabei betont Konfuzius die loyale Unterordnung gegenüber den Respektspersonen, verlangt von diesen umgekehrt aber auch Milde und Wohlwollen im Umgang mit den ihnen Unterstellten. Die Idealfamilie des Konfuzius umfasst drei oder vier Generationen, wobei den Männern die Autorität zusteht. Den Gehorsam als wichtigste Pflicht der Kinder hoben später die Schüler des Konfuzius hervor.

Lichtjahre liegen zwischen Laotse und Konfuzius! Das war auch Tschuangtse, dem Schüler Laotses, bewusst. An ihn wandte sich einmal ein Regierungsbeamter, der nach den Pflichten der Liebe fragte. »›Tiger und Wölfe sind liebende Wesen!‹, sagte Tschuangtse. ›Wie meint Ihr das?‹, wollte der Beamte wissen. ›Der Tiger liebt sein Junges, wieso soll er kein liebendes Wesen sein!‹, sagte Tschuangtse. ›Und was ist mit der vollkommenen Güte?‹, fragte der Beamte. ›Vollkommene Güte kümmert sich nicht um Verwandtschaftsbeziehungen!‹, antwortete Tschuangtse. ›Aber ich habe sagen hören, dass man ohne Verwandte keine Liebe hat und ohne Liebe keine Kindesliebe; wie könnt Ihr sagen, dass der vollkommen gütige Mensch keine Kindesliebe hat?‹, fragte der Beamte. ›Das versteht Ihr nicht‹, sagte Tschuangtse. ›Vollkommene Liebe ist wirklich das Höchste. Sie steht viel höher als Kindesliebe. Die Kindesliebe, von der Ihr sprecht, genügt nicht. Sie bleibt hinter der echten Liebe zurück!‹«

Tschuangtse spielt hier auf den Urzustand der Menschheit an. »Damals glich der Herrscher dem Wipfel eines Baumes, und das Volk lebte wie das Wild im Wald. Die Leute taten das Rechte und wussten nicht, dass das Gerechtigkeit heißt. Sie waren einander gut und wussten nicht, dass das Menschlichkeit heißt. Sie baten einander um Hilfe und wussten nicht, dass das Hilfsbereitschaft heißt. Darum ließ ihr Tun keine Spuren zurück.« Mit einer derart anarchischen Philosophie war kein Staat zu machen – und ließ sich auch kein autoritärer Staat führen. »Ein großes Land regieren ist wie das Bereiten eines Fischgerichts, das heißt, man darf nicht zu viel darin herumrühren«, schreibt Laotse. Wir begegnen seinem Wu-wei, dem Prinzip der Zurückhaltung, jetzt also auch in seiner Staatsphilosophie: »Der beste unter den Fürsten ist der, dessen Existenz man gar nicht merkt.« Das steht in krassem Gegensatz zu den Herrschern aller Zeiten. Die Pharaonen in Ägypten ließen sich durch Pyramiden verherrlichen, die römischen Caesaren wollten als Götter angebet werden, unsere Politiker sind mediensüchtig.

Gelegentlich ließen sich zwar auch die chinesischen Herrscher mit dem Taoismus ein, ein dauerhaftes Verhältnis wurde daraus jedoch nie. Der Konfuzianismus eignete sich besser, das riesige Reich der Mitte zu regieren. China zählte zu Beginn unserer Zeitrechnung schon mehr als 57 Millionen Einwohner. Nur ein durchgreifendes Ordnungsprinzip, wie es der Konfuzianismus anbot, konnte den staatlichen Zusammenhalt gewährleisten.

Laotse, der Unbekannte

Ich wüsste gern mehr über Laotse, der den Mut hatte, Einfachheit zu predigen und sich aller Überregulierung im privaten wie im öffentlichen Leben zu widersetzen. Leider wissen wir nur wenig über ihn, nicht einmal seine Lebensdaten wissen wir genau. Folgt man seiner ersten Lebensbeschreibung, wurde »Meister Lao« einige Zeit vor dem großen Mauerbau des Kaisers Shi Huangdi (221 – 210 vor unserer Zeit) in Mittelchina südwestlich des heutigen Peking geboren. Als reisender Philosoph diente er verschiedenen Herrschern als Regierungsberater. Doch er stieß auf taube Ohren. Die »balkenstarken« Herren hatten ihre eigene Vorstellung von der Regierungskunst. Enttäuscht über seine Misserfolge soll Meister Lao im hohen Alter das Land Richtung Westen verlassen haben. Ehe er im Ungewissen verschwand, vertraute er einem Zollwärter das Büchlein von der »Theorie und Praxis des Tao« an, so will es die Überlieferung. Ein vages Geburtsdatum und die Flucht: Das ist schon alles, was wir an Fakten über Meister Lao in der Hand haben. Einige Wissenschaftler halten Laotse sogar für eine durch und durch fiktionale Figur. Und ob die Erzählung, dass er sein Büchlein auf der Flucht einem Zollwärter gab, auf Tatsachen beruht oder nicht, weiß niemand.

Wen stört das? Diese dürftige Lebensgeschichte ist Laotse jedenfalls wie auf den Leib geschnitten: »Ein guter Läufer hinterlässt keine Spur«, sagte er. Das hat er gelebt, und so spurlos ist er verschwunden.

Mich interessierte eher, auf was für Material der Meister schrieb. Denn die chinesische Schrift entwickelte sich erst spät, lange Jahre nach ihrer Erfindung im Vorderen Orient. Zur Zeit der Abfassung des Tao Te King waren Schriftzeichen in China noch etwas Neues. Meister Lao hielt damals sogar eine Rückkehr zur archaischen Knotenschnurschrift für möglich. Im Vorderen Orient, vermutlich über die Phönizier, hatte sich dagegen längst das moderne Alphabet durchgesetzt. Lückenhaft stellt sich auch die Geschichtsschreibung im alten

China dar. Beamtete Staatssekretäre, keine Historiker führten die Annalen. Kein Wunder, dass wir über Konfuzius, Laotse und viele ihrer Zeitgenossen weniger verlässliche Daten besitzen als über Sokrates in Athen oder über Esra, den Priester in Jerusalem.

Natürlich umranken viele, ja Tausende von Legenden den Meister Lao. Die schönste von ihnen erzählt, dass Laotse als Greis mit wallendem weißen Bart von seiner Mutter geboren wurde und ein Wunderkind war.

Wie haben sich die Leute das bloß vorgestellt? Irgendwann überformt die Legende die Realität so sehr, dass niemand mehr nach so törichten Dingen fragt. Die virtuelle Wirklichkeit wird zur handfesten Realität in den Seelen der nachfolgenden Generationen. Sie verleiht den religiösen Heilsgestalten eine unverlierbare Retterkraft. Was bedeutet schon Wirklichkeit? Wirklich ist, was wirkt, ob virtuell oder real. Aber das ist eine schwierige Diskussion, die ich lieber später noch einmal aufnehmen will.

Mythisch, legendär, historisch oder fiktiv – Laotse ist früh zu einem meiner Lebensbegleiter geworden. Ich möchte ihn in meinem Leben nicht missen. Darum nehme ich innerlich teil an Meister Laos persönlicher Tragik, die aus einem Kapitel des Tao Te King hervorscheint:

»Alle strahlen vor Freude, für sie ist das Leben ein Fest mit lauter Frühlingsgefühlen. Ich allein nehme nicht teil, ich lebe in einer verkehrten Welt. Wie ein Neugeborenes bin ich, das kaum schon lacht, das noch den ganzen Tag verschläft. So abgesondert, so ausgeschlossen bin ich. Alle leben in vollen Zügen, ich allein bin von allem entleert. Wirklich, ich habe ein närrisches Herz, so einfältig und töricht. Alle sehen klar, nur um mich ist es dunkel. Alle kommen so sicher daher, ich allein traue mich nicht. Wanke ziellos hin und her, wie ein Blatt, das der Wind verweht. Andere verfolgen tatkräftig ihr Ziel, ich dagegen bin ungeschickt, ich allein so unbeholfen, – anders bin ich als alle die anderen, der ich die nährende Mutter verehre.«

War es nun der alte Meister, der dies schrieb, oder ein unbekannter Verfasser? Wie auch immer, es war ein Mensch. Jeder kennt solche Stimmungen, wenn wir uns mitten unter vielen Leuten plötzlich mutterseelenallein fühlen auf der Welt.

Mir ist der Alte Meister nie fremd gewesen, von Anfang an nicht. Schon bei unserer ersten Begegnung fand ich auch Verbindungen zur christlichen Religion, mit der ich aufgewachsen war. Die Botschaft der »Bergpredigt« von Jesus, sein »Liebet eure Feinde«. Bei Laotse las ich: »Den Guten bin ich gut, den Unguten auch, denn Güte ist von Natur aus gut.« Schlägt dir einer ins Gesicht, schlag nicht zurück, besser, du hältst ihm noch die andere Backe hin! Auch diese christliche Grundregel entdeckte ich bei Laotse: »Kannst du nachgeben, bist du stark.« Und: »Vergilt Böses mit Gutem.« Es gibt eine ganze Reihe von solchen Parallelen zum Neuen Testament im Tao Te King. Hunderte von Jahren vor Christus lebte also bereits eine Tradition, in der sich auch Jesus wiedergefunden hätte! Das rückt unser Verständnis von der exklusiven, einzigartigen christlichen Offenbarung in ein ganz anderes Licht.

Eine antiautoritäre Religion

Laotses Tao-Art stand im Widerspruch zu allen autoritären Wahrheitsansprüchen, die mir bekannt waren. Seine antiautoritäre Botschaft kam mir schon auf den ersten Blick entgegen.

»Namenlos wirkt die Tao-Art, legt ihr Werk nicht in Beschlag. Die zehntausend Dinge kleidet und nährt sie und spielt sich nicht als Herrin auf. Weil sie nichts begehrt, kannst du sie als klein bezeichnen. Weil die Zehntausend Wesen ihrer Bewegung folgen, kannst du sie auch als groß bezeichnen. Darum, weil sie nicht groß tut, bringt sie unentwegt ihr großes Werk zustande.«

Wu-wei überall: Sich zurücknehmen, nicht aufdrängen, begegnet uns im Tao Te King als Prinzip der persönlichen Lebensführung, als Staatsphilosophie und in Laotses religiöser Sichtweise. »Namenlos wirkt sie«, die Tao-Kraft, »und legt ihr Werk nicht in Beschlag«. Übersetze ich das in unsere westliche Religionsvorstellung, hieße das: Der beste Gott ist jener, von dessen Existenz wir nichts merken. Einer, der die Welt unmerklich regiert, einer der sich nicht aufdrängt.

In der jüdisch-christlich-islamischen Frömmigkeit treffen wir auf eine ganz andere Gottesvorstellung.

Die Idee von Gott als »gewaltig Ich sagendes Du«, wie es Thomas Mann formuliert, blieb Laotse und dem gesamten östlichen Denken fremd. Denn die östlichen Philosophen begreifen den kosmischen Prozess als unendlichen Ablauf. Ohne Anfang und ohne Ende. Thomas Mann nimmt einen Gedanken des mittelalterlichen Theologen Anselm von Canterbury auf, wenn er vom Gott Abrahams sagt, er sei »notwendig größer als alle seine Werke, und ebenso notwendig außerhalb seiner Werke«. Für Anselm ist Gott das »größtmöglich Denkbare«, womit zugleich seine Existenz bewiesen wäre. Der Gott der Christen steht über der Welt, die er erschaffen hat. In der östlichen Philosophie ist hingegen der Weltprozess das »größtmöglich Denkbare«. Darum kann es außerhalb der Welt keinen Gott geben: Gott und die Götter sind in den östlichen Religionen innerweltliche Gegebenheiten. Dem Stirb und Werde sind sie unterworfen wie alles andere auch auf der Erde. Neben unzählbaren anderen Gottheiten, Dämonen und Geistern, männlich und weiblich, kennt auch der Taoismus einen »Großen Himmelsherrn«. Dieser jedoch entstand im Verlauf der Weltwerdung, ist also kein außerweltlicher Gott, »notwendig viel größer als alle seine Werke«, der die Schöpfung aus dem Nichts hätte hervorrufen können. Sind demnach Taoismus, Hinduismus und der Buddhismus in all seinen Spielarten nur Erlösungslehren, aber keine Religionen?

Ich denke, über die Gottesfrage wird im 3. Jahrtausend neu gesprochen werden müssen: zwischen den Religionen, der Naturwissenschaft und den Philosophen. Ich sehe darin eine positive Herausforderung, und in meinem Schlusskapitel komme ich darauf noch einmal zurück.

Die Fülle des Leeren

In China traf der missionierende Buddhismus auf den Taoismus, und die Mönche entdeckten in Laotse einen verwandten Geist. Umgekehrt erzählt eine Legende der Taoisten, Laotse sei während seiner Emigration bis nach Indien gekommen und habe am Himalaya den Buddha unterwiesen. Noch heute stehen in China Laotse und Buddha auf Altären einträchtig nebeneinander.

Es war Laotses Begriff der »Leere«, des »Nichts«, in dem die buddhistischen Mönche glaubten, die Lehre ihres Meisters wiederzufinden. Einen dieser Texte aus dem Tao Te King möchte ich hier vorstellen.

»Dreißig Speichen umgeben die Nabe, auf dem Nichts daran beruht des Rades Brauchbarkeit. Aus Ton werden Töpfe gemacht, auf dem Nichts daran beruht eines Topfes Brauchbarkeit. Beim Hausbau spart man Fenster und Türen aus, auf dem Nichts daran beruht des Hauses Brauchbarkeit. Also: Das Sein gibt Besitz, das Nichtsein Brauchbarkeit.«

Weitere Beispiele finden sich leicht. Die Nähnadel, die japanischen Haiku-Gedichte, in denen die Szene wie leer bleibt, oder das Phänomen, dass wir in Briefen und Büchern viele Dinge nur zwischen den Zeilen lesen können. Am anschaulichsten erscheint die Leere in der chinesischen Landschaftsmalerei. Viel leerer Raum umgibt eine Föhre, den Berg, Wolken scheinen in nebelhafte Weiten zu reisen. Die Leere ist ebenso wichtig wie das dargestellte Objekt, oder sogar noch wichtiger, denn sie repräsentiert Wu-wei, das Sich-Zurück-

Die Leere ist die Buddha-Natur der Dinge: Laotse, Buddha und ein Schüler.

nehmen. Die chinesischen Buddhisten würden sagen, die Leere ist die Buddha-Natur der Dinge. Aber damit bin ich fast schon beim nächsten Kapitel.

Betrachten wir eine weitere Verknüpfung mit den außerchinesischen Religionen. Meister Lao zitiert eine alte, überlieferte Herrscherwahrheit: »Wer den Schmutz sich auflädt im Land, sei zum Herrn des Himmelsaltars ernannt. Wer des Landes Unheil auf sich nimmt, sei zum König der Welt bestimmt.« Laotse, der immer wieder die Mächtigen kritisierte, gab zu bedenken: »Gerade Worte erscheinen wie krumm.«

Den Hintergrund dieser Spruchweisheit bilden die Königsmythen, die von der Selbstopferung eines Königs erzählen, dessen Tod und Sterben das Land von einem Desaster erlöst. Er opfert sich stellvertretend für die Sünde des Volkes, »nimmt des Landes Unheil auf sich« – was für ein Gegenbild zu den arroganten Machteliten aller Zeiten!

Die Idee des stellvertretenden Leidens war in der damaligen Welt weit verbreitet. Mithras, der »starkarmige« Gott aus dem alten Iran, soll sich als »Himmelsstier« selbst geopfert haben. Die Heilsgestalten des späteren Buddhismus nehmen das Leiden aller Wesen auf sich. Sie schwören, so lange nicht ins Nirwana einzugehen, bis sie die ganze Welt erlöst und errettet haben. In der hebräischen Bibel taucht während des Babylonischen Exils die Gestalt des »Gottesknechtes« auf, von dem es heißt: »Er trug unsere Krankheit und lud auf sich unsere Schmerzen. Um unserer Missetat willen ist er verwundet und um unserer Sünde willen zerschlagen. Die Strafe liegt auf ihm, auf dass wir Frieden hätten.« In der antiken Christenheit ist ein häufiges Motiv der bildenden Kunst ein Pelikan, der seine Brust aufreißt und durch sein Blut seine Kinder aufleben lässt: eine alte Wanderlegende, von den Christen als Sinnbild ihres gekreuzigten Erlösers verstanden. Unter den muslimischen Schiiten des Iran wird bis heute der Tod des Prophetenenkels Husain als stellvertretendes Leiden gedeutet. Seiner gedenkt man im ersten Kalendermonat des Jahres mit Passionsspielen, in Poesie und Prosa, und mit Umzügen der Männer, die sich bis aufs Blut verwunden und sich mit Ketten geißeln.

Eine archaische Sitte, eine archaische Philosophie, die nichts von ihrer Eindringlichkeit verloren hat. Thomas Müntzer, der gescheiterte Bauernführer des 16. Jahrhunderts, sah in seiner Folter und der bevorstehenden Hinrichtung eine Sühne für das Volk, »das seinen Eigennutz mehr gesehen hat als die Erneuerung der Christenheit«. »Semen est sanguis Christianorum«, das Blut der Märtyrer ist der Samen der Kirche, sagte man in der frühen Christenheit. So dachte auch Müntzer, und dieser Gedanke mag ihn in seinen letzten Stunden getröstet haben. Doch Märtyrer sind gefährliche Leute, ihr Blut beschwört neues Blutvergießen. Böses Blut erregen aber ist der Tao-Art entgegen.

Bei Laotses Königswort erinnere ich mich deshalb lieber an Janusz Korczak, den polnischen Arzt, Schriftsteller und Pädagogen. Korczak wurde 1942 mit 200 seiner Heimkinder nach Treblinka deportiert. Er ging mit ihnen in die Gaskammer. Zuvor hatten die Aufseher ihm freigestellt, im Lager als Arzt zu arbeiten. Korczak schlug das Angebot aus, »um seine Kinder auch auf ihrem letzten Weg zu begleiten und ihnen die Angst zu nehmen«. An Märtyrerlohn dachte er dabei bestimmt nicht. Janusz Korczak folgte einer persönlichen Gewissensentscheidung, für die es keine Regel, keine Nachahmer geben kann.

Die Selbstverpflichtung »Noblesse oblige«, Adel verpflichtet zu noblem Tun, ist das europäische Pendant zu Laotses Königswort: »Wer des Landes Unheil auf sich nimmt, sei zum König der Welt bestimmt.« Auch die europäische Tradition weiß also um eine moralische Nötigung zur Selbstbeschränkung der Macht. Bei Laotse weist zugleich das Wort bis in die Zeit der Medizinmänner und Schamanen zurück, die als Heiltänzer die Krankheitsgeister ihrer Patienten willentlich auf sich zogen, um sie wegzutanzen. Eine Praxis, die bis heute in Afrika oder Südamerika lebendig ist. Im Tao Te King stellt die Lehre vom stellvertretenden Leiden die äußerste Konsequenz von Laotses Wu-wei dar. Wir werden dem Stellvertreter-Gedanken in diesem Buch noch mehrfach begegnen, darum hebe ich ihn hier besonders hervor.

Wie ich es sehe, enthält der Tao Te King in Kurzform beinahe alle Themen der Religionsgeschichte. Ist aber der Taoismus überhaupt eine Religion? Eine Weltreligion ist er gewiss nicht. Gleichwohl hat das Buch, der Tao Te King, durch seine weltweite Verbreitung den Status eines globalen religiösen Symbols gewonnen. Westliche Wissenschaftler unterscheiden zwischen dem philosophischen und dem religiösen Taoismus. Das taiwanesische Informationszentrum für Taoismus definiert ihn umfassend als Religion: »Religiöser Taoismus ist die einheimische Religion Chinas. Ihre höchsten Glaubensgüter sind Langlebigkeit und Unsterblichkeit.« Die westliche Trennung von Philosophie und religiöser Praxis sieht man dort unter Vorbehalt: »Es ist unzulässig, die Tao-Religion als degeneriertes Produkt der Tao-Philosophie zu betrachten. Die Verwandtschaft zwischen beiden sollte anders gesehen werden. Das System der Tao-Religion umschließt viele Aspekte, die der Tao-Philosophie abgehen, jedoch von höchster Bedeutung für das praktische Leben sind. Taoistische Philosophie appelliert an Logik und Geist, während der religiöse Taoismus auf die Ängste der Menschen, auf ihr Gefühl für das Mysteriöse eingeht.« Das gemeinsame

Ziel ist eine Lebenspraxis, »die Himmel und Erde eint«. Dazu gehören in der Religionsausübung das Vitalatmen, glücksbringende Amulette, Talismane, Fulu genannt, Beschwörungen, magische Handlungen, die Opfer an den Himmel aller Himmel, Opfer für die Seelen der Ahnen, das Herbeizaubern von Reichtum und Wohlstand, Räucherstäbchen, Tempelfeste und andere Zeremonien – alles, was der Taoismus auf seinem langen Weg durch die chinesische Geschichte aus dem Volksglauben übernommen hat. Das kommunistische China vertrieb die Taoisten unter dem Vorwurf der Volksverdummung. In Südostasien, besonders auf Taiwan, fanden sie eine neue Heimat.

Wie weit ist es bis Utopia?

Am Ende des Tao Te King entführt uns Laotse in ein utopisches Wunschland: »Ein kleines Land wünsche ich mir, ein Volk gering an Zahl, wo das Angebot von Gütern die Nachfrage vielfach übersteigt. Mach, dass die Leute gern da leben, nicht auswandern möchten in die Ferne. Wohl hat man Schiffe, Wagen

Der Taoismus kennt unzählige Gottheiten, Dämonen und Geister.

dort, doch gibt es keinen Grund, sie zu besteigen, wohl gibt es Panzer, Waffen dort, doch keinen Grund, sie zu gebrauchen. Die Schriftzeichen mögen sie vergessen, lieber werden sie wie früher Knotenschnüre knüpfen. Mach süß ihre Speise, schön ihre Kleidung, friedlich ihr Wohnen, heiter ihre Lebensweise. Nachbarländer sieht man von Weitem, hört Hähne und Hunde von drüben, doch werden die Menschen alt und sterben, ohne hin und her gereist zu sein.« Und an anderer Stelle heißt es: »Ohne das Haus zu verlassen, kannst du die Welt erfassen, ohne aus dem Fenster zu spähen, des Himmels Tao-Bewegung sehen, bist du aufs Reisen versessen, wirst du dein wahres Wissen vergessen.«

Möchte ich in Laotses Wunschland leben? Das frage ich mich jedes Mal neu, wenn ich diesen Text lese. Vielleicht hat Meister Lao sein kleines Paradies im Westen, hinter den Bergen, gefunden? Ich wünsche es ihm. Mir aber würde es dort in der glücklichen Enge auf die Dauer nicht gefallen.

Darin fühle ich mich dem Philosophen Immanuel Kant verbunden, der schrieb: »Die Natur hat den Schmerz zum Stachel der Tätigkeit in den Menschen gelegt, dem er nicht entgehen kann. Im Leben (absolut) zufrieden zu sein wäre tatenlose Ruhe. Eine solche aber kann mit dem intellektuellen Leben des Menschen nicht zusammen bestehen.« Das ist typisch westlich gedacht, und Kant weiß das. Am Gelben Fluss in China mag ein Mann »stundenlang mit seiner Angelrute sitzen, ohne etwas zu fangen«. Den westlichen Philosophen treibt es jedoch hinaus aus dem Paradies: »Sein Leben fühlen, sich vergnügen, ist also nichts anderes als: sich kontinuierlich getrieben fühlen, aus dem gegenwärtigen Zustand herauszugehen.« Wer hat Recht? Laotse oder Kant? Diese Frage ist noch nicht entschieden.

Buddhismus: Nirwana-Trotz

Das Weltbild Laotses gibt eine einfache Regel vor: Tu, was Himmel und Erde eint, finde dein Gleichgewicht. Eine völlig andere Weltsicht begegnet uns zur gleichen Zeit jenseits des Himalaya. Hier, im hinduistischen Indien, heißt die Regel: Öffne das Viele für das Eine.

Im Kreislauf des Stirb und Werde

Auf dem indischen Subkontinent kommt die Welt daher mit der Wucht einer Lawine. Sie gleicht einem kreativen Chaos, ohne Richtung, ohne Ziel, von Ewigkeit zu Ewigkeit sich ständig neu erschaffend. Symmetrie und Gleichgewicht, klare Regeln, wie der Weise des Tao Te King sie suchte, sind in diesem regellosen Brodeln des Weltprozesses nicht auszumachen. Wenigstens nicht für das Alltagsleben auf der Erde. Aber auch die Götter haben es nur ein bisschen besser. Denn auch sie erfasst irgendwann wieder der Mahlstrom des Stirb und Werde, verschlingt sie und gebiert die ehemaligen Himmelsbewohner in einer anderen Daseinsform aufs Neue. Vielleicht als Affe, als Höllenkreatur oder, mit viel Glück, als weltentsagender Asket. Eine altindische Weisheit vergleicht die menschliche Situation mit einem Frosch in einem wasserlosen Brunnen. Buddha zog aus, das Wasser des Lebens zu finden.

Dass es einer radikalen Lösung bedurfte, um den religiösen Hunger der Menschen zu stillen, hatten die indischen Weisheitslehrer schon früh erkannt. Ein einzelnes Menschenleben konnte unmöglich ausreichen: Seinen endgültigen Platz im Universum – das ihm »entsprechende Gegenüber«, das alle Entfremdungen aufhebt – findet der Mensch erst, nachdem er viele Wiedergeburten und viele Schicksale durchlebt hat. Jede Geburt liefert die Voraussetzung für eine weitere, hoffentlich bessere Geburt sowie für ein weiteres, hoffentlich besseres Leben. Die Erlösung muss sich der Mensch im Lauf seiner vielen Leben

Geburtenkreislauf als Perpetuum mobile.

verdienen, so lange, bis er den Kreislauf durchbrechen und ins göttliche Eine einziehen darf. Aber das gelingt nur wenigen. Eine geniale Lösung, weil sie zugleich eine andere Frage beantwortete: Warum ergeht es einigen Menschen so blendend und anderen so dreckig in der Welt? Durch die Wiedergeburtslehre erledigt sich die Antwort von selbst. Das Leben ist entweder eine Belohnung oder eine Strafe für viele vergessene, aber zuvor schon gelebte Leben.

Hindu-Künstler haben das Rad des Geburtenkreislaufs oft dargestellt: ein kreisendes Ineinander von Himmel und Hölle, Göttern und Menschen, Tieren und Dämonen, schon als Perpetuum mobile kein Glücksrad. In unaufhörlicher Bewegung gehalten durch das Karma, das nichts vergisst, alles belohnt oder bestraft, ewig Auge um Auge, Zahn um Zahn. Was dir geschieht, es geschieht dir recht. Geburt ist Kassensturz: Auf den Cent genau zahlt das Karma aus, was dir zusteht, eine Bilanz deiner bisherigen Lebensläufe. Meine Fantasie reicht nicht aus, um mir das Ganze konkret und bildhaft vorzustellen.

Schon die Gesellschaftsschicht, die Kaste, in die ein Mensch hineingeboren wird, fällt ihm als karmisches Schicksal zu. Die Kastenordnung war in ihren historischen Anfängen klar und übersichtlich. Man zählte vier Stände: den Opferstand (Brahmanen), den Kriegerstand (Kshatriyas), den Nährstand (Vaishyas) und den Dienststand (Shudras). Die Angehörigen der so genannten unreinen Berufe, die mit toten Tieren, mit Abfall oder mit Exkrementen in Berührung kommen (zum Beispiel Fischer, Fleischer, Gerber, Gassenkehrer, Abortreiniger), nennt man die Parias oder die Unberührbaren. Sie stehen außerhalb der Ordnung. In einen anderen Stand hinüberzuwechseln oder aus seinem Stand herauszufallen, ist unmöglich. Die Kasteneinteilung definiert sich als festgeschriebene Ständeordnung. Kaste ist Lebensschicksal. Nur die Familien der Brahmanen bilden den Opferstand, aus dem allein sich im frühen Indien die Priesterschaft rekrutierte. Genau wie im europäischen Mittelalter entsprachen Beruf und Lebensform den einzelnen Ständen. Nie würde ein brahmanischer Hindu eine Tasse Tee trinken, die ein Paria zubereitete, aus Angst, er könne sich beflecken.

Aus dem Vierer-Kastensystem ging im Lauf der indischen Geschichte eine Fülle von Unter- und Mischkasten hervor, die selbst für Einheimische nicht mehr durchschaubar ist. Heute treten die Kastengegensätze allmählich in den Hintergrund. Die indische Verfassung von 1950 proklamierte die Gleichberechtigung aller Bürger ohne Unterschied der Kastenzugehörigkeit. Davon war man zu Buddhas Zeiten noch weit entfernt.

Es braucht viel Mut, in dieser verwirrenden Welt zu bestehen! Im kleinen häuslichen Rahmen begnügen sich die Menschen oft mit einfachen religiösen Praktiken, die auf die Familie zugeschnitten sind. Die Mutter bringt ihr krankes Kind zu einem Heilkundigen, der mit Beschwörungen die Schadgeister zu vertreiben sucht. Amulette, drei, vier und noch mehr, über den ganzen Körper verteilt, tragen die Männer auf ihren Arbeitselefanten, die sie im Dschungel vor dem Tiger schützen. Schutz- und Schadgeister kennt man zu Dutzenden in jedem Haus, in allen Familien. Es gibt unendlich viele davon, deren Namen sogar dem Alten unbekannt sind, der morgens die Hausschlange füttert. Für jede Lebenssituation ist ein Gott oder eine Göttin zuständig. Dämonen, Himmel- und Unterweltfürsten, Gottheiten, Myriaden und Abermyriaden, wer blickt da noch durch? Mit vielen von ihnen haben die einfachen Leute im Dorf nur bei besonderen Anlässen zu tun. Wenn einer zum Beispiel verreisen muss, wenn die Totenrituale zu begehen sind, oder falls der Monsunregen ausbleibt. Dann wendet man sich an die Großen unter den Himmelsbewohnern: an

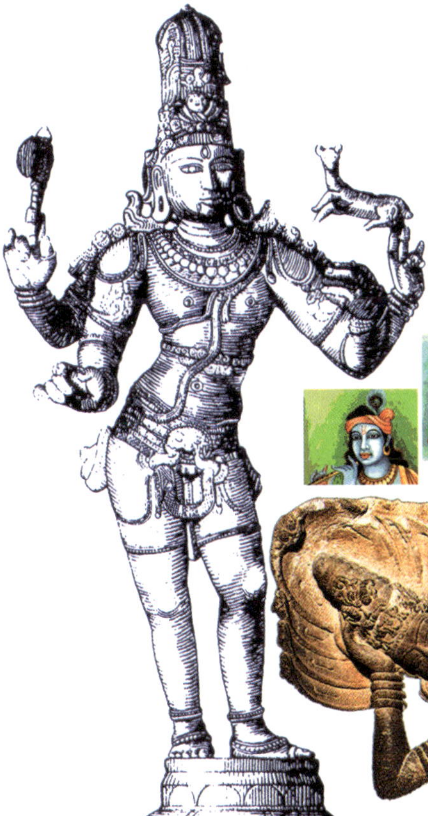

Shiva (links), Krishna, Ganesha, Matsya Inkarnation Vishnus, Shiva (Mahadeva), Brahma: für jede Lebenssituation ist ein Gott oder eine Göttin zuständig.

Shiva, der die schöpferischen wie die zerstörerischen Aspekte des Universums verkörpert, an Vishnu, den Erhalter der Welt und Bewahrer der inneren Ordnung, und an Brahma, den Baumeister der Welt, der die Seelen im Kreislauf der Wiedergeburt mit den erforderlichen Leibern versieht. Und dann ist der Priester gefragt. Denn keiner von den Dorfbewohnern wüsste, mit den großen Tempelgöttern umzugehen, oder welche Opfer zu bringen und welche Rituale zu vollziehen sind.

Der Hinduismus, ein Universum von Religionen

»Hinduismus, *indische Volksreligion*«, so definiert der Duden das Wort. Eine etwas irreführende Auskunft. In Wirklichkeit ist Hinduismus ein Sammelname für die ganze Mannigfaltigkeit der hinduistischen Volksreligionen und dient nicht als übergeordnete Konfessionsbezeichnung. Doch trotz aller Vielfalt sind die an Indien gebundenen Religionen alle untereinander verwandt. Sie stützen sich auf die Schriften der namenlosen alten Seher, auf die Autorität der Veden, Upanishaden und der Gitas.

Veda (Sanskrit »Wissen«) ist die älteste religiöse Literatursammlung Indiens und stammt aus dem 1. Jahrtausend vor unserer Zeit. Nach ihrer Verwendung im Gottesdienst wird sie in vier Veden eingeteilt, die als Offenbarung gelten: Rigveda (Hymnen an die Götter), Samaveda (Lieder), Yajurveda (Opfersprüche) und Atharvaveda (Zauberlieder). In den Upanishaden (im Sanskrit das »Sitzen des Schülers neben dem Lehrer«) wurden die wichtigsten Gedanken der indischen Philosophie und Religion zum ersten Mal ausführlich formuliert. Die älteren Upanishaden entstanden zwischen 800 und 600, die jüngeren Upanishaden, die sich von den älteren deutlich unterscheiden, wurden bis in die Zeit um 1500 nach unserer Zeit geschrieben. Die Bhagavadgita (Sanskrit »Gesang des Erhabenen«) ist ein heiliger Text im Hinduismus und eines der am meisten gelesenen Bücher Indiens, ein religionsphilosophisches Gedicht aus einem 18 Gesänge umfassenden Volksepos, in dem der Gott Vishnu in menschlicher Gestalt dem Helden Ardshuna Mut zuspricht und ihm den Weg zur Erlösung weist: durch selbstloses Tun, Selbstverleugnung und Hingabe. Erwähnt wird die Bhagavadgita bereits im 4. Jahrhundert vor unserer Zeit.

All diese Schriften sind verschieden – und gleichen sich doch. Jede bevorzugt einen besonderen Heilsweg, um in der heillosen Welt das Heil zu finden, aber keine einzelne hinduistische Religion erhebt einen absoluten Wahrheitsanspruch. Das Göttliche ist wie Quecksilber, das zerrinnt, sobald man versucht, es zwischen die Fingerspitzen zu nehmen – ein Sinnbild für den universalen Zustand der Welt.

Gott und Welt, in den westlichen Religionen so streng geschieden, sind in hinduistischer Sicht ein und dasselbe, zwei Seiten derselben Medaille. Das Brahman, die Weltseele, und Atman, die Einzelseele, durchdringen einander in unaufhörlichen selbstschöpferischen Prozessen, für die es keinen Anfang und kein Ende gibt. Darum geht auch nichts in der Welt verloren. Der Weltprozess gleicht einer großen Recyclinganlage: Die Spuren, die wir hinterlassen, begegnen uns wieder. Vielleicht noch in diesem Leben, vielleicht erst in einem der folgenden unserer myriadenfachen Lebensläufe. Die Welt ist eine Falle. Wird die Seele der endlosen Irrfahrt durchs Samsara, den Reigen der Wiedergeburten, endlich überdrüssig, versucht sie, im Brahman Ruhe zu finden und in die Allseele einzugehen.

Dem Hinduismus sind Lehrsätze mit Absolutheitsanspruch immer fremd geblieben. In diesem Zusammenhang ist mir eine Beobachtung wichtig: Der hinduistische Glaube kommt ohne historische Leitfiguren aus. Das ist anders im Buddhismus, und das ist noch einmal ganz anders im Judentum und dessen Nachfolgereligionen, dem Christentum und dem Islam. Die Berufung auf Buddha, Abraham und Moses, auf Jesus und Muhammad ist in diesen Religionen unentbehrlich.

Religion ist nicht auf historisch stimmige Fakten angewiesen. Ihre Bezugsgestalten sind Bestandteil des kollektiven Bewusstseins, der Psychohistorie: Die Botschaft Buddhas bliebe auch dann revolutionär, wenn es ihn nie gegeben hätte! Und wie steht es mit Moses oder Jesus? Auch bei ihnen gehen Fiktion und Fakten ineinander über, das aber werde ich mit den Leserinnen und Lesern an Ort und Stelle diskutieren. Das Beispiel der hinduistischen Religionen zeigt jedenfalls: Harte Fakten sind für die Frömmigkeit sekundär. Es sei denn, wir wollten die Milchstraßen indischer Götterwelten als fromme Hirngespinste diffamieren. Ich tue das nicht. Ein betender Hindupriester ist ebenso authentisch wie der Papst.

Ich sagte es schon: Lehrsätze in unserem Sinn kennt der Hinduismus nicht. Ganz voraussetzungslos stellt sich dessen bunte Vielfalt trotzdem nicht dar. Denn der indische Glaube geht von zwei Grundsätzen aus: Erstens, es gibt viele Götter, aber keinen einzigen Gott, der die Welt aus dem Nichts geschaffen hätte. Zweitens, die Geschichte, im Großen wie im Kleinen, findet niemals ein Ziel und kommt an kein Ende. Diese Axiome stehen für die indische Weltsicht sozusagen mit dogmatischer Gewissheit fest. Deshalb ist auch der Hinduismus nicht unbegrenzt durchlässig für andere Religionsauffassungen. Dem Islam, der im Mittelalter weite Teile von Indien eroberte, ist es beispielsweise nie gelungen, den Hinduismus zu durchdringen. Der muslimische Glaube an Allah als den Weltschöpfer ließ sich mit dem religiösen Gefühl der Hindus nicht vereinbaren. Dem unausgesetzten Bemühen der christlichen Missionare, sie zum Christengott zu bekehren, blieb aus demselben Grund ein durchschlagender Erfolg versagt.

Helmuth von Glasenapp, der Indienkenner, beschreibt das Nebeneinander aller indischen Glaubensrichtungen: »In einem herrlichen, künstlerisch vollendeten Tempel des Südens wird Shiva mit dem ganzen Prunk eines ehrwürdigen Rituals gefeiert; ein Asket steht abseits und murmelt, indem er einen Rosenkranz aus Rudrakshabeeren durch die Finger gleiten lässt, die heilige Formel: 'Shivo 'ham, Shivo 'ham' ('Ich bin Shiva') und gibt dadurch seinem Glauben Ausdruck, dass der Herr der Welt, den die Priester vertreten, in Wahrheit der Urgrund ist, in dem jedes Einzelwesen ruht. Unmittelbar neben dem Heiligtum steht ein kleiner Tempel mit dem rohen, grell bemalten Idol einer Göttin, vor das abgehärmte Frauen Puppen hinstellen, um Kindersegen zu erflehen ... Seite an Seite mit kleinen Versammlungen, in denen ein Sadhu die Weisheit der Upanishaden oder der Gita vorträgt oder die alten Legenden von Krishna oder Rama erzählt, befindet sich ein Brunnen, in welchem eine heilige Kobra durch Opfergaben verehrt wird oder die rohe Steinskulptur des elefantenköpfigen, hängebäuchigen Ganesha. Am Kalighat bei Kalkutta werden der Kali blutige Ziegenopfer dargebracht, unweit derselben Stadt ist das Kloster des Ramakrishna, des letzten großen Hinduheiligen (gest. 1886), der in stiller Meditation sich in das über alle Vielheit erhobene all-eine Brahma versenkte und dessen Schüler Vivekananda der westlichen Welt einen vergeistigten Hinduismus als die allen Erfordernissen moderner Wissenschaft gerecht werdende Religion darzustellen bemüht war.«

Ein Tourist, der, zurück aus Indien, seine Videos bearbeitet, wird versuchen die ebenso wundersame wie kunterbunte Vielgestaltigkeit innerlich zu ordnen. Die Leichenverbrennung am heiligen Fluss, dem Ganges. Nur einen Steinwurf davon entfernt sammeln Angehörige Gebeine und Asche eines anderen Toten und streuen sie in die Gewässer. Dazwischen wogen Tausende festlich gekleideter Menschen, steigen die Steinterrassen herab und waschen im erlösenden Wasser ihre Sünden von sich. Eine Wolke von brausendem, summendem Lärm liegt in der Luft. In der Erinnerung weht eine Duftfahne von Sandelholz herüber,

Im heiligen Wasser des Ganges waschen festlich gekleidete Menschen ihre Sünden von sich.

während der Priester vor dem aufflammenden Holzstoß die Verse rezitiert: »Erkenne diesen Atman, ungeboren, unsterblich, niemals endend, niemals beginnend. Ohne Tod, ohne Geburt. Unzerstörbar in Ewigkeit, wie kann der Atman sterben beim Tod des Leibes?« Am Ende steht sein Friedensgruß: »Friede den oberen Welten, Friede dem Himmel, Friede der Erde!«

An Ort und Stelle, in Indien, passte alles zusammen, jetzt aber, zu Hause, wirken die Bilder nur noch exotisch, aus dem Zusammenhang gerissen. Die Vielfalt verwirrt den westlichen Betrachter. Der Hindufrau aber, die auf der Terrasse am Ganges ihr Baby stillt, beweist der bunte Reichtum: Nichts geht verloren! Sie hat vielleicht keine Worte für ihre innere Gewissheit. So wenig wie vor ihren Zehen der eilige Tausendfüßler um die Zahl seiner Beine weiß. Die junge Hindumutter vertraut ihrem Gefühl, und das sagt ihr: Sie ist in der großen Vielheit geborgen.

Dennoch, der rezitierende Priester ist unentbehrlich bei den großen Dingen des Lebens. Die junge Frau braucht ihn für die Zeremonie der Namensgebung, wenn sie 40 Tage nach der Geburt ihres Kindes den Tempel besucht. Nur der Priester verkehrt mit den höchsten Himmelsbewohnern. Allein er weiß, wie man sich die Gottheiten gefügig macht, durch Rituale, Gesänge, Opfer und Beschwörungen.

Der Protest gegen die Priestermacht

In der zweiten Hälfte des Jahrtausends vor unserer Zeitrechung, als der Buddhismus entstand, wandelten die Priester, die zur obersten Kaste der Brahmanen gehörten und dadurch unbestreitbar an der Spitze der indischen Gesellschaft standen, wie Götter unter den Menschen. Die übrigen Kasten besaßen kein religiöses Mitspracherecht. Der Adel war auf die brahmanischen Spezialisten angewiesen, Fürsten und Regenten, nicht zuletzt auch die Militärs. Wenn große Entscheidungen anstanden, oder wenn man sich der himmlischen Gunst versichern musste, bevor man in die Schlacht zog – nichts ging ohne die Priester. Sie allein wussten, wie die unsichtbaren Mächte mit heiligen Formeln und Begehungen zufrieden zu stellen waren. Die kleinen Leute bekamen deren Macht nur selten zu spüren, die oberen Zehntausend jedoch waren Gefangene des Priesterstandes.

Dagegen formierte sich um 500 vor unserer Zeit eine lautlose Protestbewegung. Junge Männer, vorwiegend Nicht-Brahmanen, entzogen sich der Priestermacht und gingen in die Einsamkeit, um auf eigene Faust das religiöse Heil zu finden: das Eine in dem Vielen, die Einzelseele in der Allseele. Man traf sie in den Wäldern, als Einzelgänger durchwanderten sie Dörfer und Städte. Sie brauchten nicht viel zum Leben, eigentlich fast gar nichts, und ernährten sich von milden Gaben. Sie hatten der heillosen Welt den Rücken gekehrt. In der besitz- und kastenlosen Asketenbewegung entdeckten die Aussteiger ihre eigene religiöse Kompetenz. Eine Religion der Innerlichkeit, die ohne Priester, Opfer und Altäre auskam.

Viele junge Männer zog es damals hinaus in die Hauslosigkeit. Siddharta Gautama aus dem Geschlecht der Sakyas, der spätere Buddha, war zunächst nur einer von ihnen. Seine Lehre teilte mit den hinduistischen Gläubigen ein breites Vokabular: Nirwana (das Auslöschen, Verwehen), Yoga (die Vereinigung), Karma (das Vergeltungsschicksal), Tathagata (ein »so Gekommener«), Buddha (ein »Erleuchteter«), Samsara (der Geburtenkreislauf), Dharma (die Lehre und das kosmische Gesetz). Das waren jedem Hindu vertraute Begriffe, schon bevor Buddha kam. Wegen der vielen Überschneidungen zwischen Buddhas Lehre und anderen asketischen Gruppierungen sahen seine Zeitgenossen in ihm einen Yogi wie viele andere, einen weiteren wundertätigen Asketen. Doch der junge Adelige wuchs über seine Umgebung hinaus. Er wurde zum Stifter einer neuen Religion.

Buddha, der indische Samurai

Wenn wir uns Buddha wie in diesem Buch vom westlichen Kulturkreis aus nähern, interessieren uns zunächst die Fakten. Und die Fakten, die wir gegenwärtig kennen, sind verlässlich. Wissenschaftler aus vielen Ländern haben sie über Generationen hinweg zusammengetragen. Moderne Historiker setzen sein Leben auf die Zeit zwischen 450 und 370 vor unserer Zeit, traditionelle Buddhisten um ein Jahrhundert früher. Er war demnach ein Zeitgenosse von Sokrates, Platon und Aristoteles. Im Gegensatz zu diesem griechischen Dreigestirn des Westens prägte Buddha auf der anderen Seite des Globus als Einzelperson die Geschichte Asiens für Jahrtausende. Dabei kam er wie aus dem Nichts.

Sein Vater war ein Adeliger aus dem Geschlecht der Sakyas, darum trägt er in der Überlieferung oft den Namen Sakyamuni, der Weise aus dem Geschlecht der Sakyas. Die Mutter Maya soll bei der Geburt gestorben sein. Doch womöglich erzählt das nur die Legende. Wie sollte die Mutter des Welterleuchters nach seiner Geburt als normale Frau weitergelebt haben? Solch eine Vorstellung ist für den Gläubigen undenkbar. Zu Königswürden stieg auch der Vater niemals auf. Bei seiner Lebensgeschichte spielte ebenfalls die verklärende Erinnerung nachkommender Generationen eine entscheidende Rolle. Tatsache ist, dass zur damaligen Zeit viele Söhne der Adelskriegerkaste mit ihrem Stand brachen und das Asketenleben wählten. Das tat außer Buddha auch Mahavira, der später die Konkurrenzbewegung zum Buddhismus, den Jaina-Orden, neu begründete. Mit 16 Jahren soll der junge Siddharta Gautama geheiratet haben. Seine Frau Yosadhara gebar ihm einen Sohn Rahula.

Die Sakya-Provinz lag im Nordosten Indiens, am Fuß des Himalaya. Über sie ist Buddha bei seinen Wanderungen kaum hinausgekommen. Die Region war von wichtigen Handelsstraßen durchzogen und befand sich im Umbruch. Zwischen den aufstrebenden, volkreichen Städten verkehrten Handelskarawanen mit Hunderten, Tausenden von Fuhrwerken. So mag der Siddharta, der »Zielstrebige« mit dem Sippennamen Gautama, durchaus in Wohlstand gelebt haben. Doch aus dem jungen Mann, mit dem der Vater bestimmt andere Pläne hatte, wurde ein Aussteiger. Ob heimlich, wie es die Legende will, oder unter den Tränen der Eltern, wie eine andere Überlieferung erzählt, Siddharta verließ seine Kaste und wählte das asketische Leben. Er vertraute sich Lehrern und Gurus an, die auf dem Weg der totalen Disziplinierung des Körpers nach Yoga-Art die Heilssuche betrieben. Aber deren kleine Lösungen konnten den großen Hunger des Sakyasohnes nicht befriedigen. Siddharta suchte weiter.

Ein Kranz bunter Geschichten umgibt den Buddha, der auszog, um ein Bettelmönch zu werden wie viele andere, die damals Indien durchwanderten. Die bekannteste der Legenden ist die von den »Vier Ausfahrten«. Sie erzählt, wie der schwarzhaarige junge Mann den Anstoß bekam, die Parks und Paläste zu verlassen.

Eines Tages fuhr er in Begleitung seines Wagenlenkers aus, um einen seiner Parks zu besuchen. Da bemerkte er einen Mann, »krumm wie ein eingefallenes Dach, wankend, auf einen Stock gestützt, stolpernd, an der Neige seines Lebens«. Siddharta wollte wissen, was diesem Mann zugestoßen sei, und der Wagenlenker erklärte ihm, es sei das Alter, das ihn so entstellt habe, ein Los, das jeden Menschen erwarte. Tief beunruhigt kehrte Siddharta in seinen Palast zurück und verfiel in düsteres Grübeln. An einem anderen Tag gewahrte er, wieder gemeinsam mit dem Wagenlenker, »einen Kranken, der an Schmerzen litt, gestürzt war und sich in seinen Ausscheidungen wälzte«. Dem alarmierten jungen Mann erklärte sein Begleiter, dies sei ein kranker Mann, und Krankheiten ereilten jeden Menschen. Als sie zum dritten Mal unterwegs waren, erblickte Siddharta einen Leichnam. Noch einmal erklärte ihm der Wagenlenker, es sei das Los jedes Menschen zu sterben. Schließlich begegneten sie bei der vierten Ausfahrt »einem Mann mit geschorenem Schädel, der ruhig seines Weges ging; er trug ein gelbes Gewand«. Die Abgeklärtheit des Asketen beeindruckte Siddharta so sehr, dass er sich entschloss, ebenfalls sein Haus zu verlassen, um diesen Frieden zu erlangen.

Ich habe die Erzählung stark gekürzt, im Original umfasst sie mehrere Seiten. Religionswissenschaftler sind ihr auf den Grund gegangen und datieren die Entstehung der Geschichte auf mehrere hundert Jahre nach dem Paranirwana, dem endgültigen Erlöschen des Buddha. In der ältesten Überlieferung erscheint sie noch nicht. Sie ist wie die übrigen Legenden, die sich um das Leben des Erleuchteten ranken, kein Bestandteil seiner realen Lebensgeschichte. Das mindert den Wert der Ausfahrt-Legende nicht. Sie gehört in die Psychohistorie

Die Legende von den Vier Ausfahrten Buddhas.

Buddhas. Durch solche Erzählungen verinnerlicht sich Buddha den Seelen der Seinen und bleibt ihnen als Seelenführer gegenwärtig. Abstrakte Lehrsätze bewirken das nicht.

Jeden Religionsstifter umgeben solche Legenden, die sein Leben ins Wunderbare überhöhen und ihn zu einer außerordentlichen, fast überirdischen Gestalt werden lassen. Ein Gesetz, das nicht allein der Lust des Fabulierens entstammt, sondern unserem Bedürfnis, religiöse Werte zu verinnerlichen. Legenden wie Siddhartas Ausfahrten sind Fantasiereisen, Gefühlsverstärker. Auf der Ebene der rationalen Argumente haben sie nichts zu suchen. Mache ich aus Wundern Beweise, bin ich im verkehrten Programm.

Alle zentralen Figuren der großen Religionen wehrten sich sogar ausdrücklich dagegen, ihre Lehren durch Wunder zu bekräftigen. Auch Buddha hielt nichts von derartigen zweifelhaften Beweisen – obwohl ihm die Überlieferung viele mirakulöse Schaueffekte unterstellt. Man erzählt sich etwa, wie er nach seinem Nirwana-Erlebnis ins Vaterhaus zurückkehrte. Als seine Angehörigen ihm den nötigen Respekt verweigerten, erhob sich der Erleuchtete vor ihren Augen in die Lüfte. Und bei einer späteren kontroversen Diskussion soll Buddha seine Überlegenheit demonstriert haben, indem er sich multiplizierte. Feuer schlug ihm aus den Schultern, und Wasserströme entquollen seinen Füßen. Solche und Hunderte ähnlicher Schauwunder haben die buddhistischen Künstler in Stein festgehalten und für die Nachwelt verewigt. Die Gläubigen verehren diese Kunstwerke mit Blumenopfern, Räucherstäbchen und Rezitationen. Wir sollen ihnen mit dem gebotenen Respekt begegnen, denn unsere reisende Seele braucht solche Wegweiser.

Siddharta findet eine Gegenwelt, das Nirwana

Zurück zum jungen Siddharta Gautama, dem künftigen Buddha unserer Weltzeit. Auf seinem Weg zur Erlösung war er mehrfach gescheitert – bis er sich unter einen Baum setzte und trotzig schwor, erst dann von der Stelle zu weichen, wenn er sein Ziel erreicht hatte. Nomen est Omen. Vergessen wir Karma und Samsara, vergessen wir auch den luxuriösen Wohlstand, den der wandernde Heilssucher hinter sich ließ. Hier sitzt Siddharta, der 45 Jahre später von seinen Mönchen mit den Worten Abschied nehmen wird: »Ohne Unterlass müsst ihr kämpfen!« Da fordert einer die Welt heraus, ein junger Mann aus dem Kriegeradel, ein Vorläufer der japanischen Samurai.

In einer Sutra-Erzählung, einer jener indischen Lehrreden, die das Leben und die Botschaft Buddhas überliefert haben, liest sich das so: »Ich war verwöhnt, sehr verwöhnt. Ich salbte mich nur mit kostbarem Öl und kleidete mich in kostbares Tuch. Tag und Nacht war ein weißer Sonnenschirm über mich gespannt. Einen Palast hatte ich für den Winter, einen für den Sommer und einen für die Regenzeit. In den vier Monaten des Regens verließ ich den Palast überhaupt nicht und war von Tänzerinnen umgeben. Obschon ich so sehr verwöhnt war, kam mir doch der Gedanke: Wenn auch der normale Mensch dem Alter, der Krankheit, dem Tod unterworfen ist, erschüttert es ihn doch, wenn er alte, kranke, tote Menschen erblickt. Auch mir geht es so, und das ist meiner nicht würdig! Bei diesem Gedanken verlor ich die Freude an Jugend, Gesundheit und dem Leben. Da sagte ich: Alter, Krankheit und Tod sehe ich vor mir, ich sollte nach dem Nirwana suchen, das frei von solchen Übeln ist, nach dem höchsten Frieden! Als schwarzhaariger junger Mann schor ich mir Bart und Haar, legte das Gewand der Asketen an und begab mich aus dem Haus in die Hauslosigkeit, obwohl meine Eltern weinten. ... Als ich den Heilsweg suchte, gelangte ich bei meinen Wanderungen durch das Reich Magadha schließlich nach Uruvela. Da sagte ich mir: Hier ist es gut, der Wald ist nah, ein heller Fluss mit freundlichen Ufern fließt dort, und ringsum sind Dörfer, wo ich um Nahrung bitten kann. Das ist der rechte Platz für einen jungen Mann aus adeligem Haus, der nach dem Höchsten ringt. ...

Doch auch durch Selbstquälung und Kasteiung erreichte ich kein höheres übermenschliches Wissen. Da begann ich mich zu fragen, ob es nicht einen anderen Weg gibt, der zur Erleuchtung führt. Und ich erinnerte mich, wie ich früher im Vaterhaus unter dem Schatten eines Rosenapfelbaums, frei von allen Wünschen und begehrlichen Anwandlungen, zum ersten Mal einen Versenkungszustand erlebte hatte. Dies ist der Weg zur Erleuchtung! sagte ich mir. ...

Als ich mein Denken gesammelt, geläutert, flexibel und folgsam gemacht hatte, richtete ich es, mich erinnernd, auf die Wahrnehmung meiner vergangenen Lebensläufe. Ich erinnerte mich an eine, an zwei ... schließlich an Hunderttausende meiner Vorgeburten, an viele Perioden der Weltzerstörung und Weltentstehung. Und ich wusste: Da lebte ich, diesen Namen trug ich, das war damals meine Kaste, mein Beruf, dieses und jenes erfuhr ich an Freud und Leid und trat, geprägt von meinen bisherigen Vorleben, nach jedem Tod aufs Neue wieder ins Leben. Dies war das erste Wissen, das ich in der ersten Nachtwache erreichte. ...

Darauf richtete ich meine Wahrnehmung auf die Erkenntnis des Abscheidens und der Wiederentstehung. Und sah mit göttlichem Auge, wie alle Lebewesen sterben und wieder geboren werden, hohe und niedere, schöne und hässliche, glückliche und unglückliche. Das war das zweite Wissen, das ich in der mittleren Nachtwache erreichte. ...

Dann richtete ich meine Wahrnehmung auf die Erkenntnis der Vernichtung jener unheilvollen Bedingungen, die zum Dasein führen, und erkannte: Dies ist das Leiden! Und dies ist die Entstehung des Leidens! Und dies ist die Beseitigung des Leidens! Und dies ist der Weg zur Beseitigung des Leidens! ... Da wurde mein Denken frei von jenen unheilvollen Bedingungen, die Begehren, Werden und Nichtwissen nach sich ziehen. Und es stellte sich die Erkenntnis ein: Ich bin befreit. Vernichtet ist die Wiedergeburt, gelebt ist der heilige Wandel. Getan ist, was zu tun war, die Geburt ist vernichtet! So erkannte ich. Das war das Wissen, das ich in der letzten Nachtwache erreichte.«

Dies ist eine von mehreren Versionen, die vom Nirwana-Durchbruch Buddhas berichten. Ich halte die Erzählung im Kern für glaubwürdig, obwohl einige Spuren verraten, wie oft sie in der Überlieferung bearbeitet worden ist. Dafür sprechen die starke Schematisierung ebenso wie die mirakulösen Zugaben. So hat Buddha bestimmt nicht gesprochen. Dennoch haben die Sutras seine Botschaft im Wesentlichen unverfälscht durch die Jahrtausende transportiert, sodass wir auch heute – trotz aller großen und kleinen Veränderungen, trotz aller Schauwunder und Überhöhungen in den Legenden – ein lebendiges Bild vom Leben und von der Lehre Buddhas vor Augen haben.

Dem griechischen Romanautor Nikos Kazantzakis, der durch sein Buch *Alexis Sorbas* weltberühmt wurde, begegnete Buddha noch im Jahr 1956 so authentisch wie den Menschen des ersten Jahrtausends vor unserer Zeitrechnung: »Alle sind wir eins, und dieses Eine leidet, und wir müssen es erlösen. Wenn auch nur ein Tropfen Wasser zitternd leidet, so leide ich mit. Es gehen meinem Geist die ›vier großen heiligen Wahrheiten‹ auf: Diese Welt ist ein Netz, in dem wir gefangen sind, der Tod erlöst uns nicht, wir werden wieder geboren. Lasst uns den Durst überwinden, die Begierde ausreißen, unser Inneres leeren! Sagt nicht: ›Ich will sterben; ich will nicht sterben.‹ Sagt: ›Ich will nichts.‹ Erhebt euren Geist über die Begierde und die Hoffnung – und dann, noch lebendig, könnt ihr in die Seligkeit der Nichtexistenz eintreten. Mit eurem Arm werdet ihr das Rad der Geburten anhalten. – Niemals war Buddhas Gestalt in so viel Licht getaucht vor mir erschienen wie jetzt.« So oder so ähnlich sprach Buddha zu seiner Zeit am Fuß des Himalaya. Die endlosen, langatmigen Sutras der späteren Mönchstradition dürfen uns nicht irritieren. Sie sind nur ein schwacher Abglanz seiner Botschaft.

Die buddhistische Kunst und die volkstümlichen Legenden haben immer wieder jenen Augenblick dargestellt, in dem Siddharta unter dem Laub eines Feigenbaums sein Schicksal beschwor.

»Abgeschieden setzte ich mich nieder und begann mein Denken zu bewegen: Wie elend da zu sein und ständig neu den Körper an- und abzulegen! Ein Ausweg ist und lässt sich finden, undenkbar, dass es nicht so wäre. Ihn will ich suchen, um herauszufinden, wie ich vom Dasein mich entleere. Ein Mensch, den Ruß und Kot beschmutzen, und sieht vor seinen Füßen Wasser rinnen, wird doch die Kraft des Wassers nutzen, er wäre sonst nicht recht bei Sinnen. So, wenn Nirwanas Wasser existieren, um wegzutragen Durst und Leiden, dann will ich dort die Daseinslast verlieren und fürs Nirwana mich entscheiden!«

So lassen die Verse der Jataka-Dichtung den jungen Siddharta sprechen. In der Provinz Bihar besuchen Tag für Tag die Pilger den heiligen Bodhi-Baum, unter dem er damals seinen Entschluss fasste und den heute eine Tempelanlage umgibt. Sie verehren dort den indischen Samurai, der den großen Durchbruch erzwang.

Noch einmal Stirb und Werde, in Ost und West

Buddhas Lehre ist die radikalste Konsequenz aus der Einsamkeit des Menschen, der kein »entsprechendes Gegenüber« findet.

Ich bin nicht dieser Baum, keine Pflanze, kein Tier, ich bin keine Machina Sapiens, ich bin anders als die anderen, es gibt keinen Platz für mich in dieser Welt. Sind wir ein Irrläufer der Evolution, die uns zufällig mit einem Gehirn ausstattete, das uns zwingt, die letzten Fragen zu stellen? Nach dem Woher und Wohin? Fragen, die in der Entwicklungsgeschichte nicht vorgesehen waren und die darum kein Baum, kein Tier, kein Stern des Himmels beantworten kann. Aus dieser unstillbaren Beunruhigung erwächst Buddhas Erlösungslehre. »Wie der große Ozean nur einen Geschmack hat«, erklärte er den Mönchen, bevor er ins Nirwana einging, »so haben meine Lehren und Regeln nur ein einziges Ziel – die Erlösung.« Seine Zuhörer standen auf und trugen, mit den Lippen des dahingegangenen Meisters redend, seine Mission weiter in alle Welt.

Lässt sich Buddhas Botschaft von der hinduistischen Karma- und Samsara-Lehre befreien? Im Japanischen Zen-Buddhismus, den ich gegen Ende des Kapitels ansprechen will, ist das gelungen. Buddhas Denken knüpfte jedoch an die hinduistische Wiedergeburtsphilosophie an und setzt sie unbefragt, unkritisch voraus. Wie hätte er den ewigen Kreislauf des Erleidens auch hinterfragen können? Schließlich kam Siddharta Gautama, der Sakya-Adelige, nicht von einem anderen Stern, sondern wuchs selbst im Gedankengebäude des Hinduismus auf.

Judentum, Christentum und Islam haben sich die Wiedergeburt niemals wirklich zu eigen gemacht. Denn eine endlose Kette von Reinkarnationen passt nicht in ihr westliches Denken, das von einer zeitlich begrenzten Weltdauer ausgeht, bei der die Schöpfung aus dem Nichts entstanden ist und nun über Jahrtausende hinweg ihrem Ziel entgegengeht. Für sie hat die Welt ebenso wie jedes einzelne Leben einen Anfang und ein Ende.

Einem Hindu erscheint unsere Anschauung absurd, die Seele könne plötzlich einfach da sein und irgendwann zwischen Zeugung und Geburt in den Embryo eingehen. Wo, bitte, ist dann die Seele vorher gewesen? Wo kommt sie her? Dass sich die Seele ewig auf Wanderung befindet, von einer Geburt zur anderen, ist im hinduistischen Denken unbestritten. Uneinigkeit gibt es erst bei der Frage, wie sich die Seele dem Zeugungsvorgang ankoppelt. In diesem Punkt haben es die indischen Religionen niemals zu einer abschließenden Antwort gebracht.

Wann das menschliche Leben im Mutterleib beginnt, bleibt auch für den Westen eine brisante Streitfrage, zum Beispiel in den Debatten um die Schwangerschaftsunterbrechung und um das Klonen von embryonalen Stammzellen. Hier ist sogar die Gesetzgebung des Staates berührt. Ist der Embryo vom ersten Zellwachstum an beseelt, müsste es dann nicht so etwas wie eine »embryonale Selbstbestimmung« geben? Damit aber tun sich unsere Juristen schwer. Ihre indischen Kollegen können solche Probleme gelassener angehen. Denn schließlich gleicht sich im Kreis der Wiedergeburten alles irgendwie wieder aus, auch eine Abtreibung: Ein weiblicher Fötus hätte ohnedies ein schlechtes Karma: So denkt man in männerzentrierten Gesellschaften. Vielleicht findet seine Seele beim nächsten Mal einen besseren Geburtsplatz, würde ein Hindu argumentieren. Westliche Gesellschaften diskutieren Fragen wie die Stammzellenforschung und die Schwangerschaftsunterbrechung dagegen vor dem Hintergrund letzter und allerletzter Daseinsfragen. Für sie ist das Leben einmalig und unwiederholbar. Mit dem Beenden des einen, aktuellen Lebens, mit dem Tod, ist es endgültig und unwiederbringlich abgeschlossen.

Im 18. Jahrhundert meinte David Hume, der englische Philosoph und Verfechter der Aufklärung, allein die Lehre einer Seelenwanderung könne das philosophische Denken befriedigen, weil sich ihr die Frage nach dem mysteriösen Anfang der Seele erst gar nicht stelle. Viele seiner Zeitgenossen empfanden ähnlich. Der Physiker und Schriftsteller Georg Christoph Lichtenberg zum Beispiel, oder der junge Johann Wolfgang von Goethe, der die Meinung vertrat: »Dieses Leben, meine Herren, ist für unsere Seele viel zu kurz!« Sie ließen sich allerdings mehr spielerisch auf die Wiedergeburtsphilosophie ein, indem sie in ihr eine Möglichkeit sahen, das geistige und moralische Niveau des Menschen über das allgemein menschliche Maß hinaus zu erheben. Im Verlauf vieler Geburten könne sich die menschliche Persönlichkeit ständig höher entwickeln und irgendwann eine Stufe erreichen, die einem begrenzten Menschenleben verwehrt bliebe.

Rudolf Steiner, der Begründer der Anthroposophie und der Waldorf-Pädagogik, verfocht den Gedanken vom seelischen Reifungsprozess am Anfang des 20. Jahrhunderts besonders energisch. Die Seele des Menschen läutere sich, so Steiner, im Laufe vieler Wiedergeburten, »von Daseinsstufe zu Daseinsstufe«, indem das eine Leben das nächste schon vorbereite.

Die indischen Religionsphilosophen waren jedoch nicht so optimistisch wie Lichtenberg, Goethe oder Steiner. Und Buddha schon gar nicht, der davon ausging: Wenn etwas schief gehen kann, dann passiert es auch! Damit muss der Mensch rechnen. Er ist zum Leiden geboren, seine einzige Hoffnung bleibt die Wiedergeburt unter verbesserten Bedingungen – oder das endgültige Erlöschen im Nichts.

Bei Buddha befindet sich der Mensch im freien Fall durch das Samsara, den endlosen Kreislauf der Geburten. Hier wird das Leben, nicht der Tod gefürchtet. Der Lebensprozess gleicht einem grauenvollen Ineinander von Schlachthaus und Gebärhaus: ein »Höllenschlund, der seine Geburten frisst, seinen Fraß gebärt«, wie es der Philosoph Ernst Bloch treffend ausdrückte. Dantes mittelalterliche Höllen, die er in seiner *Göttlichen Komödie* entwarf, sind Urlaubsorte verglichen mit dem jenseitigen Strafvollzug, den die buddhistischen Lehren verkünden. Deshalb suchte Siddharta nach der großen Lösung. Die kleinen Fluchten durch die Verbesserung der Wiedergeburten, die ihm seine asketischen Lehrer anboten, genügten ihm nicht.

Siddharta brauchte die große Lösung, weil er die Welt entzaubert hatte. Das Eine in dem Vielen gab es nicht. Nur das Viele war real. Kein Fixpunkt bot den Menschen einen Halt in dem fließenden Prozess des Werdens. Keine Weltseele, in die sich die Einzelseele einbetten konnte, nichts was die Welt innerlich zusammenhielt. Er hatte es probiert, aber eine Erlösung in der Welt existierte nicht. Ihre unerbittliche Endlosigkeit ließ keine Hoffnung, dem Ringen und Schlingen zu entkommen.

Das kann nicht die ganze Wahrheit sein! Etwas außerhalb des Furchtbaren muss es doch geben! Siddharta protestierte und suchte nach einem Ausweg. Er fand ihn in der dritten Nachtwache unter dem Bodhi-Baum: das weltlose, gegenweltliche Nirwana, unbefleckt vom Werden und Gewordensein. Ein einziges zur Ruhe und zum Ende kommen. Der Kreislauf des Stirb und Werde war durchbrochen. Buddha war erwacht. »Vernichtet ist die Wiedergeburt, gelebt ist der heilige Wandel. Getan ist, was zu tun war, damit ich nicht wiederkomme.« Die Welt ist ein langer Irrtum, der Mensch passt nicht in sie hinein, niemals und nirgends. Das einzig reale, dem Menschen entsprechende Gegenüber ist das Nichts, das Nirwana-Nichts.

»Woher das Sanfte und das Gute kommt«

Der Erleuchtete hätte sein Durchbrucherlebnis für sich behalten können. Aber er fasste es in Worte und zog damit hinaus in die Welt, bewegt vom Mitleid und vom Erbarmen mit allem, was lebt und strebt. Und er lehrte: Die Welt ist Erleiden. Immer ist der Mensch Objekt, niemals Subjekt, niemals Herr seiner selbst, alle Ichheit ist Illusion.

»Dies ist die große Wahrheit vom Leiden: Geburt ist Erleiden, Krankheit ist Erleiden, Alter ist Erleiden, mit Unliebem vereint sein ist Erleiden, von Lieben getrennt sein ist Erleiden, nicht erlangen, was man begehrt, ist Erleiden, kurzum, die fünf Gegenstände des Ergreifens sind Leiden. ...

Dies ist die große Wahrheit von der Entstehung des Erleidenmüssens: Es ist der Durst, der von Wiedergeburt zu Wiedergeburt führt, Freude und Begierde, die hier und dort ihr Ziel finden: Sinnendurst, Werdensdurst, Vergänglichkeitsdurst. Dies ist die große Wahrheit von der Aufhebung des Erleidenmüssens: Die Aufhebung des Durstes durch völlige Vernichtung des Begehrens, den Durst aufgeben, sich seiner entäußern, sich von ihm lösen und befreien. Dies ist die große Wahrheit vom Weg zur Aufhebung des Erleidenmüssens, der Große Achtteilige Weg: rechte Begriffe, rechte Entscheidung, rechtes Reden, rechtes Verhalten, rechte Lebensführung, rechte Zielsetzung, rechtes Überdenken, rechtes Sich-Versenken.«

Mit dieser Botschaft trat Buddha in Benares zum ersten Mal an die Öffentlichkeit. Dort stieß er auf fünf Asketen, die ihn von früheren Begegnungen her kannten. Zunächst verweigerten sie ihm den Gruß, denn sie waren ehemals in Unfrieden voneinander geschieden. Dann aber, überwältigt von Siddhartas strahlender Heilsgewissheit, hießen sie ihn als Freund willkommen. Dieser jedoch verbat sich die vertrauliche Anrede: »Man redet den Tathagata, einen so Gekommenen, nicht mit Namen und als Freund an! Ein Heiliger ist der Tathagata, der vollkommen Erwachte!« Dann erklärte er ihnen die Vier Großen Wahrheiten und den Achtfachen Pfad, den Heilsweg zum Nirwana. Die Worte der Frohbotschaft, die Buddha den ersten Jüngern verkündete, nennen wir heute die »Predigt von Benares«.

Noch während der neue Buddha predigte, ging einem der fünf Asketen die erleuchtende Erkenntnis auf: »Was auch immer entsteht, das ist dem Vergehen unterworfen!« Er wurde der erste Mönch in der Geschichte des Buddhismus. Nur wenig später bekannten sich die restlichen vier zur neuen Lehre. Auch sie fanden sogleich die Befreiung, den Nirwana-Durchbruch, und auf der Stelle waren sie allesamt zu Heiligen geworden.

So will es die Überlieferung. Mich aber verwirrt der Bericht. Siddharta hatte seine Erleuchtung nach hartem Ringen in der Einsamkeit, im mystischen Innewerden gefunden, und seinen ersten Mönchen passierte das Wunder ganz plötzlich auf offener Straße? Allein durch Belehrung und Erklärung, ohne »rechtes Sich-Versenken«? Wie soll ich mir das vorstellen? War das Nirwana-Heil so leicht zu erreichen? Wozu brauchte man dann den umständlichen Umweg über den Achtfachen Pfad? Dort sind Unkenntnis und Unwissen die entscheidende Ursache für den verzehrenden Lebensdurst. Sie müssen vernichtet werden, damit der Durst erlischt. Wie ich es auch wende, die Widersprüche bleiben. Aufklärung oder Erleuchtung – was führt ans Ziel?

Beides, so lautete die salomonische Antwort der Mönche. Eine Kombination von Aufklärung und Erleuchtung ist der richtige Pfad. Umstritten blieb die Frage trotzdem im Buddhismus, auf welchem Weg man heilig, ein Erleuchteter werde. Ist der Nirwana-Durchbruch schon mitten im Leben und »nicht mit dem Tod verbunden« zu erreichen oder doch erst im Augenblick des Sterbens? Mir scheint, als hätte Buddha zunächst die spontane Erleuchtung favorisiert, das augenblickliche Nirwana-Erlebnis. Die Lehre vom Achtfachen Pfad wäre dann eine spätere Weiterentwicklung der Lehre, die erforderlich wurde, als aus der kleinen Schar der Mönche eine unüberschaubare Massenbewegung erwachsen war. Und die Massen benötigten eine Gebrauchsanleitung, die Lehre vom Achtfachen Pfad, die ihnen zeigte, wie sie sich auf die Erleuchtung vorbereiten konnten.

Verweilen wir noch einmal bei den Vier Großen Wahrheiten: Alle unsere scheinbaren Aktivitäten sind in Wirklichkeit Passivitäten. Wir denken, dass wir schieben, und in Wahrheit werden wir geschoben. Unser Gehirn ist ein Organ, das im Dienst der Lebenserhaltung steht. Es spiegelt uns einen freien Willen vor, den es in Wirklichkeit nicht gibt. Es organisiert unser Ichbewusstsein, und das vermittelt uns den Eindruck, die »Gegenstände des Ergreifens« würden wir uns aufgrund einer persönlichen Wahl aneignen. Doch nicht wir führen Regie, sondern blinder genetischer Lebens- und Überlebensdrang. In Buddhas Worten: »Sinnendurst, Werdensdurst, Vergänglichkeitsdurst.« Der Durst nach Leben, nach immer mehr Erleben, ist die treibende Kraft, die auch Goethes Faust letztendlich ins Unglück stürzte und von der dieser einfach nicht lassen konnte. »Noch im Genuss verschmacht ich nach Begierde«, ließ Goethe ihn sagen. Einen Ausweg findet nur, wer die Begierde überwindet, wie in Buddhas Botschaft: Wird der Lebensdurst aufgehoben, werden wir uns endlich selbstbestimmt dem Leben stellen können.

»Ich habe mich oft gefragt und keine Antwort gefunden, woher das Sanfte und das Gute kommt, weiß es auch heute nicht und muss nun gehen.« Diese Worte stammen von Gottfried Benn und wurden im 20. Jahrhundert geschrieben. Sie sprechen mir aus der Seele, denn auch ich stelle mir diese Frage bis heute.

Buddha kehrte mit der Botschaft bergpredigthafter Güte, Metta, in die Welt des Samsara zurück. Unter seinen Worten finden sich zahllose Aussprüche, die das »Sanfte und das Gute« preisen: »Hass beseitigt niemals Hass, Hass endet durch Güte, das ist ein ewiges Gesetz.« Oder: »Besiege den Zornigen durch Güte.« Und wieder: »Lasst uns nicht jene hassen, die uns hassen. Unter den Menschen, die sich hassen, wollen wir frei von Hass leben.« Durch meditative Entfaltung allumfassender Metta wird, wie in der Jaina-Philosophie, auf die wir gleich zu sprechen kommen, Gewaltlosigkeit zum Lebensprinzip: »Wie eine Mutter unter Einsatz ihres Lebens ihr Kind schützt, so soll jeder grenzenlose Güte zu allen Lebewesen entwickeln. Jeder entfalte ringsum zu den Welten jene Barmherzigkeit, die frei ist von Herzensengigkeit, Hass und Feindschaft.« Erinnern wir uns, Laotse lehrte zur selben Zeit das Gleiche, bei ihm heißt es die Lebensführung nach der Tao-Art. Hier überspringt ein ethischer Grundsatz den Familien- und Gruppenegoismus, das Nationalgefühl und die Vorurteile. Er wird zum universalen Ethos, das auch die Tierwelt mit einschließt. Alle, Tiere wie Menschen, torkeln und taumeln unerlöst durch den blinden Kreislauf der Wiedergeburten.

»Wenn auch nur ein Tropfen Wasser zitternd leidet« – der Jainismus

Siddharta war nicht der Einzige, der nach einer grundsätzlichen Lösung suchte, um dem infernalischen Schlacht- und Gebärhaus des Samsara zu entkommen. Auch die Jaina-Bewegung stellte ihre Lehre auf eine endgültige Beendigung des Wiederholungszwangs ab. Die Jainas waren schon lange fest in Indien etabliert und erfuhren durch Mahavira eine tief greifende Erneuerung. Dieser war ein Zeitgenosse Siddhartas, entstammte ebenfalls der Kriegeradels-Kaste und lebte und wirkte im nordöstlichen Indien. Merkwürdig, dass sich die beiden Männer angeblich nie begegnet sind! Ihre Wege müssen sich über Jahrzehnte hinweg ständig gekreuzt haben.

Mahavira vertrat einen konsequent dualistischen Standpunkt: Geist und Materie stehen sich auf ewig unversöhnlich gegenüber. Durchgeistigt, beseelt sind alle Lebewesen, auch die Pflanzen. Und die Materie hat es darauf abgesehen, die Seelen gefangen zu halten. Das Karma, von Mahavira rein mechanistisch betrachtet, setzt sich in Form von kleinsten Materieteilchen an der Seele fest, bindet sie an die materielle Welt und damit an den Kreislauf der Wiedergeburt. Eine Befreiung davon gibt es nur, wenn sich die Seele entstofflicht und völlig vergeistigt. Das geschieht unter anderem durch eine konsequent vegetarische Ernährung sowie durch die strikte Einhaltung des Gebots der Gewaltlosigkeit, Ahimsa genannt.

Die Jaina-Bewegung entzweite sich später in die Parteien der »Bekleideten« und der »Nacktgänger«. Ältere Buddha- und Mahavirastatuen sehen sich manchmal bis in die Haltung und bis in die Gesichtszüge verblüffend ähnlich. Während Buddha ein Mönchsgewand trägt, ist Mahavira jedoch nur mit Luft bekleidet. Die Nacktgänger verstanden das Ahimsa-Gebot derart radikal, dass sie sogar auf Kleider verzichteten, da die Stoffe aus pflanzlichen oder tierischen Produkten bestanden, die durch ausströmendes Karma die Seele beschwerten. Die Gegenpartei der Bekleideten mochte so weit nicht gehen. Denn damit wurden die Frauen vom Heilsweg praktisch ausgeschlossen, weil es ihnen kaum möglich war, nackt zu gehen, ohne Begierden zu erregen. Die sexuelle Enthaltsamkeit gehörte für Mahaviras und für Buddhas Mönche zum obersten Gesetz. Die Jainas legten sie auch ihren Laien-Anhängern mit der Begründung nahe, dass beim Sexualakt unzählige Samenwesen vernichtet würden.

Sogar eine rein vegetabile Ernährung, die sich allem enthält, das seine Entstehung dem Koitus verdankt, war für die Jainas hoch problematisch, besaßen doch auch die Pflanzen ebenso wie die Menschen und Tiere lebendige Seelen. Da blieb als letzte Konsequenz eigentlich nur der Hungertod. In der Tat ist der rituelle Tod durch Fasten der krönende Abschluss eines Mönchslebens – bis heute. Ein Jaina, Mönch oder Laie, kann sich in die Obhut eines Meisters begeben und um Sterbebegleitung bitten. Er oder sie gelobt dabei, »von jetzt an bis zum letzten Atemzug auf Essen und Trinken zu verzichten«. Die von aller materiellen Erdenschwere befreite Seele steigt empor bis zum höchsten First der Welt. Dort verharrt sie in ewiger Allbeschaulichkeit und Allwissenheit. Mahavira selbst wählte mit 72 Jahren den Fastentod.

Während Buddha ein Mönchsgewand trägt, ist Mahavira nur mit Luft bekleidet.

Der Überlieferung zufolge ließ Buddha kein gutes Haar an den Jainas. Er beschuldigte sie zehn grober Fehler, unter anderem der Zucht- und Schamlosigkeit, der Arroganz und Verstocktheit. Die Sutras brandmarken Mahaviras Lehre als heuchlerisch und verbrecherisch. Ob Buddha selbst sich so äußerte? Wir wissen es nicht. Der Buddhismus, der sich bald als allein selig machend ausgab, sah in Mahaviras Lehre immer eine starke Konkurrenz.

Und das war sie tatsächlich. Nach tausend Jahren verschwand Buddhas Botschaft fast völlig aus Indien, während die Jainas sich dort bis in unsere Gegenwart mühelos behaupteten. Zahllose Übereinstimmungen gibt es zwischen beiden Religionen, in der Lehre wie in der Organisation. Selbst den weisen Brahmanen fiel es manchmal schwer, die beiden auseinander zu halten. Ihre Entwicklung verlief jedoch ganz unterschiedlich: Der Buddhismus wurde Weltreligion, der Jainismus blieb auf den indischen Subkontinent beschränkt, oder, besser gesagt, die Lehre Mahaviras schlug dort tiefere Wurzeln. Nicht zuletzt, weil der indische Buddhismus sich abgehoben und elitär definierte, während es die Jainas verstanden, Frauen und Männer aus dem Laienstand dauerhaft an sich zu binden.

Die Zentren der Jainas finden sich heutzutage in vielen Ländern, das Internet gibt Auskunft darüber. Und je länger ich mich mit ihrer Philosophie befasse, um so stärker fasziniert sie mich. Dennoch wird sie mir fremd bleiben. Das junge Christentum distanzierte sich schon früh von dualistischen Weltanschauungen nach Art des Jainismus, zuletzt durch Augustinus im 5. Jahrhundert. Die Weltgemeinschaft verdankt ihnen trotzdem zwei Dinge: zum einen jene hoch entwickelte Mathematik Indiens, die uns die so genannten »arabischen« Zahlen schenkte, zum anderen die Ahimsa-Bewegung, die Lehre von der Gewaltlosigkeit.

Die Jainas waren weltweit die ersten, die nachhaltige Tierschutzprogramme entwickelten. Unterkünfte für »Tiere in Not« entstanden in Indien lange vor der christlichen Zeitrechnung. Ich wünschte mir, alle Menschen auf der Welt würden wie die Anhänger Mahaviras solch eine tiefe Ehrfurcht vor dem Leben entwickeln! Die Gewaltlosigkeit ist schließlich kein weltfremdes Ziel mehr, sondern eine Überlebensfrage der Menschheit.

Buddha im schulischen Lehrplan?

Während meiner schulischen Lehrtätigkeit habe ich mit den Schülerinnen und Schülern viele buddhistische Texte gelesen, analysiert und besprochen. Einzelne Sutras waren Gegenstand von Klausuren, mündlichen und schriftlichen Abiturprüfungen. Ganz bewusst wandte ich mich damit gegen die Vereinnahmung Buddhas für exotische Teemischungen und esoterische Glücksversprechen nach dem Muster: »Freude in jedem Augenblick! Buddhismus im Alltag!«

Die buddhistischen Texte machten es meinen Schülerinnen und Schülern nicht leicht. Ich war glücklich, wenn es ihnen gelang, die philosophische Dimension eines Sutra zu thematisieren und zu bearbeiten. Die Lehrreden des Erleuchteten kommen in ihrer überlieferten Form oft langweilig daher, überladen mit Wiederholungen, von ungezählten Mönchsgenerationen aktualisiert, erweitert und ausgeschmückt. Sutras sind eben keine Lesetexte. Sie sind nicht fürs Auge geschrieben, sondern fürs Ohr gedacht, für die laute Rezitation in der Mönchsgemeinde.

Bei der Lektüre ergaben sich immer wieder überraschende Fragen. Im Gleichnis vom »Barmherzigen Samariter« aus der Jesus-Überlieferung hilft ein »Unberührbarer« spontan einem Reisenden, der zwischen Jerusalem und Jericho unter die Räuber gefallen ist. Meint das berühmte Metta-Sutra dasselbe, wenn es dort heißt: »Zur ganzen Welt entfalte man ein Herz voll Güte, unbeschränkt, von Zwang und Hass und Feindschaft frei«? Sind Metta, die allumfassende Güte in der buddhistischen Lehre, und die Nächstenliebe des Christentums identisch? Oder: Wenn Buddha Liebe und Mitleid lehrte und seine Zeitgenossen dazu bekehrte, dann kann etwas an seiner Lehre nicht stimmen. Barmherziges Handeln setzt doch die freie Entscheidung des Menschen und damit den Menschen als Subjekt voraus! Überhaupt, wie ist es möglich, dass im blinden Samsara plötzlich ein Retter auftritt? Gibt es, buddhistisch gesehen, dann doch so etwas wie eine innerweltliche Heilsgeschichte? Das aber stünde im Widerspruch zur Karma-Lehre! Und schließlich: Wer garantiert, dass Siddharta den Nirwana-Durchbruch tatsächlich erlebt hat? Solche Fragen sind freilich nur schwer zu beantworten, erst recht im Unterricht der Schule, die als Institution westlichen Denkmustern verhaftet ist. Dennoch machten uns die Fragestellungen sensibel. Sie öffneten nicht nur die Sutras, sie lüfteten auch unsere Köpfe und schärften unseren Verstand. Wir lernten, uns in völlig andere religionsphilosophische Zusammenhänge hineinzudenken.

Viele Einzelheiten der ursprünglichen Botschaft Buddhas werden sich wohl nie mehr klären lassen. Dazu ist der zeitliche Abstand einfach zu groß. Die Mönche haben seine Lehre tradiert, aber haben sie den Meister auch verstanden? Leider besitzen wir keine Schriften aus seiner eigenen Hand. Genau wie bei Sokrates, genau wie bei Jesus.

Konnten Buddha und Jesus überhaupt schreiben, lesen, rechnen? Natürlich hat man es den beiden später angedichtet. Der junge Siddharta soll in der Schule, in jeder Kampfsportart obendrein, alle Gleichaltrigen ausgestochen haben. Doch muss man schöne Buchstaben malen können, um voll des Geistes zu sein? Religiöse Kompetenz entsteht anders, obwohl es auch Gegenbeispiele gibt, wie der Fall Luther lehrt. In der Regel jedoch schaden die Schriftgelehrten den Religionen eher als dass sie ihnen nutzen. Worte wie diese von Buddha gesprochenen werden gewiss nicht am Schreibtisch formuliert: »Alles brennt. Und wodurch brennt es? Durch das Feuer der Gier, durch das Feuer des Hasses, durch das Feuer des Wahns brennt es. Durch Geburt, Altern, Sterben, Kummer, Wehklagen, Schmerz, Gram und Verzweiflung brennt es.« Die ganze Welt brennt.

Buddha, der Tathagata, der aus dem Nirwana Gekommene, spritzte nicht mit Tinte um sich. Seine Worte lösten Katastrophenalarm aus. Deshalb ist es wichtig, dass seine Lehre in die Schulen kommt. Wie sollte das Gespräch zwischen den Religionen gelingen, wenn es nicht in der Schule beginnt? Verschulen lässt sich Buddha trotzdem nicht. Seine Gemeinde ist und bleibt die Mönchsgemeinde.

Das Kloster, ein Haus in der Hauslosigkeit

Der Erleuchtete behielt sein Wissen nicht für sich. Metta, die Allgüte, war stärker. Sie ließ ihn zum Missionar seiner eigenen Person werden. Und die vervielfältigte sich durch die Mönchsgemeinde, den Sangha.

Zunächst existierten noch keine Klöster. Die Schar wanderte mit ihrem Meister umher, nächtigte in Wäldern oder in Parks und verbrachte die Monsunzeit in den Versammlungshallen der Städte.

Nicht wie die Nacktgänger der Jainas und anderer Asketenbewegungen sollten sie sich aufführen, verlangte Buddha. Ein paar Tuchfetzen jedoch genügten, die Blöße zu bedecken, aufgelesen am Straßenrand oder vom Leichenfeld eines Dorfes. Später wurde daraus das »Dreigewand«, bestehend aus drei rechteckigen ockerfarbenen Tüchern. Mit Stab und Reisschale durchzogen die Mönche bettelnd die Städte und Dörfer. Eine asketische Übung, für die Einheimischen ein vertrauter Anblick. Seit undenklichen Zeiten durchstreiften Asketen den indischen Subkontinent, und die Leute gaben gern. Mönche bedanken sich nicht, die Geber danken. Durch die Gegenwart der heiligen

Männer, die Glück und Segen verhieß, fühlten sie sich geehrt. Die Mönche erwiderten den Dank mit Unterweisungen in der Lehre.

Die Bärte der Männer sollten kurz geschoren sein, desgleichen das Haupthaar. Ihre Nahrung bestand vorwiegend aus pflanzlicher Kost. Fisch oder Fleisch durften die Mönche Buddhas verzehren, wenn das Tier nicht eigens für sie getötet worden war.

Bei Dunkel- und Vollmond fand sich die verstreute Gemeinde zusammen, um einander Verfehlungen zu bekennen und zu beichten. Die dreimonatige Regenzeit verbrachten die Mönche gemeinsam mit ihrem Meister in einer wetterfesten Unterkunft. Dort bildeten sich auch die ersten Regeln für die Tageseinteilung aus. Die Nachtmitte war für den Schlaf bestimmt. Das letzte Drittel verbrachte die Gemeinschaft meditierend, oder man lauschte den Lehren Buddhas und rezitierte laut seine Sutras. Morgens begab man sich auf den Bettelgang. Vor der Tagesmitte musste das Essen beendet sein, der Rest des Tages gehörte dem Unterricht, der Körperpflege und den anfallenden Hausarbeiten.

Der Eintritt in die Ordensgemeinschaft erfolgte durch die Rezitation der dreigliedrigen Zufluchtsformel: »Ich nehme Zuflucht bei dem Buddha, ich nehme Zuflucht bei der Lehre, ich nehme Zuflucht bei der Gemeinde.« Dem Neuling wurde auferlegt, sich von Almosen zu ernähren, am Fuß eines Baumes zu leben, Lumpen zu tragen, den Urin einer Kuh als Medizin zu verwenden. Zehn Verboten unterwarf der Mönch sein Verhalten: Nicht töten, nicht stehlen, sich nicht sexuell betätigen, nicht lügen, keine Rauschmittel zu sich nehmen, nicht während der zweiten Tageshälfte essen, keine Tanz-, Gesang- und Musikdarbietungen besuchen, sich nicht mit Schmuck oder Blumen behängen, keine hohen und breiten Betten benutzen, kein Gold oder Silber annehmen. Im Lauf der Zeit wuchs der Gebots- und Verbotskatalog auf zwei- bis dreihundert Vorschriften. Zum Ausschluss aus dem Orden führten sexuelle Aktivitäten, Diebstahl, Töten eines Lebewesens oder die Ausübung magischer Praktiken.

Das Mönchswesen verbinden wir fast automatisch mit Religion. Aber nicht jede Religion kennt es. Im Judentum beispielsweise kam es nie zu einer Klosterbewegung, es sei denn in sektiererischen Abspaltungen. Auch im Islam konnte sich kein Mönchsstand etablieren, Muhammad untersagte das klösterliche Leben den Gläubigen sogar ausdrücklich. Wegen seiner Verwurzelung im Judentum blieb das Mönchstum den frühen Christen ebenfalls fremd. Der Laie ist bei den Christen der Normalfall, die Klosterzucht blieb stets die Ausnahme und war ursprünglich eine Protestbewegung gegen die Verweltlichung der

Kirche. Im indischen Buddhismus ist die Ordenszugehörigkeit dagegen der Regelfall. Das Nirwana liegt außerhalb der Reichweite von Laien. Nur religiöse Spezialisten, Mönche also, können sich ihm nähern.

Buddha hat diesen doppelten Standard offenbar nie hinterfragt. Seinen Weg empfand er als Mittelweg zwischen Zuchtlosigkeit und asketischer Überregulierung, wie sie ihm bei den Jainas, den Nacktgehern und Todesfastern begegnete. Obwohl der indische Buddhismus nur als Mönchsreligion denkbar ist, sah man darin nie eine Verletzung der Gleichheit aller Menschen. Im Lauf der Wiedergeburten konnte jeder sein Karma so weit verbessern, dass auch ihm irgendwann der Weg in den Orden offen stand. Wer Mönch wurde, hatte in den vergangenen Leben so viel verdienstvolles Karma gesammelt, dass er sozusagen von allein den Weg in die Nirwana-Gemeinschaft fand.

Ausgeschlossen vom Eintritt in den Orden blieben darum alle Leute mit schlechtem Karma: Leprakranke, Behinderte, Verstümmelte, Kastrierte, Epileptiker, Zwergwüchsige, Blinde, Lahme, Taube. Auch Diebe, Schuldner oder Sklaven galten als Menschen mit schlechter karmischer Veranlagung – ebenso

Das Nirvana liegt außerhalb der Reichweite von Laien. Im Hintergrund ein Sutra.

Frauen. Erst nach eindringlichem Zureden seines Lieblingsjüngers Ananda fand sich Buddha bereit, Menschen weiblichen Geschlechts eine Teilhabe an der Ordensgemeinschaft zu gewähren. Nonnen mussten sich allerdings ungleich strengeren Regeln unterwerfen als Mönche. Auch darin sah keiner eine bewusste Diskriminierung. Jede Frau, die ein ehrsames Leben führte, konnte schließlich irgendwann als Mann wieder zur Welt kommen.

Frauen galten nicht als gleichwertige Menschen. Das sah auch der Erleuchtete so. Immerhin bleibt bei seinen zahlreichen negativen Äußerungen gegenüber dem weiblichen Geschlecht zu bedenken, dass seine Worte nur durch die Mönche überliefert sind, und die projizierten ihre sexuellen Wünsche per Umkehrung auf die andere Hälfte der Menschheit: So wurde die Frau zur dämonischen Verführerin hochstilisiert. Einschlägige Äußerungen aus den Sangha-Texten, Buddha in den Mund gelegt, mag ich erst gar nicht zitieren. Ich lasse es bei einem vergleichsweise milden Ausspruch bewenden. Befragt, wie man sich Frauen gegenüber verhalten solle, antwortete der Meister: »Nicht ansehen.« Und wenn wir sie sehen? »Nicht mit ihnen sprechen.« Und wenn wir mit ihnen sprechen? »Dann ist Besonnenheit nötig.« So weit, so schlecht.

Ich wüsste gern etwas über die Zusammensetzung von Buddhas erster Mönchsgemeinde. Wie die Jainas hielt Buddha sich nicht an das Kastensystem. Ein derart hochkompliziertes Regelwerk hätte auch den Orden gesprengt. Die Ironie der Geschichte will es allerdings, dass mit der buddhistischen Mission auch das indische Kastensystem in die Länder Südostasiens exportiert wurde. Doch wenigstens im Sangha lebte man ohne soziale Barrieren. Befanden sich vielleicht sogar »Unberührbare«, von allen anderen Kasten gemieden, unter der wandernden Buddha-Schar? Darüber ist mir leider nichts bekannt. Nach meinem Eindruck rekrutierten sich die ersten Anhänger des Erhabenen überwiegend aus den beiden oberen Kasten, aus dem Opfer- und dem Wehrstand also, eine aristokratische Klientel. Nebensätze bestätigen das. Der »edle« Mönch meidet die Lust, »die niedrig, bäuerisch, gemein und unedel« ist. In den volkstümlichen Jataka-Erzählungen schließlich gilt es als sicher: »Ein Erleuchteter wird nicht unter Bauern geboren, nicht unter den Hörigen. Er wird in der höchsten Kaste geboren, im Opfer- oder dem Wehrstand.« Im Sangha blieb man also unter Seinesgleichen. Doch wie gesagt, das ist meine persönliche Ansicht. Vielleicht gab es tatsächlich »Unberührbare« unter Buddhas ersten Jüngern. Die Sprache der Sutras zeichnet jedoch ein eher elitäres Bild. Man bediente sich, wie die Texte zeigen, im Sangha erlesener Etikette, adressiert einander als Hochwürden und Hochgeborener.

Aristokratisch-demokratische Traditionen pflegten auch die Sakya-Sippen, denen Siddharta Gautama entstammte. Ihre Verfassungen schrieben Sanghas, Vollversammlungen, vor, es wurde abgestimmt und man entschied mehrheitlich über anstehende politische Entscheidungen. Ähnliches finden wir in den griechischen Stadtstaaten jener Zeit. Siddhartas Vater soll Sprecher einer Sangha-Republik gewesen sein. Sein Sohn übertrug diese Konstruktion auf die Mönchsgemeinde: Regelmäßige Zusammenkünfte, geheime Abstimmung, Ausschüsse und das Recht auf Minderheitsvoten wiesen Buddhas Sangha als demokratische Organisation aus. In der Praxis wurde allerdings möglichst so lange diskutiert und abgestimmt, bis eine einmütige Beschlussfassung erreicht war. Solange der Erleuchtete unter ihnen weilte, war er die zentrale Leitfigur. Nach seinem Paranirwana blieb diese Stelle unbesetzt. Eine religiöse Gesamtautorität, vergleichbar dem Papsttum, hat es in der buddhistischen Mönchsorganisation nie gegeben. Bis heute sind deren Klöster autonom. Die Rangordnung unter den Mönchen errechnet sich nach ihrem Dienstalter, nach der Zeit des Eintritts in den Orden.

Die Lehre ist der Lehrer

Vor seinem endgültigen Nirwana sagte der Erleuchtete zu Ananda, seinem Lieblingsjünger: »Es könnte sein, Ananda, dass ihr dächtet: Ihres Lehrers beraubt ist die Lehre, wir haben keinen Meister mehr! So dürft ihr nicht denken, Ananda. Die Lehre und die Regeln, die ich euch gelehrt habe, sollen euch nach meinem Dahinscheiden als Meister dienen.« Ein solches Lehrbeispiel bietet die folgende Geschichte.

Sariputta, ein Hauptjünger des Buddha, steht am Krankenlager des Mönches Channa und hört ihn klagen: »Ich habe unerträgliche Schmerzen, die ständig schlimmer werden. Ich will zum Messer greifen, ich wünsche nicht mehr zu leben.« Sariputta erschrickt. Weiß er doch, Selbstmord ist kein Ausweg aus der Geburtenfalle. Du nimmst dein altes Leben mit hinüber in die nächste Wiedergeburt, und damit wird alles noch schlimmer für dich. Es sei denn, Channa hätte bereits den Zustand der völligen Erleuchtung erreicht, schon in diesem Leben das Nirwana gefunden. Und so examiniert Sariputta den Lebensmüden. Hat Channa wirklich mit der Welt gebrochen? Der Ichheit, dem Mich und Mein völlig entsagt? Hat Channa sich wirklich vom nächsten Mutterschoß befreit, sein Karma hinter sich restlos verbrannt? Sich gänzlich vom Lebensdurst befreit? Das alles ist vollbracht, antwortet der Schmerzensmann. Jenes Zusammengesetzte, die Illusion, die Channa hieß, gibt es nicht mehr, nur seine Bestandteile funktionieren noch. Wie im Leerlauf.

Also kann Channa zum Messer greifen, und er tut es.

Sariputta überbringt dem Meister die Nachricht und will von ihm wissen: Wie geht es mit Channa weiter? Welches Schicksal erwartet ihn? Die Familien unten im Dorf seien ungehalten, seine Freunde tadelten Channas Schritt, berichtet der Jünger dem Erhabenen. Der in Wahrheit Erleuchtete antwortet: »Ich sage nicht, dass Channa deswegen zu tadeln ist. Wer diesen Körper ablegt und einen anderen ergreift, den nenne ich tadelnswert. Dies aber trifft für Channa, den Mönch, nicht zu. Dass er zum Messer gegriffen hat, daran ist nichts auszusetzen! – Dies sagte der Erhabene. – Dankbar, voll Freude nahm der ehrwürdige Sariputta die Erklärung des Erhabenen entgegen.«

Hat sich die Begebenheit so zugetragen, und ist dies Buddhas Lehre, dann hätte auch der Erhabene sich jederzeit entleiben können. Denn die Nirwana-Erleuchtung hatte er längst erreicht. Er tat es nicht. Noch 45 Jahre nach seinem Durchbruch ins große Verlöschen wanderte Buddha mit seiner Jüngerschar predigend durchs nordöstliche Indien, lehrte und brachte die Frohbotschaft: »Vernichtet ist die Wiedergeburt, gelebt ist der heilige Wandel. Getan ist, was zu tun war, die Geburt ist vernichtet.«

Mit wie vielen unterschiedlichen Gesichtern kommt Buddha daher!

Der Erleuchtete legte auch nicht Hand an sich, als er 80jährig auf dem Weg zurück in die Heimat am Fuß der Himalayaberge erkrankte. Er litt an blutiger Ruhr, schmerzhaften Darmkrämpfen, musste am Wegrand immer wieder Pausen einlegen. Besonders quälte ihn, hervorgerufen durch kolikartige Entleerungen, der Durst. Im Wald von Kusinagara bereiteten ihm seine Mönche ein Lager. Dort verbrachte Buddha, dem Westen zugewandt und auf der rechten Seite liegend, seine letzten Stunden. Nachdem er letzte Anweisungen für seine Mönchsgemeinde getroffen hatte, glitt er mit einem Lächeln hinüber ins endgültige Nirwana.

Dünnbauchbuddha, Dickbauchbuddha

Während ich an meinem Stehpult schreibe, bewacht mich eine Buddha-Bronze. Eine kleine sitzende Statue, 34 cm hoch, 5,4 kg schwer, altersgrün patiniert, vermutlich aus Südostasien. Ein Erbstück aus meiner schwiegerelterlichen Familie. Buddha sitzt wie gewohnt in Lotus-Haltung, die Rechte mit dem Donnerkeil weist zur Erde, die Linke ruht mit geöffneter Innenhand auf dem Oberschenkel – eine Geste der Gunstgewährung. Ein reich verziertes Mönchsgewand fällt von seinen Schultern, der Oberkörper liegt bloß. Auf die adelige

Herkunft weisen die lang gezogenen Ohrläppchen hin. Meditativ halb geschlossene Augen, ein Mund, den das Lächeln des Erlösten umspielt, verleihen der Bronze eine Atmosphäre, die sie ins Nirwanahafte entrückt.

Vor meinem Buddha sind gewiss früher einmal Räucherstäbchen entzündet worden, Blumen wurden über ihn gestreut, und Sutras wie diese sind zu ihm aufgestiegen: »Wenig ist das Wasser der vier Weltmeere verglichen mit den Tränen, die ihr über die Verbindung mit Unliebem und der Trennung von Liebem während eurer Wanderung durch die Welten vergossen habt, wenn man euch als Tiere geschlachtet, als Soldaten getötet, als Übeltäter hingerichtet hat. Nicht ein Wesen ist zu finden, das nicht früher einmal euer Vater, eure Mutter, euer Bruder, eure Schwester, eure Tochter gewesen wäre, während der endlosen Zeit, die ihr im Samsara umhergeirrt seid.« Ja, Tränen und Leid. Hier ist jemand, der versteht und dessen offene Hand Gunst gewährt! Darum lieben die Menschen Buddha, den Botschafter des Nirwana, das endlich Ruhe und sanftes Verlöschen verheißt.

Ganz anders der fröhliche, überlebensgroße Buddha mit dem dicken Bauch, dem ich am China-Restaurant des Darmstädter Hauptbahnhofs begegne. Welch ein freundlicher Fettwanst sieht mich dort an! Alles Plastik natürlich, goldfarben aber auch, und ebenfalls im Lotus-Sitz. Sein Lächeln ist jedoch nicht wie das meiner kleinen Statue, indisch, sondern hier lächelt Buddha chinesisch, weltentrückt genießend.

Mit wie vielen unterschiedlichen Gesichtern kommt Buddha daher! Chinesisch, indisch, und nochmals anders im leeren Spiegel des japanischen Zen-Buddhismus. Hundert Generationen von Mönchsgelehrten haben immer neue Buddha-Bilder geschaffen, neue Erlösungswege geöffnet. Und doch haben sie nie den Bezug zum historischen Buddha, dem Siddharta Gautama vom Fuße des Himalaya, ganz verloren. Die meditierenden Mönche begegneten ihrem Meister in immer neuen Gestalten, in den Buddhas der Vorzeit, deren Namen und Lebensläufe sie fanden, und unter wieder anderen Namen in der Gegenwart. Doch die fernen allmächtigen Buddhas überbieten sie alle, die Buddhas der Zukunft, Retter der Welten in künftigen Zeiten. Dass sie durchs Verlöschen des Meisters verwaist, seiner Begleitung beraubt sein sollten, erschien den Mönchen unmöglich, ja unerträglich. Also suchten sie ihren Lehrer neu, verliehen ihm andere Daseinsformen.

Seine Lehre hinterließ Buddha voller Lücken. Davon zeugt auch die folgende Geschichte. Irgendwann wurde er beinahe das Opfer eines Mordanschlags. Devadatta, einer seiner Vettern, hatte eine Mörderbande gedungen, um den

Onkel zu beseitigen. Der Anschlag missglückte. Doch der Erhabene wurde dabei durch einen Steinsplitter verletzt. Entsetzt fragten sich die Mönche, wie das geschehen konnte. Offenbar hatte ein schlechtes Karma Buddhas den Anschlag provoziert. Später fand sich eine Erklärung für die Begebenheit. Danach hatte Buddha in einem seiner früheren Leben, »91 Kalpas zuvor«, mit seinem Speer einen Menschen verwundet, und das werde ihm jetzt in diesem Leben vergolten. Die Sühne für eine Tat also, die unzählige Menschenleben zurücklag: »Weißt du, wie lang ein Kalpa ist? Stell dir einen Vogel vor, der dort jenen Berg überfliegt und dabei seinen Gipfel streift. Alle hundert Jahre geschieht das. Und die Zeit, die der Vogelflügel braucht, den Berg vor deinen Augen abzutragen, das ist ein Kalpa.« Einige Mönche wandten ein, der Erleuchtete habe bei seinem Nirwana seine Vergangenheit, das ganze Wiedergeburts-Karma vernichtet, sonst wäre ihm doch nicht die Erlösung widerfahren. Diskussionsbedarf ohne Ende! Die Karma-Theorie war zwar eine überzeugende Lösung, doch warf sie endlose neue Fragen auf. Buddha übernahm sie trotzdem und bettete sie in seine Lehre ein.

Mit der Karma-Lehre ist die Frage verbunden: Wie geraten die Wesen in die Geburtenfalle? Gab es einen Anfang, eine Art Sündenfall, oder funktionierte das Samsara immer schon so? Die Antwort blieb Buddha schuldig. Gibt es eine Seele, die von Wiedergeburt zu Wiedergeburt wandert oder gibt es sie nicht? Der Erleuchtete konnte derartige Fragen nicht ausstehen. Vielleicht hätte er einige Lücken in seiner Lehre ausfüllen können, doch er wollte nicht. Theorie-Gestrüpp, Theorie-Gaukelei und Theorie-Fesseln waren ihm verhasst. Durch vieles Theoretisieren werde man nicht frei »vom Geborenwerden, Altern und Sterben, von Sorgen, Jammer und Schmerzen, von Kummer und Verzweiflung«. Theorien heilen nicht. Das war Buddhas Standpunkt.

Seine Laienanhänger interessierten sich ohnedies nicht für abstrakte Gedanken. Sie suchten ihr Heil bei dem Erleuchteten, mehr nicht. Außerhalb der Mönchsgemeinschaft duldete dieser sogar großzügig den Volksglauben. Die traditionellen Tieropfer verurteilte er zwar, ließ aber sonst die hinduistischen Glaubensvorstellungen und Volksbräuche unangetastet. Für die Heilung von Krankheiten, für Fruchtbarkeit und weltliches Wohlergehen durften sich die buddhistischen Laien weiter an ihre vergänglichen Götter wenden – und an die brahmanischen Priester, um die nötigen Riten bei einer Leichenverbrennung oder bei der Namensgebung zu vollziehen. Hier waren die Brahmanen für Buddha keine Konkurrenz.

Zen, denn vom Wasser weiß der Fisch auch nichts

In einem allerdings blieb Buddha unerbittlich: Das Eine in dem Vielen gab es für ihn nicht. Keine Allseele und keine Einzelseele, kein Brahman und kein Atman, wie der hinduistische Glaube lehrte. Was aber wandert dann von einem Köper zum anderen? Wenn keine Seele, was ist es dann? Darauf verweigerte der Erleuchtete jegliche Antwort. Ein Ding namens Seele existierte einfach nicht. Es gab überhaupt keine dinghaften Gegenstände, erklärte er ein ums andere Mal seinen Mönchen. Fließprozesse laufen ab, Dharmas. Gegenständlich, dinghaft, sehen wir die Welt nur deshalb, weil unsere Augen zu stumpf sind, das Fließen und Verfließen wahrzunehmen: Dingheit ist optische Täuschung, genau wie unsere Ichheit, wie die Seele. Alles eine leere Illusion. Meditiert, bis ihr euer Ich vergesst! Dieser Lehrsatz taucht in immer neuen Variationen ständig in den Sutras auf: Nur das Ich leidet. Verschwindet das Ich in der Leere, verschwindet auch das Leiden. Namen, zum Beispiel Sariputta, Ananda oder Isidatta, sind rein akustische Gewohnheiten. Schall und Rauch. Hinterfragen wir sie, stehen wir vor dem Nichts – und haben vielleicht schon das erlösende Nirwana gewonnen.

Buddhaghose, der große Gelehrte unter den Mönchen, fasste Jahrhunderte nach dem Tod des Meisters dessen Lehre in den Sätzen zusammen: »Bloß Leiden gibt es, doch kein Leidender ist da. Bloß Taten gibt es, doch kein Täter findet sich. Erlösung gibt es, doch nicht den Erlösten. Den Weg gibt es, doch keinen, der ihn geht.« Und wie geht's weiter im Text? Den Buddha gibt es, doch keinen, der gekommen ist? Ist sogar der Buddha leer, eine Täuschung?

Genau diese Konsequenz zog Dogen, der Begründer des Zen, im Japan des 13. Jahrhunderts. Alles ist leer, lehrte Dogen. Die große Leere ist Buddhas Fülle. Sie ist das einzig Reale der Dinge. Ein Buddha als Ding hat niemals existiert. Triffst du Buddha, schlag ihn tot – er ist nur ein Gedankenklon. Solange du die Welt mit Gedankenklonen bevölkerst, wirst du die Welt nicht los. Innen und Außen sind ein und dasselbe. Wie das Ich, wie dein Dich, alles ist Buddha-Natur. Alles, auch du. Von Buddha spürst du nichts? Das ist kein Einwand, denn vom Wasser weiß der Fisch auch nichts.

Ein deutscher Professor namens Eugen Herrigel verbrachte einige Zeit in Japan und ging bei einem buddhistischen Zen-Meister in die Lehre, der ihn nach den Regeln des Zen sechs Jahre lang in der Kunst des Bogenschießens unterwies. Das Büchlein, das er darüber schrieb, heißt *Zen oder die Kunst des Bogenschießens*. Es umfasst nur 94 Seiten, wurde aber seit 1951 in zwölf

Sprachen übersetzt und ist mit Hermann Hesses *Siddharta* für viele Menschen ein Türöffner in die Welt des Ostens.

Unter dem schwierigen Hantieren mit dem schweren japanischen Bambusbogen erlernt der Schüler die Absichtslosigkeit, die Ichlosigkeit, durch die er schließlich alle bewusste Anstrengung vergisst. »Beim Bogenschießen ist der gute Schütze der, welcher die Scheibe trifft, ohne vorher zu zielen«, sagt Tschuangtse. Der perfekte Schuss löst sich »wie Schnee, der von einem Bambusblatt rutscht«. Gelingt ihm das, wird der Schüler eins mit der universalen Buddha-Natur, der großen Leere. Pfeil, Schütze und Ziel verschmelzen zu einer Einheit, in der es kein Hier und Dort, kein Ich und Mich mehr gibt. »Verstehen Sie jetzt«, fragte der Zen-Meister seinen Schüler Herrigel nach einem besonders gelungenen Schuss, »was es bedeutet, ›Es‹ schießt, ›Es‹ trifft?« Durch die Leerheit findet der Pfeil des Meisters sogar in völliger Dunkelheit sein Ziel.

Zen-Meister Dogen liebte den Vers: »Hör, Buddhas Zunge, auf dem Fluss in den Tiefen, der Berge Wölbung ist seine reine Gestalt. Nachts lauschte ich zahllosen Sutras, die riefen, wie nur erzähle ich andern von ihrer Gewalt?« Worte tun es nicht im Zen.

Satori, Erleuchtung, geschieht in der wortlosen, dinglosen Berührung von Geist zu Geist. Im Buddha, der allein wirklich ist: Erleuchtung ist nichts, womit du dich abquälen musst! Mehrere Leben lang! Satori ist einfach, denn sie ist immer schon geschehen. Wir müssen ihrer nur inne werden. Unserer Buddha-Natur. Spontan. Augenblicklich. Satori im entleerten Ich, durch einen Blitzstrahl der plötzlichen Einsicht.

Jodo-Shin, ein protestantischer Buddhismus

Auf sehr merkwürdigem Weg kam Buddha ins Land der aufgehenden Sonne, tausend Jahre nach seinem Nirwana – nämlich zuerst als Statue.

Eine koreanische Gesandtschaft überbrachte im Jahr 538 den fälligen Tribut, und darunter befanden sich in diesem Jahr kostbare Sutra-Abschriften, Ritualgeräte und eben auch eine Buddha-Statue. Damit begann die Geschichte des Erleuchteten im Inselreich.

Eine Generation später erklärte Prinz Shotoku den Buddhismus zur offiziellen Religion. Der Prinz selbst verfasste Sutra-Kommentare, und nahe der kaiserlichen Stadt Nara errichtete er einen Tempel – die älteste erhaltene Holzarchitektur der Welt. Zuerst eine reine Klosterreligion, zogen später immer häufiger

Mönche predigend durchs Land. Sie durchwanderten Dörfer und Städte und gewannen die Herzen der Leute für Buddha, den Erbarmer.

Am nachhaltigsten wirkte die Lehre Shinrans, eines Zeitgenossen von Dogen, dem Zen-Meister. Auf Shinran geht die heute größte buddhistische Glaubensgemeinschaft in Japan zurück: der Jodo-Shin-, oder der Shin-Buddhismus.

Shinran erwählte unter den zahllosen Buddha-Gestalten den Amida. Manche hielten Amida für eine Inkarnation des historischen Buddha. Die Japaner nannten ihn »Buddha des Westens.« Und dort tauchte tatsächlich sein Name zum ersten Mal in den Sutras auf. Vom Nordwesten Indiens aus gelangte er mit den missionierenden Mönchen nach Zentralasien, wo Amida unter iranischem Einfluss zum Herrn des »Reinen Landes« wurde.

Das indische Nirwana war für die Völker Asiens ein viel zu entlegenes Heilsgut. Wie konnten sie hoffen, das große Erlöschen zu finden? Eine Wiedergeburt im Reinen Land verbesserte die Chancen. Das »Paradies des Westens« war im Hier und Jetzt schon zu besuchen, man sah es in goldenes Licht getaucht mit seinen Juwelen, Blumen und Vögeln: eine wahrhaft paradiesische Zuflucht, in der allen Geschöpfen das Herz voll Liebe füreinander war. Und der

Buddhistischer Tempel bei Nara (Japan).

Herr des Reinen Landes, Amida, hatte geschworen, alle Menschen in sein Reines Land hinüberzuretten. Von dort war es dann nicht mehr weit bis zum Nirwana. Der sicherste Weg, Eingang ins Paradies des Westens zu gewinnen, war also das verdienstvolle, Amida geweihte Leben.

Punya, die Praxis, Verdienste zu sammeln, begleitete die Geschichte des Buddhismus von Beginn an und blieb bis heute ein wichtiger Aspekt des religiösen Lebens. Verdienstlich war schon ein ehrsames Leben. Durch besonders gute Werke konnte jedoch ein Mehrwert an Verdiensten, an zinsbringendem Kapital, zurückgelegt werden. Einem Mönch die Reisschale füllen, der Lehre lauschen, dem Sangha-Kloster spenden – alle guten Taten zahlten sich irgendwann aus.

Nach Buddhas Paranirwana wurde seine Asche unter verschiedene Fürstentümer verteilt, die kostbaren Reliquien barg man in Schreinen, errichtete ihnen Grabhügel, die so genannten Stupas, und umgab sie mit Tempelanlagen. Wallfahrten zu den Stupas, das Umschreiten des Grabhügels, Blumenopfer, Gold und Silber, Perlenschnüre, dem Buddha übereignet, galten als unübertreffliches Verdienst.

Freilich, gute Werke allein genügten nicht, das Nirwana zu erlangen. Das erforderte mönchisches Leben, Versenkung und Erleuchtung. Doch gute Werke schafften eine bessere Ausgangslage für die nächste Wiedergeburt. Amidas Paradies wäre jedoch auf dem Weg eigener Verdienste unerreichbar geblieben, hätte er nicht, das erklärten die Lehrer des Reinen Landes, in seinem Leben als Buddha-Anwärter, als Bodhisattva, so überreiche Verdienste erworben, dass er damit das schmale Konto der Gläubigen auffüllen konnte. Der rechte Glaube an ihn setzte diesen Verdiensttransfer in Gang, und damit war das Heilsgut plötzlich für jedermann erreichbar.

Shinran, der japanische Mönch, erfuhr die Gnade durch den »Buddha des Westens« persönlich. Als Neunjähriger war er wie viele seines Alters ins Kloster eingetreten. Zwanzig Jahre kasteite er sich, ein Mustermönch. Da erschien ihm in einem Traum der als heilig verehrte Prinz Shotoku, der Förderer des japanischen Buddhismus. Er befahl dem jungen Mann, sich in Amidas Glaubenslehre zu vertiefen. Shinran gehorchte, fand Amida, bekehrte sich. Mit einem Schlag wurde ihm klar: Vergeblich bleibt alles Bemühen, unser Ego abzutöten! Amidas Gnade allein schenkt das Leben. Du willst dein Licht leuchten lassen? Geh, entzünde eine Kerze, tritt hinaus ins Sonnenlicht, schau, sie leuchtet nicht! Verdienste sammeln? Gute Werke? Mönchisches Leben? Alles, jedes selbsteigene Bemühen verblasst in Amidas Gnadenlicht. Nach dieser Erkenntnis verließ Shinran das Kloster und legte die Mönchsgewänder ab. Zwei Jahre später heiratete er.

Shinran brachte Amidas Gnadenlehre unters Volk. Zwischendurch wurde er sieben Jahre als Ketzer verbannt. Danach missionierte er bis ans Lebensende im östlichen Inselreich, Jahrzehnte hindurch, wie der indische Buddha: Rufe Amida an, sprich zu ihm in deinem Gebet »Namu Amida Butsu«, deiner Kraft vertraue ich mich an, und das Reine Land steht dir offen! Das verkündete der ehemalige Mönch den Leuten. Alles Mühen um Verdienste und gute Werke diskreditierte Shinran als frommen Egoismus, der das Ich am Leben erhält, das doch eigentlich absterben soll. Shinran gründete keinen neuen Orden, alle Möncherei galt ihm als kontraproduktiv. Jeder bleibe dort, wohin das Schicksal ihn stelle. Die äußere Lebensform wird belanglos, sobald das Wohnrecht im Reinen Land gesichert ist.

Man hat den Shin-Buddhismus den »protestantischen« Buddhismus genannt. Und wirklich, die Ähnlichkeit mit Luthers Bekenntnis, dass »der Mensch Gott gerecht werde allein durch den Glauben, ohne des Gesetzes Werke«, springt ins Auge. Auch biografisch ergeben sich überraschende Parallelen. Beide, Shinran und Luther, bemühen sich zunächst gewissenhaft als Mönche, beide brechen im gleichen Alter mit der herrschenden Lehre, beide heiraten darauf, Luther wie Shinran werden angefeindet und verfolgt, beide begründen eine Gemeinschaft der Gläubigen, die keine religiöse Zwei-Klassen-Gesellschaft mehr sein will. Nur: Shinran war dem protestantischen Reformator um Jahrhunderte voraus! Katholische Patres, die während des 16. Jahrhunderts im Land der aufgehenden Sonne missionierten, waren entsetzt, als sie den Amida-Buddhisten begegneten und die frappierenden Ähnlichkeiten zwischen deren Lehre und der protestantischen Religion entdeckten. Wie hatte es der Erzketzer Luther angestellt, selbst bis nach Japan hinein zu wirken?

Nur eine kuriose Übereinstimmung? Für mich ist es mehr. Denn Luther wiederum berief sich auf einen Zeitgenossen von Jesus, den Juden Paulus. Auch bei diesem ging eine Vision der Bekehrung voraus. Saulus wurde zum Paulus berufen. Und Paulus verkündete wie Shinran eine extreme Gnadenlehre: »Allein aus dem Glauben«. Aus dieser dreifachen Konstellation – Paulus, Shinran, Luther – ergeben sich übergreifende Perspektiven, die in der Religionswissenschaft noch längst nicht ausdiskutiert sind. Ich werde im Kapitel über das Christentum noch einmal darauf eingehen.

Die große Fähre und das kleine Boot: Mahayana und Hinayana

Die späteren Buddhisten haben sich zunehmend der Volksfrömmigkeit, den Laien, geöffnet. Wie beim Taoismus kann man zwei Richtungen unterscheiden. Der Buddhismus außerhalb von Indien will das rettende Ufer des Nirwana mit einer ganzen Fähre voller Menschen erreichen. Er nannte sich Mahayana, das Große Fahrzeug. Den strengen Buddhismus, dessen Mönche in vielen kleinen Booten alle für sich dem Nirwana zustreben, bezeichneten die Mahayana-Buddhisten, ein wenig spöttelnd, als Hinayana, als Lehre vom Kleinen Fahrzeug.

Heute sprechen wir lieber vom Südlichen Buddhismus, vom Theravada, den »Anhängern der Lehre der Alten«. Sie erheben den Anspruch, die unverfälschte Weitergabe der Lehren Buddhas zu besitzen. Ihre Sutra-Sammlung wurde in der Pali-Sprache geschrieben, die aus dem Mittelindischen des 12. Jahrhunderts stammt und heute als buddhistische Ritualsprache in Sri Lanka und in Hinterindien fortlebt. In der eigenen Sprache des Sakyamuni ist uns nichts erhalten, ebenso wenig von den Überlieferungen aus der Zeit vor dem so genannten Pali-Kanon. Und die gab es in bunter Fülle. Wir kennen nur die Überlieferung der Theravadins. Dabei bestehen begründete Zweifel, ob diese wirklich Buddhas Lehre in ihrer ursprünglichen Form wiedergeben.

Die Mahayana-Gelehrten waren philosophisch ungemein produktiv. Sie errichteten imponierende Gedankengebäude, die für mich verblüffende Ähnlichkeiten mit der Philosophie des Iren George Berkeley und des Preußen Immanuel Kant aufweisen. Diese gingen im 18. Jahrhundert davon aus, dass wir unsere Welt im Kopf produzieren. Die Gehirnforscher stimmen ihnen heute natürlich zu. Mit seinen 100 Milliarden Neuronen und einer halben Million Kilometer Nervenbahnen funktioniert unser Gehirn wie ein Riesensimulator. Es formt die Welt nach seinen Zwecken und Bedürfnissen. Dasselbe erkannten die Philosophen des Mahayana, zum Beispiel der große Narjuna, bereits im 3. Jahrhundert.

Zufällige Gemeinsamkeiten? Über Kontinente und Zeitsprünge hinweg? Berkeley, Kant, Luther, Shinran, Narjuna, Paulus – was bedeuten solche Übereinstimmungen? Existieren universale Entwicklungstrends in der Kulturgeschichte? Der Philosoph Georg Wilhelm Friedrich Hegel glaubte daran und entwarf vor fast 200 Jahren eine Religionsphilosophie, die Völker und Zeiten übergreifend miteinander verband. Auch Buddhas Lehre interessierte ihn. Über die buddhistische Mönchsreligion schrieb er: »Des Menschen Ziel heißt bei ihnen Nirwana. Die Priester werden von den Engländern als ruhigste, edelste Menschen beschrieben, die zusammen leben, aber durchaus als stille, von besonderen Begierden freie Menschen geschildert werden.« Wer dächte dabei nicht an den Dalai Lama! Leider war Hegels Datenbasis überaus schmal, in vielen Details lassen sich seine Annahmen heute nicht mehr halten. Die Herausforderung aber bleibt, die menschliche Geschichte als Einheit zu begreifen.

Tenzin Gyatso, der Buddha-Mönch aus Tibet

Eben dieser Herausforderung stellt sich unter allen Religionsführern besonders Tenzin Gyatso, der XIV. Dalai Lama. Mit einem wahren Bienenfleiß zieht er aus den Blüten aller Religionen und Kulturen den Nektar. Vielleicht werde er bei seiner nächsten Inkarnation als Honigbiene wieder geboren, scherzte er einmal. Der Friedensnobelpreisträger pflegt den Meinungsaustausch mit Wissenschaftlern und Philosophen, empfängt täglich Menschen aus allen Religionen, fördert den interreligiösen Dialog in allen Erdteilen. Denn alle Religionen, das ist sein Glaubensbekenntnis, sind Teile der einen großen Buddha-Wahrheit, die sich

Tenzin Gyatso, der XIV. Dalai Lama.

der Menschheit in verschiedener Weise offenbart. In seiner Autobiographie schreibt er: »Jedes System hat seinen eigenen Wert; es entspricht den unterschiedlichen Menschen mit ihren verschiedenen Voraussetzungen und geistigen Grundhaltungen. In dieser Zeit vereinfachter weltweiter Kommunikation sollten wir deshalb verstärkt Anstrengungen unternehmen, die Systeme der anderen kennen zu lernen. Das heißt nicht, dass wir eine Einheitsreligion schaffen sollten, sondern dass wir das gemeinsame Ziel der vielen Religionen erkennen und die verschiedenen Methoden schätzen lernen, die sie für ihre innere Vervollkommnung entwickelt haben.« Ich teile diese Sicht. Auch wenn die gegenwärtige Weltlage eher auf einen drohenden Kampf der Kulturen hinweist. Es wächst zusammen, was zusammengehört. Doch, wie könnte es anders sein, unter Blut, Schweiß und Tränen.

So sieht es auch Tenzin Gyatso, der Buddha-Mönch aus Tibet. Er verließ mit 80 000 Anhängern seine Heimat, nachdem China die tibetanische Mönchsrepublik zerschlagen hatte. Doch rief er nicht zum Heiligen Krieg auf, die einzigartige, jahrhundertealte Kultur seines Landes gewaltsam zu verteidigen. Die Flüchtlinge ergriffen in der Krise die Chance, die klösterliche Isolation des tibetanischen Buddhismus aufzubrechen. Zahllose buddhistische Zentren entstanden seitdem in Japan, Australien, Amerika und Europa, die sich dem Dialog der Kulturen verpflichten. Getragen von der Überzeugung, dass die universale Buddha-Natur allen Menschen gemeinsam sei. Dabei sieht der Dalai Lama gerade in der Verschiedenheit der Religionen ein notwendiges Mittel der kulturellen Entwicklung. Es könne darum gar nicht erstrebenswert sein, betont er ständig, eine einzige Theorie der Welterklärung als verbindlich für alle zu erklären. »Da aber Liebe wesentlich für alle Religionen ist, könnte man von einer universalen Religion der Liebe sprechen. Hinsichtlich der Methoden zur Entwicklung der Liebe und zur Erlangung des Heils oder permanenter Befreiung unterscheiden sich die Religionen jedoch voneinander. ... Die Tatsache, dass es so viele Darstellungen des Weges gibt, ist ein Reichtum.« Weil auch ich daran glaube, stehe ich hier an meinem Schreibpult.

Judentum: Tora-Liebe

An zwei Bücher meiner Kindheit erinnere ich mich. Das eine war der bunte »Struwwelpeter«. So bunt, dass ich das Blut des Daumenlutscherbubs fließen sehen konnte: »Schwups, da kommt der Schneider mit der Scher und schneidt den Daumen ab, als ob Papier es wär.« Der Daumenlutscher, das war ich. Das andere Buch, in dem ich mich wiederfand, war die Bilderbibel, in Schwarz-Weiß, mit den Kupferstichen des Schnorr von Carolsfeld.

Ich sehe Isaak gefesselt auf dem Opferaltar, schon hebt Abraham sein Messer, doch der Engel tritt dazwischen und spricht: »Dies Kind soll unverletzet sein!« In einer Mischung aus Faszination und Grauen betrachtete ich damals diese Szene und sehe noch jetzt, beim Schreiben, das Bild gestochen scharf vor mir, in allen Einzelheiten. Rechts das Gebüsch, in dem sich ein gehörnter Widder verfangen hat, darüber, gewaltig vom Himmel kommend, der rettende Engel. Natürlich taucht auch David in meiner Erinnerung auf. Der Hirtenjunge schwenkt das abgetrennte Haupt des Riesen triumphierend himmelwärts, David gegen Goliath, welch ein ungleicher Kampf. Ich bin dabei, wenn Israel, angeführt von Moses, das Rote Meer durchschreitet und sehe über seinen Verfolgern die Wassermauern zusammenbrechen. Alles in Schwarz-Weiß, aber nicht minder eindringlich wie der Struwwelpeter und weitaus realer als die Schlote der »Ruhrchemie«, zwischen denen ich aufwuchs und die ihren blauroten Dampf in den ewig rußenden Himmel meiner Kindheit qualmten. Rettungsgeschichten wie aus dem Familienalbum, die sich mir einprägten. Niemand sagte mir, dass meine Bilderbibel die Familienchronik des jüdischen Volkes war.

Viel später erst, als ich schon erwachsen war und an der Universität studierte, wurde mir das Judentum in seiner Andersartigkeit bewusst, als kritisches Gegenüber. Ich hatte von Hitlers Verbrechen am jüdischen Volk erfahren, fühlte mich verstört und schuldlos-mitschuldig. Wie hatte das alles nur geschehen können? Wie passte das alles zu den Bildern meiner Kindheit? Ich hatte Glück.

Mein Professor rezitierte die Hebräische Bibel mit dem Charisma der alten jüdischen Gottesmänner, löwengleich grollend, und wieder hatte ich die Erzählungen der Bibel leibhaftig vor Augen, dieses Mal in den Worten der Propheten Jesaja und Amos: »Wenn ihr zu mir betet, mach ich die Augen zu, wenn ihr noch so viel betet, hör ich nicht hin. An euren Fingern klebt ja Blut!« Und: »Ich

Gewaltig vom Himmel kommend, der rettende Engel.

»An euren Fingern klebt ja Blut!« – Israels oppositionelle Propheten trotzten der Königsmacht.

hasse, ich verabscheue eure Feste, eure Zusammenkünfte kann ich nicht riechen – eure Opfergaben nehme ich nicht an, euren Dank schenke ich mir, eure Feiertagsmusik mag ich nicht hören. Recht soll vielmehr wogen wie Wasser, Gerechtigkeit wie ein nie versiegender Strom!«

Die Bibel erzählt Israels Geschichte

Stellen wir uns vor, wie ein jüdischer Vater seinem Sohn die Geschichte des jüdischen Volkes erklärt: anhand der Bibel, vielleicht in Amsterdam, vor 300 Jahren. Die 300 Jahre sind wichtig, denn heute sehen wir die jüdische Geschichte in manchen Details ganz anders. Doch davon später.

Die Bibel beginnt mit Erzählungen aus dem Paradies. Dann geht es weiter mit Kain und Abel, den Kindern von Adam und Eva. Am Anfang menschlicher Geschichte steht der Brudermord: Kain erschlägt Abel. Im Lauf der Generationen nehmen Unrecht und Gewalt in der Menschheit so sehr überhand, dass Gott eine riesige Flut schickt, um sie zu vernichten. Ein »frommer Mann und ohne Tadel« mit Namen Noah allein entkommt – in einem Schiff, das er auf Gottes Geheiß für die Seinen und für »je ein Männchen und Weibchen« von allem Getier erbaut hatte.

Im weiteren Verlauf konzentriert sich die Bibel auf das Schicksal der Familie Abrahams. Abraham ist ein gottesfürchtiger Mensch. Gott hat ihn auserwählt und sich mit ihm verbündet, um der Menschheit einen neuen Start und eine neue Chance zu geben. Abraham soll zum Stammvater eines großen Volkes werden. »Ich will segnen, die dich segnen, und denen fluchen, die dir fluchen, und in dir sollen gesegnet sein alle Geschlechter der Erde«, heißt es in der Bibel. Abraham ist der erste Jude, mit ihm sind alle Israelis verwandt. Auf Gottes Geheiß und unter dessen Führung verlässt er seine Heimat im Zweistromland und wandert mit seinem Gefolge nach Palästina am Mittelmeer. Dieses Land verheißt Gott ihm als ewiges Erbe, als das »Gelobte Land«. Abraham und seine Frau Sarah bleiben kinderlos, bis ihm seine Frau ihre Magd Hagar zuführt, die ihm endlich einen Sohn gebiert, Ismael. Als darauf auch Sarah schwanger wird und Isaak zur Welt kommt, trennt sich Abraham von Hagar und dem Erstgeborenen. Die Geschichte des jüdischen Volkes nimmt über Isaak ihren Fortgang.

Isaaks Sohn Jakob zeugt mit seinen zwei Frauen und deren Mägden insgesamt zwölf Söhne. Aus ihnen gehen zwölf verschiedene Sippen hervor, die später mit all ihren Nachkommen das Volk der Juden bilden. Im Lauf seiner abenteuerlichen Wanderungen durch Palästina errichtet Jakob dem Gott seiner Familie überall im Land Altäre. An einem Fluss ringt er mit dem Engel Gottes und heißt seitdem Israel – »der mit Gott kämpfte«. So wurde Israel zum Namen für das gesamte jüdische Volk. Die Bibel erzählt, wie die zwölf Söhne Jakobs sich schlagen und vertragen und schließlich während einer Hungersnot ihre Heimat Palästina verlassen und nach Ägypten auswandern. Der uralte Jakob erklärt in seinem letzten Willen, dass der Stamm seines Sohnes Juda über alle Stämme Israels herrschen solle.

In Ägypten weitet sich die Familiengeschichte der Nachkommen Abrahams zur Nationalgeschichte. Der Gott Israels demonstriert seine überwältigende Macht an dem mächtigsten Herrscher der damaligen Welt, an Pharao, dem König der Ägypter. Die Kinder Israels waren während ihres Aufenthalts im Nilland zu einem großen Volk herangewachsen, wurden dann aber als Minderheit versklavt und zur Zwangsarbeit verurteilt. Da schickte Gott ihnen einen Retter in der Gestalt von Moses, oder Mosche im Hebräischen. Seine Eltern hatten ihn als Kind vor der Fremdenpolizei in einem Körbchen am Ufer des Nils versteckt, eine ägyptische Prinzessin fand das Kind und zog es am Königshof auf. Vom Engel berufen, Gottes Namen in der Welt bekannt zu machen, kehrt Moses zu seinem Volk zurück und organisiert Widerstand gegen den Pharao. Mit vielen Wundertaten kommt ihm Gott zur Hilfe. Schließlich muss Ägypten nachgeben und die Juden auswandern lassen. Moses führt sie durchs Rote Meer ins Sinai-

Im Bergland des Sinai wird Israel zum Gottesvolk.

Bergland, wo sich ihnen Gott mit seinem wahren Namen als Jahwe offenbart: »Ich bin, der ich sein werde.« Am Sinai wird Israel zum Gottesvolk. Durch die Vermittlung von Moses übergibt Jahwe den Juden schriftlich und mündlich die Tora, die Weisungen des Gottesgesetzes, die noch heute für alle Juden verbindlich sind. Die Gesetzesrolle (Sefer-Tora) gehört zum jüdischen Gottesdienst und wird in jeder Synagoge aufbewahrt. Eine Kurzfassung der Gottesweisung ritzt Moses in zwei Steintafeln, die Zehn Gebote. In einer reich verzierten Truhe begleiten diese Tafeln Israel 40 Jahre hindurch auf seinem weiteren Weg durch die Wüste.

Zum Gedenken an die Befreiung aus Pharaos Gewalt feierten die Juden fortan im Frühjahr das Pessach-Fest. Nach den Regeln der Tora brachte im Tempel von Jerusalem jede jüdische Familie ein Lamm zum Opfer dar. Teile davon verbrannte der Priester auf dem Altar, den Rest verzehrte die Familie zusammen mit »ungesäuertem Brot«, das sie an das Elendsbrot der Sklaverei erinnern sollte. Seitdem der Tempel in Jerusalem im Jahr 70 unserer Zeit endgültig zerstört wurde, begehen die Familien das Fest als häusliche Feier. Der Vater ist gehalten, den Seinen während der Mahlzeit aus der Geschichte Israels zu erzählen, Moses Befreiungstaten und die Tora-Offenbarung wieder neu in Erinnerung zu rufen.

Unter den Zehn Geboten befindet sich das Sabbat-Gebot: »Achte auf den Sabbattag, dass du ihn heilig hältst, wie dir Jahwe, dein Gott, geboten hat. Sechs Tage sollst du arbeiten und deine Werke tun. Aber der siebte Tag ist ein Ruhetag, Jahwe, deinem Gott, geweiht. Da sollst du keine Arbeit verrichten, weder du, noch dein Sohn, noch deine Tochter noch dein Sklave, noch deine Sklavin, noch dein Rind, noch dein Esel, noch all dein Vieh, noch der Ausländer in deinen Toren, auf dass dein Sklave und deine Sklavin ausruhen wie du. Denke daran, dass du Sklave im Land Ägypten gewesen bist und dass Jahwe, dein Gott, dich von dort herausgeführt hat mit starker Hand und ausgerecktem Arm. Darum gebietet dir Jahwe, dein Gott, den Ruhetag zu halten.« Durch das Sabbat-Gebot unterscheiden sich die Juden von allen umliegenden Völkern. Der Mensch ist kein Arbeitstier, er hat spirituelle Bedürfnisse, die über seinen Alltag hinausweisen. Im Sabbat-Ruhetag sehe ich die größte sozialpolitische Erfindung aller Zeiten.

Moses selbst erreicht das Gelobte Land nicht. In den Bergen jenseits des Jordans stirbt er in den Armen seines Gottes. Seinem Nachfolger Josua gebietet Jahwe, an der Spitze des Gottesvolkes Palästina zu erobern. Die Ureinwohner, die Kanaanäer, wohnen verteilt über sieben Stämme in 31 befestigten Städten, jede von einem eigenen König regiert. Ehe Josua das Land betritt, schickt er ihnen eine Botschaft: Unser Gott hat uns dieses Land zum Eigentum gegeben, wir beanspruchen jetzt unser Erbe, verlasst in Frieden unser Land! Natürlich widersetzen sich die Bewohner. Jahwe aber hatte den Josua angewiesen, die Einwohner wenn nötig mit Gewalt zu vertreiben, denn mit den schlechten Sitten und götzendienerischen Kulten der Kanaanäer sollten die Juden nicht in Berührung kommen. Und Josua gelingt es, mit Gottes Hilfe fast alle Einheimischen zu vernichten oder zu vertreiben.

Einige Generationen lebten die Juden nur lose organisiert in Stammesverbänden in den Bergen und Ebenen des Landes. Dann erschienen an der Mittelmeerküste die Philister, ein seefahrendes Volk aus dem Norden, und siedelten dort. Nach ihnen nannten die Herrscher Roms später die Region Philisterland, und daraus wurde der heutige Name Palästina. Die Philister waren den Juden in der Technik weit voraus, kannten bereits Stahl und Eisen. Als sie anfingen, die Nachkommen Abrahams zu bedrängen, schlossen sich die Juden zu einem Königreich zusammen.

Saul, ihr erster König, regierte glücklos und nur wenige Jahre. An seine Stelle trat David. Nach einem verwegenen Kampf gegen den Philister-Riesen Goliath diente er sich vom Schafsjungen bis zum Guerilla-Führer hoch, bis ihm endlich die Königswürde zufiel. Er hatte Glück. Die beiden Großmächte der Zeit, das Zweistromland im Osten und das Pharaonenland am Nil im Süden, steckten gerade in einer Krise, und so konnte David sein Herrschaftsgebiet beträchtlich über das jüdische Kernland ausdehnen. Zu seiner Hauptstadt wählte er das kanaanitische Jerusalem, das ihm durch einen Handstreich zugefallen war. Auf seiner höchsten Erhebung errichtete sein Sohn Salomo dem Gott Israels ein prächtiges Tempelgebäude – an der Stelle, wo einst Abraham seinen Sohn Isaak festgebunden hatte, um ihn Gott als Opfer darzubringen. Im hintersten Raum des Tempels, im Allerheiligsten, fand die kostbare Truhe mit den Gesetzestafeln vom Sinai ihren Platz. Sie verbürgte die Gegenwart des unsichtbaren Gottes, denn Götterbilder, wie sie andere Religionen kennen, sind dem jüdischen Glauben verpönt.

Eine Katastrophe bahnt sich an

Die Bevölkerungszahl des Landes schnellte unter David und Salomo steil nach oben. Israel durchlebte einen der glanzvollsten Abschnitte seiner Geschichte. Doch schon bald nach dem Tod Salomos zerfiel das Reich in zwei rivalisierende Einzelstaaten. Man schrieb ungefähr das Jahr 950 vor unserer Zeit. Der nördliche Landesteil, das Wohngebiet von zehn israelischen Stämmen, erklärte seine Unabhängigkeit. Ein zweites jüdisches Königreich erschien auf der Landkarte. Jerobeam, der nicht aus der Davidsfamilie stammte, wurde sein erster König. Als Hauptstadt wählte er Samaria. Er befestigte die Stadt und errichtete verschiedene Tempel, in denen Israels Hausgott Jahwe in der Gestalt von Stiergottheiten zusammen mit anderen Göttinnen und Göttern verehrt wurde.

Eine verhängnisvolle Entwicklung bahnte sich an. Während der nächsten 240 Jahre regierten in Samaria 19 verschiedene Könige, einer schlechter als der andere, so sieht es die Bibel. In jenen turbulenten Zeiten traten die ersten Propheten Israels auf, deren Worte uns schriftlich erhalten sind. Hosea dringt auf die Rückkehr zum Wüsten-Glauben und warnt als Bote Jahwes die Herrscher Samarias: »Sie haben Könige eingesetzt, doch ohne meinen Willen, haben sich Fürsten erwählt, von denen ich nichts wissen will.« Und Gott Jahwe spricht weiter: »Ich verschmähe deine Kalbsbilder Samaria, mein Zorn entbrennt wider sie. Die Wind säen, werden Sturm ernten!« Später tritt Amos in Hoseas Fußstapfen: »Hört dies, die ihr die Armen tretet, die Unterdrückten im Land aushungert: Geschworen hat Jahwe bei seinem Dasein: Niemals vergesse ich all ihre Taten!« Israels Gott hat die Macht, er führt zur Strafe das mächtige Assyrien aus dem Zweistromland gegen Israels Nordstaat. Im Jahr 720 vor unserer Zeit fällt Samaria, die Zehn Stämme werden vertrieben, Nicht-Juden strömen ins Land und werden dort sesshaft. Die Stämme Israels verschwinden im Treibsand der Geschichte, sie sind nie wieder ins Gelobte Land zurückgekehrt.

Der Südstaat im kargen, unwirtlichen Bergland von Jerusalem hatte mehr Glück mit seinen Königen. Aber auch hier formierte sich die prophetische Opposition. Die Namen der großen Propheten Jerusalems lauten Micha, Jesaja, Jeremia und Hesekiel. Viele ihrer Worte sind uns bis heute in der Bibel erhalten.

Sie alle dringen auf die Reinhaltung des Tempels vom Götzendienst, fordern das Recht der Armen, Witwen und Waisen ein, opponieren gegen die Allüren der judäischen Herrscher. Nur zwei von ihnen stellt die Bibel ein gutes Zeugnis aus. Einer ist Hiskia, der 14. Nachfolger Davids: »Unter allen Königen von Juda war keiner seinesgleichen. Denn er hing Jahwe an und ließ nicht von ihm.« Der andere große Herrscher war Josia. Zur Reinerhaltung des Jahweglaubens ließ er alle im Land verstreuten Heiligtümer verwüsten und konzentrierte den Gottesdienst ausschließlich auf den Tempel Salomos. Als er starb, »trugen ganz Juda und Jerusalem Trauer um Josia«.

Der winzige Südstaat Israels hielt sich 134 Jahre länger als das nördliche Königreich. Doch dann war auch seine Stunde gekommen. Im Jahr 586 vor unserer Zeit erlag Jerusalem nach zwei Jahren Belagerung der brutalen Macht des Babylonischen Reiches. Stadt und Tempel gingen in Flammen auf. Die Königschronik Nebukadnezars berichtet: »Am zweiten Tag des Monats Addar, in seinem siebten Jahr (16. März 587 vor unserer Zeit), nahm er die Stadt Judas ein, die er belagert hatte. Er nahm ihren König gefangen und setzte einen König seiner Wahl ein. Er nahm viel Beute und schickte sie nach Babel.« Davids hochfliegende Reichsträume endeten in einem blutigen Albtraum. Die Erinnerung an Jerusalems Untergang brannte sich tief in das Gedächtnis der nachfolgenden Jahrhunderte und Jahrtausende ein.

Noch gegen Ende des 18. Jahrhunderts schildert ein Geschichtsschreiber das Massaker mit beredten Worten: »Der wütende Sieger zerstörte und verbrannte Jerusalem und Salomos prächtigen Tempel bis auf den Grund, schleifte alle Mauern, Türme und Befestigungsanlagen, verwüstete die ganze umliegende Gegend mit Feuer und Schwert und führte viele Tausende mit allen Kostbarkeiten und Schätzen des Heiligtums und der Paläste nach Babel; dem gefangenen König, Zedekia, ließ er die Augen ausstechen, ließ ihn in eherne Fesseln werfen und im Gefängnis des elendesten Todes sterben – und machte so dem letzten Überreste der judäischen Monarchie ein schreckliches Ende.« Sogar der »Thron Jahwes«, die Truhe mit den Steintafeln vom Sinai, ging in den Wirren verloren. Wurde sie von den Eroberern geraubt und nach Babylonien entführt? Oder hatten die Priester sie in Sicherheit bringen können? Vielleicht in den Geheimgängen des Tempelbergs? Befindet sich das kostbare Stück sogar immer noch dort?

Die Klagelieder des Propheten Jeremia sind ein Echo auf die nationale Katastrophe: »Säuglingen klebt die Zunge am Gaumen vor Durst, Kinder betteln um Brot, doch keiner bricht es ihnen. Die früher Leckereien verspeisten, verschmachten jetzt in den Gassen, die ehemals Purpur trugen, liegen nun im Schmutz. Glücklich, wen das Schwert durchbohrte ... Wegen der Sünden der Wahrsager aber ist es geschehen, wegen der Schuld seiner Priester – darum hat Jahwe seinen Grimm austoben lassen, die Glut seines Zornes ausgegossen.« Viele Völker verloren bei einer Niederlage den Glauben an ihre Götter. Anders in Israel. Mitten im Desaster erhebt sich Jahwe zu konkurrenzloser Größe. Schließlich war er es, der die Assyrer und Babylonier gegen sein eigenes Volk Israel trieb. Unwissentlich wurden die Mächtigen der Erde zu seinen Helfershelfern. Einzelne Propheten hatten das göttliche Eingreifen vorausgesehen, doch erst das Babylonische Exil öffnete den Juden wirklich die Augen für die universale Größe ihres Gottes.

Das wandernde Gottesvolk

Ein ganzes Volk war in der Weltgeschichte unterwegs, um seinen Platz zu finden. Erwählt, stellvertretend für alle Völker, errettet aus Pharaos Hand, sesshaft geworden im Gelobten Land. Israel war das erste Volk, das seine Existenz weltgeschichtlich definierte. Dabei stellten die Juden, selbst zu ihren besten Zeiten unter David und Herodes, gerade mal 1,8 Prozent der Weltbevölkerung. Heute sind es nur noch 0,2 von 100, und diese wohnen nicht nur im Staat Israel, sondern leben verstreut überall auf der Erde.

Neben den antiken Griechen gibt es kein anderes Volk, dessen Existenz in der Menschheit so unauslöschliche Spuren hinterließ. Es hat die Welt religiös, politisch und kulturell revolutioniert. Albert Einstein, dessen Denken unser modernes Weltbild prägte, ist nur ein Beispiel unter zahllosen anderen. Proportional, an seiner Bevölkerung gemessen, sind Juden zahlenmäßig unter allen Nobelpreisträgern am stärksten vertreten. Und ist nicht das kleine Jerusalem so etwas wie die heimliche Hauptstadt der Welt? Manchmal habe ich das Gefühl. Darum zu beneiden sind die Juden nicht.

Einerseits ist ihre Geschichte eine reine Erfolgsgeschichte, über weite Strecken aber zugleich eine Geschichte von Vertreibung, Exil und Martyrium. Wie alle Völker möchte auch Israel am liebsten in Ruhe gelassen werden, in Ruhe und Frieden leben. Doch die Geschichte vergönnt ihm keine Atempause. An der Existenz Israels brechen immer neue Konflikte auf.

Jahwe hatte seinem Volk keinen komfortablen Platz in der Weltgeschichte reserviert. Das Land der Erwählung hätte nicht schlechter gewählt sein können. Äthiopien, Arabien, nur mal angenommen, wären als Heimstatt sicherer gewesen! Aber Palästina? Ein Küstenstreifen am östlichen Mittelmeer, arm an natürlichen Häfen, dahinter Gebirgszüge, die östlich zur Wüste abfallen, ein Flüsschen mit vielen Schleifen, nicht einmal befahrbar – ein Ländchen, kein Land, heute ungefähr halb so groß wie die Schweiz. – Ein Landstrich, mit dem kein Staat zu machen war!

Im Süden die Hegemonialmacht Ägyptens, im Norden mächtige See- und Territorialstaaten, jenseits der östlichen Wüste die aggressiven Mächte des Zweistromlandes. Und alle benutzen das Gelobte Land als Durchgangsstraße, wenn sie ihre Armeen gegeneinander aufmarschieren lassen: Die Region gilt den Großmächten als strategisches Faustpfand. Hat Jahwe mit Bedacht Israel nach Palästina verpflanzt, müsste er vorhergesehen haben, dass sein Volk dort nie zur Ruhe kommen wird. Was dachte er sich nur dabei?

Als die jüdischen Exilanten nach zwei Generationen aus Babylonien zurückkehrten, machten sie sich an den Wiederaufbau ihres Landes, von dem nicht mehr viel übrig geblieben war. Es besaß kaum noch den Umfang eines Landkreises und war auf eine unbedeutende Randprovinz der Zweistromlandreiche zusammengeschrumpft. In einem bescheidenen Tempelneubau fand Gott Jahwe wieder eine Heimat. Israels Religion reorganisierte sich.

Allein, es blieb weiter unruhig in Palästina. Alexander der Große vereinnahmte es, als er um 333 vor unserer Zeit gegen die persischen Provinzen zu Felde zog. Die Region wurde zum Zankapfel zwischen den nachfolgenden Dynastien der griechischen Seleukiden-Herrscher. Einer von ihnen, Antiochus der Große, blieb als rabiater Judenverfolger in ewiger Erinnerung. Er beschlagnahmte die Heiligen Schriften, die Tora, entweihte den Jahwe-Tempel, ließ Schweine durch das Allerheiligste treiben. Antiochus versuchte, den Juden griechische Sitten aufzuzwingen, verbot ihnen Opfer und Feste, den Sabbat und die

Das Channuka-Lichterfest erinnert an den 25. Kislev des Jahres 164 vor unserer Zeit.

Beschneidung. Doch die Juden ließen sich seine Schikanen auf Dauer nicht gefallen. Sie revoltierten unter der Führung dreier Priestersöhne. Nach blutigen Kämpfen erzwangen sie sich Eintritt in Jerusalem, reinigten den Tempel und weihten ihn neu.

Heute erinnert das Channuka-Lichterfest an den 25. Kislev des Jahres 164 vor unserer Zeit, an dem Israel zum ersten Mal nach vier Jahrhunderten seine Autonomie für kurze Zeit zurückgewann. Zum letzten Mal für sehr lange Zeit – bis zur Gründung des Staates Israel im Jahr 1948. In seiner historisch datierbaren Geschichte von 3000 Jahren besaß das jüdische Volk politische Selbstbestimmung nur rund 500 Jahre lang.

Israels Religionsgeschichte ist die Religion des »wandernden Gottesvolkes«. Die Erfahrung der »Galut«, des Exils, durchzieht seine ganze Geschichte, Galut wird zum Sinnbild jüdischer Existenz. Vom Aufenthalt in Ägypten, über das Babylonische Exil bis zur Zerstörung des Zweiten Tempels durch die römischen Herrscher. Das Gefühl, in der Fremde zu sein, findet seinen Ausdruck in der jüdischen Dichtung, der hebräischen Predigt, in Mystik und Theologie.

Das jährliche Sukkot-Wochenfest, das »Fest in den Laubhütten«, symbolisiert am sinnfälligsten das Selbstverständnis eines Volkes, das sich permanent in Aufbruchstimmung befindet.

»Alle in Israel Einheimischen sollen in Hütten wohnen, damit auch eure künftigen Generationen erfahren, dass ich die Israeliten in Hütten wohnen ließ, als ich sie aus dem Ägypterland hinwegführte: Ich, Jahwe, befehle es euch, euer Gott«, lautet die gesetzliche Bestimmung der Tora. Ein alter Text erzählt, wie die Juden bei ihrer Heimkehr aus Babylon zum ersten Mal Sukkot in dieser Form begingen: »Zieht hinaus ins Gebirge und holt Äste vom veredelten oder wilden Ölbaum, von Myrten, Palmen und anderen Laubbäumen«, sprachen die Gesetzeskundigen zum Volk. »Da zog das Volk hinaus und holte sich's und machte Hütten, ein jeder auf seiner Dachfläche oder im Haushof oder in den Vorhöfen des Tempels. – Alle, die aus der Gefangenschaft zurückgekehrt waren, machten sich solche Laubhütten und wohnten darin.« Das ganze Leben zwischen dem Heute hier und Morgen dort wird zu einem Provisorium. Dabei waren die jüdischen Gläubigen beinahe des Glaubens, Gott habe die Welt nur wegen seines Bundes mit Israel erschaffen. Was im gewissen Sinn sogar stimmt, denn das jüdische Weltbild ist unvergleichlich anders als das anderer Völker.

Die jüdische Erfahrung der Entfremdung beschrieb im vorigen Jahrhundert der Prager Schriftsteller Franz Kafka sehr eindringlich: »Dieses Leben erscheint unerträglich, ein anderes unerreichbar. Man schämt sich nicht mehr sterben zu wollen; man bittet aus der alten Zelle, die man hasst, in eine neue gebracht zu werden, die man erst hassen lernen wird. Ein Rest von Glauben wirkt dabei mit, während des Transportes werde zufällig der Herr durch den Gang kommen, den Gefangenen ansehen und sagen: ›Diesen sollt ihr nicht wieder einsperren. Er kommt zu mir.‹« Entfremdungserfahrung, Gettoerfahrung, in sechs Worten auf den Punkt gebracht: »Ein Käfig ging einen Vogel suchen.« Das Hintergründige, das die Literaturhistoriker Kafkas Werken zuschreiben, verschwindet, sobald man seine Texte vor dem Hintergrund jüdischer Galut liest. Seine Erzählungen sind präzise Beschreibungen dieser Erfahrung.

Als Protest gegen eine Welt, in der es für den Menschen keine wirkliche Nische gibt, katapultiert sich der Buddha aus ihr heraus. – Dieser Weg ist der jüdischen Religion versperrt. Weltloses Heil kennt sie nicht. Die jüdische Existenz muss ihr Heil, das »entsprechende Gegenüber«, in der Welt, in seiner Geschichte finden.

Israels Propheten fassen dafür einen zukünftigen »Tag Jahwes« ins Auge:

»Geschehen wird es in kommenden Tagen: Da spricht er selbst den Nationen das Recht, ist er der Schiedsrichter für viele Völker. Aus ihren Waffen werden sie Pflüge machen und Weinberggerät aus ihrem Mordwerkzeug. Kein Volk wird mehr das andere bekriegen, Ausbildung für Soldaten gibt es nicht mehr«, verkündet Jesaja im 8. Jahrhundert vor unserer Zeit. Und weiter, im Blick auf Israel: »Du zerbrichst das Joch, in das man sie steckte, den Schlagstock in Stücke, mit dem man sie trieb. Die Stiefel der Herren, die auftreten mit Gewalt, ihre bluttriefenden Mäntel, sie werden verbrannt, zum Feuerfraß werden.« Jesajas endzeitliche, eschatologische Vision überbietet selbst die Science-Fiction-Literatur. So voll sehnsüchtiger Erwartung ist die Utopie vom zukünftigen Tag Jahwes, die der Prophet entwirft: »Der Wolf wird sich rollen beim Schaf, die Wildkatze bei den Ziegen schlafen. Kalb und Löwenjunges fressen gemeinsam, ein Kind könnte sie hüten. Kuh und Bärin befreunden sich, ihre Jungen spielen zusammen, der Löwe frisst Stroh wie das Rind, am Otterloch spielt der Säugling, das Kleinkind steckt die Hand ins Nest der Natter. Kein Unrecht geschieht mehr, nicht länger wird Schaden gestiftet im ganzen Land unter meinem Dasein. Denn wie das Meer mit Wasser ist das Land voll Gotteserkenntnis«, lässt der Prophet den Gott Israels sprechen. Wie tief muss die Erfahrung des Fremdseins sitzen, wenn solche, alles überbietenden Visionen nötig sind, um die Hoffnung auf die Rettungsmacht Jahwes wach zu halten?

Jesaja plädierte für strikte Neutralität und forderte, Israel solle sich aus dem Gerangel der Großmächte heraushalten. Er warnte: »Weh denen, die bei

Ägypten Hilfe suchen, mit gepanzerten Wagen rechnen und ihrer Zahl, mit schnellen Verbänden und ihrer Kampfkraft!« Seine Mahnung war umsonst. Jerusalem rüstete auf.

Aus Nomaden wurden Gotteskrieger

Vertraut man den Geschichtsschreibern der Hebräischen Bibel, dann eroberte Moses Nachfolger Josua in einem spektakulären Siegeszug das Gelobte Land: »Also schlug Joschua (Josua) das ganze Land, das Gebirge, das Südland, die Niederung und die Abhänge mit all den Königen des Landes. Er ließ keine Überlebenden entkommen, alles, was atmete, weihte er der Ausrottung, wie es Jahwe, der Gott Israels geboten hatte.« Der oben zitierte Geschichtsschreiber des 18. Jahrhunderts fasst die biblischen Erzählungen der Siege Josuas mit den Worten zusammen: »Josua, der würdige Schüler und Freund des großen Entschlafenen, übernahm nun den Heerführer-Stab und unterwarf sich innerhalb eines Zeitraums von sechs Jahren beinahe ganz Kanaan. Zwar vereinigten sich die Eingeborenen zum hartnäckigsten Widerstande und boten all ihre Kräfte auf, dem kühnen und glücklichen Eroberer im Laufe seiner Siege Einhalt zu tun; aber vergebens waren die Kämpfe für Freiheit und Eigentum, vergebens ihre gewaltigen Anstrengungen, die zahlreichen und grausamen Streiter Israels über den Jordan wieder zurück zu werfen – bei weitem der größere Teil dieser Unglücklichen fiel unter den Schwertern der Hebräer.« Zum Glück war es nicht so. Was die Bibel über Josua erzählt, existierte nur in den Köpfen der späteren Schreiber. Die historische Wirklichkeit sah völlig anders aus.

Semitische Nomadenstämme waren lange Zeit in Palästina eingesickert, dort, »wo Milch und Honig fließt«, denn das war die Nahrung von Nomaden. Nach und nach wurden sie sesshaft, vertauschten ihre Zeltdächer mit einem festen Hausdach. Mit den kanaanitischen Urbewohnern suchten sie keinen Streit. Man lebte friedlich nebeneinander, wie archäologische Funde belegen. Erst die spätere Geschichtsschreibung machte aus den schaftreibenden Nomaden gefährliche Eroberer, die im Namen ihres Gottes handelten. Um sich die Erinnerung an das Heimatland zu erhalten, erfanden die nach Babylon verschleppten Juden wahrscheinlich Josuas kriegerischen Landnahme-Mythos. »Denn Jahwe, der Gott Israels, stritt für Israel« und schenkte seinen Stämmen das erbeutete Land. Diese Tatsache verbürgte die Heimkehr aus der Fremde ins Gottesland.

Um das Jahr 1000 vor unserer Zeit begann nach der friedlichen Landnahme Israels militante Königszeit. Dabei war es gar nicht so sicher, ob sich die ehemaligen Nomaden überhaupt eine Monarchie wünschten. Viele hätten gern weiter in ihren losen Stammesverbänden gelebt, in einer Art Basisdemokratie, ohne staatliche Zentralmacht. Der Widerstand gegen die Königsmacht durchzieht weite Strecken der jüdischen Geschichte. Israels Könige legitimierten sich gegenüber der Opposition durch Kriege, die sie im Namen Jahwes führten. Auf Geheiß Samuels, der ihn zum König salbte, rottete Saul zum Beispiel einen ganzen Beduinenstamm aus. Anderen nahöstlichen Potentaten stand er darin um nichts nach. David, Sauls Nachfolger, führte ununterbrochen grausame Eroberungskriege, die seine Nachbarn in Angst und Schrecken versetzten. Aus den friedliebenden Nomaden waren Gotteskrieger geworden. Und die kämpften bis zum bitteren Ende. Auch wenn sie nichts zu gewinnen hatten als den Märtyrertod.

Das bekamen sogar noch die Römer zu spüren, die nach den Griechen Palästina unterwarfen. Roms Legionen mussten Jerusalem über Jahre angreifen, Belagerungsstürme und Katapulte auffahren, sie mussten die Stadt aushungern, bis es ihnen gelang, die aufsässigen Juden niederzuzwingen. Das geschah im Jahr 70 unserer Zeit, und damals wurde zum zweiten Mal der Tempel Jahwes dem Erdboden gleichgemacht. Den teuer erkauften Sieg der Legionen bezeugt noch heute der Titusbogen am Forum Romanum. Damit war der Widerstand jedoch noch nicht gebrochen. Der Guerillakrieg ging weiter. In der Bergfestung Massada, hoch über dem Toten Meer, verschanzten sich tausend Israelis und hielten den Belagerern stand. Dann nahmen sie sich, Männer, Frauen, Kinder, gemeinsam das Leben.

Danach flammte der jüdisch-römische Krieg in Mesopotamien, Ägypten, Libyen und Zypern wieder auf. Die Juden, so urteilte ein christlicher Historiker, brachte ein »böser revolutionärer Geist« dazu, »sich gegen ihre griechischen Mitbürger« zu erheben. Nur mit äußerster Mühe gelang es den römischen Legionären, deren Widerstand aufzurollen, »mit Infanterie, Kriegsschiffen und berittenen Kommandos«. Und das war noch immer nicht das Ende.

Im Land Israel scharte Shimeon bar Kosiba im Jahr 132 wehrfähige Männer zu Tausenden um sich. Seine Anhänger bewunderten ihn als Messias, als den Inbegriff des idealen und von Gott gesandten Herrschers aus dem Stamm Davids. Der »Sternensohn« eroberte Jerusalem von den Römern zurück, bot lange den anrückenden Legionen die Stirn. In seinem messianischen Anspruch wurde er durch Akiba ben Josef bestärkt, einem einflussreichen rabbinischen

Nach den Assyrern, Babyloniern, Griechen kamen die Römer: den Sieg der Legionen bezeugt noch heute der Titusbogen am Forum Romanum.

Gelehrten. Dieser scheint weithin verantwortlich für die Leidenschaft des Widerstands zu sein. Auf Akibas Konto ging darum auch die lähmende Enttäuschung, die sich nach dem Ende des charismatischen Aufrührers wieder über das Land legte.

Den gescheiterten Shimeon bar Kosiba kennt der Talmud, neben den Büchern Moses das zweite Gesetzeswerk der Juden, das die mündlichen Überlieferungen über mehrere Jahrhunderte hinweg zusammenfasst, nur als »Lügensohn«. Das Rabbinat verstand sich fortan als politisch konservative Ordnungsmacht. Jedem Enthusiasmus begegnete man mit ängstlichem Misstrauen. Stillehalten und Hoffen wurde zur Losung der Rabbiner. Akiba ben Josef war ihnen eine Lehre gewesen. Für seine politische Verstrickung soll er mit einem Märtyrertod gebüßt haben, um den sich ergreifende Legenden ranken.

Das Ende von Shimeon bar Kosiba bedeutete das endgültige Aus für die Selbstbestimmung Israels. Ein oder gar zwei Drittel der Juden verlor in den Kriegen mit Rom das Leben. Hunderttausende Frauen, Männer und Kinder wurden als Sklaven verkauft und verschickt. Paradox genug: Durch die Versklavung der Juden erhöhte sich deren Zahl in vielen Ländern. Denn wo sie nur konnten, kauften jüdische Gemeinden ihre Glaubensgeschwister frei und halfen ihnen, eine neue Existenz zu gründen: in Spanien, im Europa nördlich der Pyrenäen, in den Ländern Nordafrikas und des Nahen Ostens.

Seit dem Aufstand des »Sternensohnes« lebte Israel in der Zerstreuung. Ein Volk ohne ein eigenes Land und ohne staatliche Institutionen. Erst der Holocaust des Hitler-Regimes zwang die Weltgemeinschaft zum Handeln. Eine UNO-Resolution sprach 1947 den Juden eine Heimstatt in Palästina zu und teilte das Land zwischen ihnen und den Arabern auf. Diese wiesen den Teilungsplan zurück und versuchten, die Juden wieder zu vertreiben. So begann ein neues blutiges Kapitel in der Geschichte des »Gelobten Landes«.

Der Messias wartet schon

Das Römische Reich war eine zivilisatorische Erfolgsgeschichte. Als einziges Volk haben sich die Juden der Romanisierung wiedersetzt. Sie zahlten dafür einen hohen Preis, und es grenzt an ein Wunder, dass sie nicht zwischendurch aufgaben, in der Völkerwelt verschwanden wie die Gallier, denen Rom sogar die Sprache nahm. Allein der Glaube hielt die Vertriebenen und Versprengten zusammen und aufrecht, ein Glaube besonderer Art. Angesichts immer neuer

Drangsale musste jede Generation davon ausgehen, dass ihre Prüfung die letzte sei. Schlimmer konnte es doch gar nicht mehr kommen! Jetzt musste der Messias erscheinen oder Elia, sein Vorgänger. Wie auch immer, die Leidenswende stand bevor: Ist die Not am größten, ist der Ewige am nächsten! Damit tröstete man sich. War nicht der Tag der Befreiung zu Pharaos Zeiten so überraschend gekommen, dass den Frauen nicht einmal die Zeit blieb, den Sauerteig fürs Brot der Wegzehrung anzusetzen?

In Erinnerung an den Auszug aus dem Pharaonenland wird beim Pessach-Fest das ungesäuerte Mazzenbrot mit den Worten gebrochen: »Dieses armselige Brot haben unsere Vorfahren im Land Ägypten gegessen. Alle, die hungrig sind, sollen kommen und essen. Alle, die Mangel leiden, sollen kommen und mit uns feiern – dieses Jahr hier und nächstes Jahr in Israel; dieses Jahr als Sklaven und nächstes Jahr als freie Menschen!«

Oft habe ich diese ergreifende Geschichte aus der jüdischen Überlieferung erzählt, die im 3. Jahrhundert unserer Zeitrechnung entstanden ist: Rabbi Joschua befragte einst den Elia, wann endlich der Messias komme. Elia sagte: »Da musst du ihn selbst fragen. Er sitzt vor den Toren Roms unter den Aussätzigen.« Und Rabbi Joschua fand ihn dort. Der Messias verband seine Geschwüre, erst das eine, dann das andere, denn er sagte sich: »Vielleicht werde ich gleich gerufen, da will ich mich nicht verspäten!« Der Rabbi trat vor ihn und sagte: »Friede sei mit dir, mein Herr und Meister!« Der Messias erwiderte: »Friede sei mit dir, Sohn Levis!« Darauf Joschua: »Israel wartet auf dich, wann endlich kommst du, uns zu erlösen?« Der Messias antwortete: »Ich komme, noch heute!« Da kehrte Rabbi Joschua zu Elia zurück: »Der Gesalbte versprach, noch heute zu kommen, aber er kam nicht!« Der Prophet verbesserte ihn: »Er meinte, ich komme noch heute, wenn ihr auf Gottes Stimme hört!« – Was für ein Text, der Messias unter den »Unberührbaren«, den Verfluchten, in den Toren Roms, blutend und ausgesetzt. Israels Wunden trägt er an seinem Leib. Doch er kommt, der Retter, er kommt gewiss, noch heute! Wenn Israel nur endlich auf seinen Gott hört, das gesamte Israel. Das ist die Botschaft des Rabbi Joschua.

Die Juden kommen ohne ihre Geschichte nicht aus. Sie ist für sie existenziell. Es stimmt, kein Volk lebt ohne seine Geschichte, und jedes Volk muss sich ihr ständig neu stellen. Auf Israel trifft das alles noch einmal ganz besonders zu. Frage ich einen Japaner, einen Türken, oder frage ich einen Briten: Wer war der erste von eurem Volk? Sie wüssten nichts mit der Frage anzufangen. Aber kein Jude wäre jemals um die richtige Antwort verlegen: Natürlich, Abraham, das weiß schließlich jedes Kind! Und Abrahams Kinder? Das sind wir alle! Gäbe Israel seine Geschichte preis, hätte es sich selbst verloren.

Das Volk des Buches

Israel hat seine Geschichte in Buchform festgehalten. In der Hebräischen Bibel, dreigeteilt in Gesetzbücher, Propheten und Schriften. Sie setzt ein mit den fünf Büchern Moses (Genesis, Exodus, Leviticus, Numeri, Deuteronomium) und führt über die Lehrbücher und Psalmen zu den Schriften der zahlreichen Propheten, von denen an dieser Stelle nur einige genannt sein sollen: Jesaja, Jeremia, Daniel, Joel, Amos, Hosea und Micha. Ob Freigeist, rechtgläubig oder Atheist, für alle Juden ist die Bibel ein »heiliges« Buch, ein Vermächtnis ihrer Vorfahren, ein Teil ihrer Geschichte.

Wie ist das Bibelbuch entstanden? Vor 300 Jahren, in Amsterdam, als der Vater vom Beginn dieses Kapitels seinem Sohn die biblischen Geschichten erzählte, war das keine Frage. Jahwe selbst hatte seinem Volk die Tora am Sinai persönlich ausgehändigt, und zwar doppelt: als schriftliches Exemplar für alle Völker, als mündliche Tora für Israel allein. Seitdem begleitet die Tora Israel durch die Zeiten.

Heute sind wir etwas anderer Meinung. Archäologische Entdeckungen gewähren uns einen vertieften Einblick in die Frühgeschichte Israels. Funde von alltäglichen und religiösen Gebrauchsgegenständen, die Freilegung verschütteter Heiligtümer und Tempel, das Schreibmaterial alter Zeiten geben uns Aufschlüsse, wie die biblischen Schriften gewachsen sind: in einem lange währenden Prozess.

Zum selben Ergebnis kommt die moderne kritische Bibelforschung. Unterschiede im Stil und im Gebrauch des Vokabulars, widersprüchliche Aussagen in den Texten sowie der Vergleich mit außerbiblischen Quellen führen uns die Entstehung der Bibel deutlich vor Augen. Aus der Sicht der Wissenschaft ist die Hebräische Bibel, das Alte Testament im christlichen Glauben, ein großer historischer Roman mit vielen Verfassern, die zu unterschiedlichen Zeiten an den einzelnen Texten arbeiteten und sich dabei auf ältere Quellen und Überlieferungen stützten. Sie schrieben nicht als Historiker, sondern weil sie fragten: Was lehrt uns die Geschichte? Die Antwort war einfach. Israel ging es gut, solange das Volk und seine Könige Jahwe die Treue hielten.

Dass Gott persönlich dem Moses die Tora in die Hand drückte, ist eine fromme Erfindung, die erst im Lauf der Zeit entstand – nachdem die Juden heimatlos geworden waren, den Tempel verloren hatten und verstreut in den Ländern anderer Herren leben mussten. Da war die Bibel das einzige Unterpfand Gottes, das ihnen geblieben war. Die »Fünf Bücher Moses« sind ein nationales Epos. Wie Homers Dichtungen vom Kampf um Troja.

Ob es den Trojanischen Krieg jemals gegeben hat, darüber streiten die Gelehrten. Gewiss, historische Fakten stehen hinter Homers Dichtung, das bezweifelt niemand. Doch als Gesamtwerk ist das Epos dichterische Erfindung, mehr Dichtung als Wahrheit. Die Zeitgenossen allerdings nahmen die Worte Homers als bare Münze. Der gemeinsame Kampf um Troja, auch wenn er nie stattgefunden hatte, gab den griechischen Völkerschaften über alle Stammesgrenzen hinweg das Bewusstsein nationaler Zusammengehörigkeit.

Die Komposition der »Fünf Bücher Moses« fällt fast in die gleiche Epoche und erfüllte denselben Zweck. Im Auszug aus Ägypten, in Moses Gesetzgebung am Sinai, in der Eroberung Kanaans, erfanden die Juden ihr nationales Profil.

In seiner Frühzeit war das Judentum noch keine Buchreligion. Die Leute hielten sich an die Tempel und Opferhöhen, an die Priester. Niemand blätterte und las in der Bibel, denn die gab es noch nicht. Der jüdische Glaube war, wie alle Religionen jener Zeit, eine kultische Religion. Fruchtbarkeit des Viehs, des Bodens und der Menschen, Geburt und Tod, Gesundheit, Wohlstand, kriegerische Unternehmungen, Sühne für Totschlag und Mord, Vertragsschlüsse, alles begleiteten die Priester des Tempels mit Riten, Waschungen, Opfern und Gebeten. Sie verwalteten das Orakel, brachten die Bitten einer unfruchtbaren Frau vor Gott, sie bannten die Aussätzigen und Leprakranken. Ohne Priester und Tempel gab es keine Weisung, keine Frömmigkeit, keine Religion.

Erst nach dem Babylonischen Exil wurde Israel zum »Volk des Buches«. Über den Beginn dieses Prozesses finden wir einen sicheren Anhaltspunkt in der Bibel selbst. Aber dazu müssen wir uns noch einmal zurückversetzen in die Zeit des Exils. Esra, »der Schreiber«, trug damals zum ersten Mal öffentlich aus biblischen Schriften vor. In Babylon geboren, begegnet er uns als persischer Hochkommissar in Jerusalem. Sein Auftrag war, heimkehrwillige Juden zurück ins Gelobte Land zu begleiten. Der Schreiber führte Schriftrollen mit sich, in denen die »Tora der Weisung Moses« festgehalten war.

Im Jahr 458 (oder 398, die Daten sind strittig) vor unserer Zeit versammelten sich die Bewohner von Stadt und Land, Ortsansässige und Heimkehrer auf dem Tempelplatz und forderten den Hochkommissar zu einer öffentlichen Verlesung der »Tora Moses« auf. So brachte Esra »das Gesetz vor die Gemeinde, vor die

Männer und Frauen und alle, die es verstehen konnten«. Das war die Geburtsstunde des Judentums als Buchreligion. Neben die Priester trat der Schreiber, neben die Altäre das Buch. Ein dramatischer Wechsel im religiösen Selbstverständnis.

Immer schon waren Schreiberschulen dem Tempelbetrieb angegliedert gewesen. Schreiber hielten die Einkünfte der Priesterschaft fest, archivierten Verträge, fixierten das Ritual einzelner Festtage, sammelten jegliche Art von Schriftgut, führten Jahreschroniken. Doch dieses Schrifttum war nur für den internen

»Esra, der Schreiber«.

Gebrauch gedacht. Esra dagegen legte die Weisung, die Tora seines Gottes, in die Hände des Volkes. Er verlagerte die Religion aus dem Tempel hinaus in die Herzen der Menschen. Weder er, noch die Priester, noch die Volksversammlung (»Männer und Frauen«!) waren sich der Einmaligkeit, der Tragweite dieses Vorgangs bewusst. Aber dieser »erste Tag des siebten Monats« im Jahr 458 (bzw. 398) war zugleich der Geburtstag der beiden anderen »Buchreligionen«, des Christentums und des Islam.

Baruch de Spinoza nimmt die Bibel unter die Lupe

Baruch de Spinoza war ein Amsterdamer Jude, ein kritischer Philosoph des 17. Jahrhunderts, der sich als Glasschleifer durchs Leben schlug. Er wollte genauer wissen, was in der Bibel steht, vor allem reizte ihn Esras Schriftrolle. Auf welchem Weg war das Schriftstück ausgerechnet in die Hände des persischen Hochkommissars gelangt? Hatte Esra die Tora in einem verstaubten Archiv entdeckt? Spinoza war der erste, der diesen Fragen wissenschaftlich auf den Grund ging, und er kam zu dem Ergebnis, dass Esras Schriftrolle jene Texte umfasste, die heute als das »5. Buch Moses« in der Hebräischen Bibel enthalten sind.

Dieses »5. Buch« enthält eine lange, mehrfach neu anhebende Rede, die Moses am Ende der 40jährigen Wüstenwanderung, unmittelbar vor der Besetzung des Gelobten Landes durch die Zwölf Stämme, gehalten haben soll. Darin geht es hauptsächlich um rechtliche Bestimmungen und Weisungen, eingeschoben sind Erzählstücke, poetische Texte. Die Schrift schließt mit Segenssprüchen über Israel und dem einsamen Tod von Moses in den Bergen des Ostjordanlandes. Die Bibelwissenschaftler nennen diese Schrift das »Deuteronomium«, das Zweite Gesetz. Denn das »5. Buch Moses« gibt sich als Aktualisierung und Novellierung der Tora, jener Weisungen und Vorschriften, die Moses dem Gottesvolk am Sinai verkündet haben soll.

Wer aber schrieb das so genannte »Deuteronomium« nieder? Esra selbst, so vermutete Baruch de Spinoza, war der Autor dieses Werkes, aus dem er in Jerusalem der versammelten Gemeinde vorlas. Und Spinoza fährt fort: »Ich denke, als Esra sein Buch geschrieben hatte, nahm er sich vor, einen Abriss der ganzen hebräischen Geschichte zu liefern. Vom Beginn der Welt an bis zu der Zerstörung von Jerusalem. Und in dieses Gesamtwerk fügte er das Deuteronomium ein. Die ersten fünf Bücher nannte er nach Moses, denn sie berichten hauptsächlich aus dessen Leben.« Damit erklärte der Philosoph die »Heilige

Schrift« zu einem normalen Buch. Ein Buch wie jedes andere auch, mit einem Autor namens Esra.

Waren die »Heiligen Schriften« also ein Menschenwerk? Das fragten sich entsetzt die Zeitgenossen des niederländischen Philosophen. Friedrich Nietzsche, der in der zweiten Hälfte des 19. Jahrhunderts die provokante philosophische These »Gott ist tot!« aufstellte, sah in Spinoza den »abnormsten und einsamsten Denker« und rühmte dessen »verborgenes Heroentum«. Wir würden ihn heute, weniger pathetisch, als einen Querdenker bezeichnen. Spinoza jedenfalls eckte überall an.

Achtzehn Jahre zuvor hatte ihn die Amsterdamer Synagoge bereits wegen »abscheulicher Ketzereien und schwarzer Taten« ausgestoßen, was auch immer damit gemeint war. Jetzt, nach Jahrtausenden jüdischer Heils- und Leidensgeschichte, vergriff sich dieser Abweichler sogar an der »Tochter« des Höchsten, der Königin Israels, an der Tora des Moses! Esra stand bei den rabbinischen Gelehrten zwar auch in hohem Ansehen, denn hätte Gott seine Tora Moses nicht diktiert, wäre Esra bestimmt sein nächster Kandidat gewesen. Doch Spinozas ketzerische Ansicht, das »Heilige Buch« sei von einem Menschen erfunden und in die Welt gesetzt worden, war für die Synagoge eine abscheuliche, unüberbietbare Gotteslästerung!

Ganz so einfach machte es Baruch de Spinoza seinen Kritikern allerdings nicht. Es lag ihm fern zu behaupten, die Hebräische Bibel sei ein reines Fantasieprodukt. Dennoch trug er seitenweise Ungereimtheiten aus den Texten zusammen, stieß die Rabbiner mit der Nase auf widersprüchliche Aussagen in den biblischen Schriften. Bruchstellen, die Spinoza damit erklärte, Esra habe bei der Ausarbeitung auf altes Material verschiedener Herkunft zurückgegriffen. Vom Deuteronomium abgesehen, das der Schreiber selbst abgefasst habe, sei Esras Arbeit redaktioneller Natur gewesen, und diese sei mehr oder weniger glücklich ausgefallen. Mit solchen Bemerkungen goss Spinoza weiteres Öl ins Feuer. Der Philosoph suchte keinen Streit, wollte sich jedoch das Denken keinesfalls verbieten lassen.

»Ich behaupte, dass sich die Methode der Bibelwissenschaft in nichts von den Methoden der Naturwissenschaft unterscheidet. Im Gegenteil, sie stimmt völlig mit ihr überein. Die Methode der Naturwissenschaft besteht vor allem darin, eine Geschichte der Natur zu entwerfen, aus der man dann als gesicherte Daten die Definition der Naturgegenstände ableitet. Nicht anders ist es bei der Bibelwissenschaft. Es gilt eine getreue Geschichte der Bibelentstehung auszuarbeiten, um daraus die Botschaft der biblischen Autoren in richtiger Folgerung als gesicherte Daten und Prinzipien abzuleiten. ... Erst dann wird es uns möglich sein, dass wir uns daran begeben, die Botschaft der Propheten und des Heiligen Geistes zu erforschen.« Eine so betriebene wissenschaftliche Behandlung der Bibel nehme der Religion jedoch nicht ihre Würde, darauf besteht Spinoza ausdrücklich. Denn die wahre Religion habe Gott nicht auf Papier, sondern als Vernunftwahrheit uns ins Herz geschrieben. Mit diesem Argument versuchte Spinoza seinen Kritikern den Wind aus den Segeln zu nehmen. Doch es half nichts, den Zorn der Buchstabengläubigen konnte er damit nicht besänftigen.

Ohne Esra keine Bibel

Ich sehe beide Seiten. Die kritischen Bibelwissenschaften haben Spinoza glänzend bestätigt, postum wurden seine Überlegungen voll akzeptiert. Das wütende Entsetzen seiner jüdischen Mitbürger kann ich trotzdem nachvollziehen. Der Glaube an den göttlichen Ursprung der Tora ist der Kernpunkt des jüdischen Glaubens. Am Simchat Tora, dem Tag der Gesetzesfreude, der das Laubhüttenfest beschließt, küssen die Gottesdienstbesucher die heiligen Schriften, während die Gesetzesrollen im feierlichen Umzug durch die Synagoge getragen werden. Und die Rabbiner waren mitnichten verstockte Dunkelmänner. Ich sagte ja schon, der Schritt vom Tempel zum Buch, im Babylonischen Exil vollzogen, war ebenso bedeutsam wie das Aufbegehren Buddhas und das »Erkenne dich selbst« des Griechen Sokrates. Sie waren nahezu Zeitgenossen – Sokrates, Esra, Buddha – und jeder auf seine Weise umgetrieben von der Erkenntnis, an der Schwelle eines Umbruchs zu stehen. War das auch ihren übrigen Zeitgenossen bewusst? Wahrscheinlich nicht. Sokrates lebte isoliert in Athen, Buddha brach mit seiner Familie, und aus Esra sprach die Erfahrung der Galut, des Exils.

Mit ihrer Vertreibung ins Zweistromland, 586 vor unserer Zeit, hatten die Juden nicht nur die politische Selbstbestimmung, Land und Besitz verloren, sondern, was noch schwerer wog, den Tempel und mit ihm Jahwe, ihren Gott.

Religionsausübung ohne Kultritual, Opferfeuer und priesterliche Prozessionen schien undenkbar. Wie sollte man Gott preisen und ehren ohne Altar und Priester, wie Weisung finden ohne das Tempelorakel? Wie sollte das Volk von Sünden reingewaschen werden, wenn nicht das über sie ausgesprengte Opferblut die Missetaten sühnte? Wie konnte man Jahrestage und Feste begehen, ohne dass in den Tempelhallen Musik und Priesterchöre erschallten?

Der Psalm 137, in den 70er Jahren des vorigen Jahrhunderts modern umgesetzt, gibt der Trauer um den Verlust des Berges Zion, stellvertretend für den Verlust der ganzen Stadt Jerusalem, bewegend Ausdruck: »By the rivers of Babylon, where we sat down and there we cried, when we remembered Zion.« Wörtlich heißt es weiter im Text: »Dort forderten unsere Fänger Sangesworte von uns, unsre Folterer ein Freudenlied: Singt uns was vom Zionsgesang! Wie aber können wir Jahwes Lieder singen auf dem Boden der Fremde?« Für Israels Religion schien mit dem Exil das Ende gekommen, wie für das gesamte Volk. In dem halben Jahrtausend von David bis nach Babylon verlor Israel, so rechnen Bevölkerungswissenschaftler, drei Viertel seiner Menschen. Den größten Blutzoll hatte das Nordreich zu entrichten, dessen zehn Stämme auf immer aus der Geschichte verschwunden sind.

Möglicherweise gibt es aber doch einen Weg, der zu den Versprengten führt. Zu ihrer großen Überraschung stießen Archäologen im vorigen Jahrhundert auf eine heiße Spur. In Ägypten! Sie gruben im Gelände der Nilinsel Elephantine die Reste eines jüdischen Tempels aus. Recherchen an Ort und Stelle ergaben, dass die Juden von Elephantine neben Jahwe auch andere Götter verehrten, darunter seine Begleiterin Anat-Jahu. Elephantine war eine jüdische Söldnerkolonie. Der Sprache nach stammten die Soldaten aus Israels Nordreich. Eine ganze Papyrus-Bibliothek konnten die Wissenschaftler bergen, bezeichnenderweise ohne biblische Texte. Unter den Namen der Soldaten, Verwaltungsangestellten und Priestern fehlten gleichfalls die vertrauten biblischen: Abraham, Jakob, Josef, Samuel und David. Die jüdische Gemeinde in Elephantine war eine reine Tempel- und Kultreligion. Man kannte am Nil noch keine biblischen Schriften und besaß die Tora noch nicht. Es gab dort keinen Esra, der aus den Schriften vortrug und das Wort Gottes für die Nachwelt verwahrte. So bestätigt dieser archäologische Befund Spinozas Votum: ohne Esra keine Bibel.

Schreiber, Sammler, Redakteure

Ähnlich wie in unserer Zeit die Vereinigten Staaten zur Zuflucht und Heimat für viele Israelis wurden, übte in der Antike das Land am Nil eine magische Anziehungskraft auf die Juden aus. In der Zeit nach Esra, seit dem 5. und 4. Jahrhundert vor unserer Zeit, muss sich eine große Anzahl von Juden dauerhaft in Ägypten niedergelassen haben. Sie errichteten einen weiteren Tempel nördlich von Memphis sowie einen überdimensionalen, prächtigen Synagogenbau in

Alexandria, den man gut und gerne neben die berühmten »Sieben Weltwunder« stellen darf.

Halte ich mir das Beispiel Ägypten vor Augen, frage ich mich, warum die Entwicklung in Babylonien so ganz anders verlief. Dort kam es zu keinem Tempelneubau, und die Mehrzahl der Exilanten kehrte in der Zeit Esras wieder nach Jerusalem zurück.

Warum? Rein materiell gesehen erging es den Juden in Babylon gar nicht so übel. Ziel der babylonischen Herrscher war es jedenfalls nicht, Israel auszurotten. Sie deportierten überall in ihren eroberten Ländern deren Oberschichten und verpflanzten sie ins Zweistromland, integrierten sie in ihr Staatswesen. Die zwangsverschleppten Priester, Handwerker, Landeigner, Schreiber und die An-

Mosaik aus der Synagoge in Alexandria.

gehörigen der judäischen Königsfamilie mussten an den Flüssen Babylons keine Sklavenarbeit verrichten. Sie siedelten in geschlossenen Orten, durften dort Berufen nachgehen und sich selbst verwalten. Manche, Esra zum Beispiel, fanden als Regierungsbeamte Zugang zur höfischen Gesellschaft der Babylonier und später der Perser. Dennoch, die Hoffnung auf eine Rückkehr in die alte Heimat erstarb nicht. Israel vermisste die Gegenwart seines Gottes, den sie in der Fremde nicht kultisch verehren konnten.

In dieser Situation muss sich in den Gemeinden eine Frömmigkeitsbewegung gebildet haben, die ohne die traditionellen, an Kult und Tempel orientierten religiösen Handlungen auskam. Priester und Schreiber hatten vermutlich Unterlagen aus dem Jerusalemer Tempelarchiv mit nach Babylon nehmen können, darunter wohl auch Aufzeichnungen aus der ersten Prophetenzeit Israels. Diese Texte wurden nun wichtig, etwa die Worte des Propheten Micha: »Womit soll ich vor Gott treten, wie Ehre erweisen dem Höchsten? Es ist dir gesagt, Mensch, was gut ist! Nur das verlangt er von dir, Recht tun und da sein für andere, Gott entsprechen mit deinem Leben.« Die Kritik an einer rein kultisch orientierten Frömmigkeit war immer schon Bestandteil der prophetischen Botschaft gewesen. Schon vor der großen Katastrophe hatte Jeremia im Namen Jahwes verkündet:

»Gebt nichts auf das Lügengewäsch: Wir haben den Tempel, den Tempel! Der Tempel unseres Gottes ist hier! Nur wenn ihr euer Tun und Verhalten von Grund auf, ganz und gar ändert, Fremde, Witwen und Waisen nicht beschwert, – nur dann will ich bei euch bleiben! – Doch ihr nehmt die Leute aus, zerstört Ehen, beschwört eure Lügen, hängt Göttern an, mit denen ihr nichts zu schaffen habt, und kommt dann, tretet vor mich in dem Haus, das meinen Namen trägt, und sagt noch: Hier sind wir sicher! Wohl um weiter eure Verbrechen zu tun? Haltet ihr mein Haus vielleicht für eine Räuberhöhle?«

In der Fremde las man das mit neuen Augen ebenso wie die Worte von Hosea, einem Propheten des Nordreichs: »Ich setze dir zu durch meine Propheten, bringe dich um durch mein Wort, meinem Recht will ich Klarheit verschaffen. Denn das suche ich bei dir, Israel: Dasein für andere, keine Opferfeste, Gotteserkenntnis, nicht Brand und Rauch!« Die Propheten waren Leute, die den Mund aufmachten, so könnte man die hebräische Bezeichnung »Nebiim« auch übersetzen. Der Hintergrund ihrer Botschaft war der Solidarpakt zwischen Gott Jahwe und Israel. Tausendfach hatten ihn die Regierenden, Priester und Großgrundbesitzer gebrochen, die neben Jahwe noch andere Gottheiten verehrten und die Solidarität den »Fremden, Witwen und Waisen«

gegenüber vernachlässigten. Erst spät erreichte die Prophetenbotschaft also ihre Adressaten, die oberen Zehntausend. Im Exil, das ihnen die Propheten angedroht hatten, zu einer Zeit, in der sie auf deren Weisung angewiesen waren.

Hosea sprach schon 200 Jahre zuvor Jahwes Worte: »Als Israel jung war, gewann ich es lieb: – Doch je mehr ich's rief, um so mehr wandte sich Israel ab. Sie opferten fremden Baals-Göttern und brachten geschnitzten Bildern Weihrauch dar, dabei war ich es doch, der sie das Gehen lehrte, ich war es doch, der Israel in den Armen trug. – Darum müssen sie zurück nach Ägypten und Assur wird ihr König sein. Sie weigern sich umzukehren, darum wird das Schwert in ihren Städten wüten, ihre Herrensitze fressen.« Ebenso prophetisch Amos: »Wehe den Unbeschwerten da oben, der Spitzenklasse unter den Völkern: – die an kommendes Unheil nicht glauben und Gewaltherrschaft heraufbeschwören, die sich auf Elfenbeinliegen räkeln, auf Polstern sich strecken, nur das leckerste Fleisch verspeisen, vom Feinsten und Besten essen, die grölen zum Klang von Musik, sich mit Instrumenten umgeben wie David, Wein aus Kannen in sich schütten, ihre Haut mit den teuersten Ölen pflegen: – sie werden als erste verbannt, und vorbei ist es mit den Räkelgelagen!« Und schließlich Jesaja: »Mein Volk, deine Führer sind Verführer, um dein Leben betrügen sie dich. – Er aber wird sie zur Rechenschaft ziehen, die hohen Herren, die oben in seinem Volk: Ihr! Mein Volk habt ihr kahl gefressen, eure Häuser stecken voll Armenraub. Was fällt euch ein, mein Volk zu schinden, ins Gesicht die Unterdrückten zu schlagen!«

Wir haben nicht die geringste Ahnung, wer die Prophetenworte ursprünglich sammelte, weitergab, aufschrieb, oder wie sie ihren Weg nach Babylonien fanden. Wie auch immer, sie öffneten den Vertriebenen die Augen.

»Ki chateu bene Yisrael«, weil Israel sündigte, darum hatte sie das Unheil ereilt! Trotz der rauchenden, wohl versorgten Altäre, trotz aller Sühneopfer, trotz des funktionierenden Kultbetriebs. »Ki chateu bene Yisrael«, weil Israel sündigte, darum hatten Jerusalems Mauern nicht standgehalten. »Ki chateu bene Yisrael«, weil Israel sündigte, darum hatte Jahwe sein Heiligtum aufgegeben. Dafür büßten sie jetzt, die Israeliten. Sie saßen an den Flüssen Babylons und weinten.

Es war wohl ein Akt der Umkehr, alles, was an Überlieferungen aus Jerusalem ins rettende Exil gelangte, zu sammeln, zu sichten und fortzuführen. Und das taten die Schreiber, Leute wie Esra. Sie aktualisierten das alte Material, indem sie Neues hinzufügten, die Texte erweiterten und kommentierten. Immer mit dem Gedanken: Was lehrt uns die Geschichte?

So sind die Schriften der Bibel zu uns gekommen. Nicht in ihrem ursprünglichen Zustand, da behielt Spinoza Recht, sondern von vielen Händen immerzu aufs Neue überarbeitet. Vor dem Exil lebte Israel ohne die Heilige Schrift. Der Kern der Hebräischen Bibel stammt erst aus Babylon. Esra jedoch, und hier irrte der Philosoph aus Amsterdam, scheidet als alleiniger Verfasser und Bearbeiter aus. Wir haben es mit einer Vielzahl von Autoren, Sammlern und Redakteuren zu tun, und die haben zu verschiedenen Zeiten teils abhängig, teils unabhängig voneinander gearbeitet. Sie haben uns die Geschichten von Abraham und Sarah erhalten, wieder andere fügten die Erzählungen von Jakob und seinen Söhnen aus der Überlieferung hinzu. Die Geschichte von Josef und seinen Brüdern ist dagegen eine Novelle, wahrscheinlich von einem einzigen Verfasser. Das Werk eines Literaten also, kein Wunder, dass sich Thomas Mann in die Geschichte verliebte und selbst einen Roman darüber schrieb!

Wie haben wir uns die Arbeit der Archivare, Sammler, Erzähler und Redakteure vorzustellen? Waren sie organisiert? Das ist anzunehmen, lässt sich aber nirgends festmachen. Einige Hinweise liefert das Psalmenbuch der Bibel. Es umfasst 150 Lieder und Hymnen für den Tempelgebrauch und enthält zum Teil archaisches, dann wieder viel jüngeres Überlieferungsgut. Die Zuweisung einer so beträchtlichen Zahl von Dichtungen an David entspringt jedoch dem Wunschdenken der Redakteure, ebenso wie Psalm 90, den sie ihren Lesern als das Gebet des Moses vorstellen. Der 90. Psalm ist ein Menschheitsdokument, das die tiefe Spiritualität jüdischer Religion bezeugt. Mir ist er einer der liebsten, und ich kann gut nachvollziehen, dass man gerade dieses Preislied Moses in den Mund legte, auf den man in späteren Zeiten die ganze biblische Tora zurückführte. Den historischen Tatsachen entspricht das aber nicht. Das Psalmenbuch setzt eine gezielte Redaktion voraus: schreiben, sammeln und sichten. Ähnlich wird man sich auch das Zustandekommen der übrigen Texte vorstellen müssen.

Ich wundere mich, wie aus so viel Kleinarbeit ein so großer Wurf hervorgehen konnte. Als Ganzes gesehen ist die Hebräische Bibel ein dramatisches Werk, das durch Genialität besticht. Irgendwann ist aus vielen Teilen, Entwürfen und Überlieferungen ganz unterschiedlicher zeitlicher Herkunft das grandiose Monument entstanden, das wir heute die Bibel nennen. Ein schier unglaublicher Vorgang. Kein Wunder, dass spätere Generationen glaubten, die Bibel sei stracks vom Himmel gefallen und von Gottes Geist den Schreibern Wort für Wort in die Feder diktiert worden.

An historische Prinzipien und zeitliche Einordnungen haben die Schreiber, Sammler, Redakteure bei ihrer bewundernswerten Arbeit nicht gedacht. Die

Bibel beginnt mit einem Paukenschlag, mit der Erschaffung von Himmel und Erde! Dieser Text ist mit Sicherheit erst im Babylonischen Exil entstanden und gehört zeitlich gesehen zu den jüngeren Schriftwerken der Bibel. Aber die Schöpfungsgeschichte war dem Judentum so wichtig, dass es sie am Anfang seiner Familienchronik sehen wollte: Die Welt war für Israel, das Gottesvolk, geschaffen worden!

Moses wird wiederentdeckt

Im babylonischen Fremdland suchte Israel nach seinen Wurzeln, um sich durch seine Biografie vom Völkergemisch des Zweistromlands abzugrenzen. Dabei wählte es Moses als Leitfigur. Vor dem Exil spielte dieser in Israels Religion keine tragende Rolle. Die lange prophetische Tradition kannte ihn offenbar gar nicht, jedenfalls erwähnt ihn keiner der Propheten. Moses gab es noch nicht, wenigstens nicht so, wie er in der späteren jüdischen Überlieferung immer wieder auftritt. Auch in den Papyrus-Texten von Elephantine suchen wir vergeblich nach einer Lebensspur von ihm. Erst die Schreiber in Babylon erkoren ihn zur zentralen Figur ihrer Religion. Auf ihn führten sie alle rechtlichen Bestimmungen zurück, die das Leben Israels vor Jahwe ordnen sollten. Einmal in den Mittelpunkt der Geschichte gestellt, wuchs Moses zur alles überragenden Vaterfigur. Josephus, der jüdische Historiker, machte ihn schließlich zum kulturellen Leitbild der gesamten Mittelmeerwelt: »Er erfand die Schiffe, Maschinen, um Steine zu transportieren, die ägyptischen Waffen, Bewässerungsanlagen, Kriegsgeräte und die Philosophie.« Fiktionen, über die heutzutage selbst strenggläubige Juden nur lächeln können.

Ähnlich war es bei Buddha, ähnlich ist es auch bei Jesus und Muhammad. Überall, bis hinein in unser persönliches Leben ist es so. Verstorbene, die uns lieb waren, verklären sich in der Erinnerung, wir verinnerlichen sie, und damit werden sie uns zur seelischen Kraftquelle. Das ist auch mit Moses geschehen. Ihn, den bis dahin fast Namenlosen, umgibt seit dem Babylonischen Exil ein Kranz von Sagen und Legenden, die es uns heute erschweren, dahinter eine historische Gestalt zu entdecken.

Doch die gab es. Den »Auszug aus Ägypten« haben zwar keine Kameras festgehalten, aber er passt in den Gang der ägyptischen Geschichte. Es besteht kein Grund, an seiner Faktizität zu zweifeln. Nur seine gewaltigen Dimensionen in der Hebräischen Bibel waren ein Produkt der Bibelredakteure.

Nicht ganz Israel, nicht die Zwölf-Stämme-Gemeinschaft, hat dem Pharao dienstbar sein müssen. Aber eine nicht unbeträchtliche Zahl von semitischen Nomaden wurde zu Baumaßnahmen des Pharao herangezogen. Wer war dieser Pharao? Der große Ramses II.? Oder dessen Nachfolger Merentaph? Ein Mann mit Namen Moses organisierte jedenfalls den Widerstand der Bauarbeiter und führte sie mit ihren Familien in einer Nacht- und Nebelaktion an den Grenzbefestigungen vorbei in die Freiheit hinaus. Solche Ausbruchsversuche mag es vielfach gegeben haben. Zu unbedeutend allerdings, als dass ägyptische Chronisten sie auch nur der Erwähnung für wert gehalten hätten. Den Entronnenen jedoch wurde der Exodus zum Schlüsselerlebnis. Im Bergland Palästinas traf die kleine Schar unter Moses Führung auf israelische Stammesgenossen und wurde wie diese sesshaft. So ungefähr sehen es Historiker heute.

Ihre Nachkommen wird man unter den Stämmen des Nordreichs vermuten dürfen. Zum Beispiel im Stamm Josef, der ebenfalls zu den verschollenen Stämmen des Nordens gehört. Haben die Rückkehrer aus Babylon noch Überlebende des Stammes angetroffen? Haben diese möglicherweise den Jerusalemer Schreibern ihre Moses-Tradition weitergegeben? Möglich ist es. Vielleicht war darunter schon die Geschichte von der Rettung des Kindes im Schilfkörbchen, Moses Begegnung mit dem Engel im brennenden Dornbusch, Erzählungen von der Wüstenwanderung zum Wallfahrtsort auf dem Sinai, wo Moses seinen Leuten Jahwes Rechtssatzungen verkündete. Gab es im Josef-Stamm schon die Überlieferung, die von seinem einsamen Tod in den Bergen jenseits des Jordans wusste? Auf solchen Wegen könnte Moses zu Esra gekommen sein, doch das ist meine persönliche Mutmaßung, mehr nicht.

Die Weisungen der Tora

Genau 613 Gebote beziehungsweise Verbote sind es, die das jüdische Leben bestimmen. Das Rabbinat hat sie in mühseliger Kleinarbeit aus den »Büchern Moses« herausgefiltert. Kein Mensch vermöchte sie allesamt einzuhalten. Die Vorschriften regulieren den Alltag der orthodoxen Juden bis ins winzige Detail. In den *Jüdischen Witzen*, die Salcia Landmann gesammelt hat, seufzt Joel: »Ein Glück, dass Moses eine schwere Zunge hatte: er hätte sonst noch wer weiß wie viele Gebote dazuerfunden!« In Jerusalem existiert eigens ein »Institut für Wissenschaft und Halacha«, für Religionsvorschriften, das Handys, Klimaanlagen und automatische Türen entwickelt, die auch ein gläubiger Jude am Sabbat benutzen darf. Denn eins der rabbinischen Sabbatgebote untersagt die Verwendung von Feuer am Ruhetag. Und in jedem elektronisch gesteuerten Gebrauchsgegenstand fließt nun mal Spannung, also »Feuer« – da lässt man es besser, am Sabbat im Internet zu surfen.

Es war aber nicht Moses, wie Joel meint, der die 613 Gebote seinem Volk auferlegte. Schriftgelehrte haben sie im und nach dem Exil formuliert. Was sich davon auf Moses persönlich zurückführen lässt, ist seit Spinozas Tagen eine offene Frage geblieben. Allenfalls eine Hand voll Gebote steht mit Moses selbst im Zusammenhang, sogar die klassischen »Zehn Gebote« in ihrer heutigen Form sind eine Schöpfung von jüngeren Schriftgelehrten.

Zwei dieser späteren Weisungen bekamen in Babylon eine exemplarische Bedeutung: die Sabbatvorschrift und das Gebot der Beschneidung. Sie begegnen uns beide schon im ältesten Israel, waren aber noch nicht eindeutig festgeschrieben. Jetzt, im Exil, grenzten Sabbat und Beschneidung die Juden von den Völkern des Zweistromlands ab. Sie wurden zum Ausweis ihrer nationalen Zugehörigkeit zum Gottesvolk.

Anders als in Ägypten, Phönizien und Syrien war in Mesopotamien die Beschneidung unbekannt. Dabei ist sie ein Brauch, der weltweit anzutreffen ist. Selbst an Moorleichen der Stein- und Bronzezeit fand man Spuren der Beschneidung, an männlichen wie an weiblichen Leichen. In Israel war sie ausschließlich auf das männliche Geschlecht beschränkt und wurde nun auf Moses als höchste Gesetzesautorität zurückgeführt. Die Legende will sogar wissen, er sei bereits beschnitten zur Welt gekommen, ein Beleg für den absoluten Stellenwert, den man dem Ritual beimaß.

Beschneidung ist Verwandlung, sie macht Naturmenschen zu Kulturwesen. So gehört sie zu den endlosen Versuchen der Religionen, den Menschen »passend« zu machen, was er von Natur aus nicht ist. Eroberer versuchten immer wieder, den Juden das Ritual zu untersagen. Regelmäßig sind sie damit gescheitert. Gesetzestreue Juden nahmen lieber den Tod auf sich, als ihre jüdische Identität zu verlieren.

Diese verbürgt auch das Sabbatgebot, das den siebten Tag jeder Woche zum Tag der Begegnung mit Jahwe macht. Das Gebot scheint jüdischen Ursprungs zu sein, jedenfalls fanden Völkerkundler in der nichtjüdischen Umwelt Israels bisher kein vergleichbares Gesetz. Abermals sehe ich darin den Versuch, eine Passform für den Menschen zu finden, indem die Religion die Naturzeit in Kulturzeit überführt. Und das geschieht nirgends so strikt wie in Israel. Auch für ihren Sabbat waren Juden bereit, in den Tod zu gehen. Die Rabbiner lehrten sogar, wenn ganz Israel nur einmal den Sabbattag gänzlich heiligen würde, hätte es die Erlösung gewonnen.

Wie aber wäre das möglich? Es müsste schon mit Wundern zugehen. Sind doch die Ausführungsbestimmungen so vielfältig und derart komplex, dass es wohl noch keinen Juden gegeben hat, der jemals auch nur einen einzigen Sabbat vollständig gehalten hätte. Und mehr noch: Die Gesetzeslehrer gaben dem Ruhetagsgebot im Lauf der Zeit völlig neue Dimensionen. Jedes siebte Jahr erklärten sie zum Sabbatjahr und das siebenmal siebte zum »Jobeljahr«. Im Jobeljahr sollten alle Schulden abgetan, alle Sklaven freigesetzt werden, das Land wäre zu gleichen Teilen wieder neu aufgeteilt worden. Selbst die Natur, Feld und Acker, Haus- und Wildgetier sollten der Ruhe Jahwes teilhaftig werden – eine Sozialutopie, die den endzeitlichen Frieden zum Programm erhob.

»Sieben Sabbatjahre zähle, sieben Jahre siebenmal. – Dann blase das Horn im Land, sondere dieses Jahr aus, das Fünfzigerjahr für dich: Ein Freiheitsjahr ist es, melde das allen Bewohnern! Teilt das Land wieder auf, gleich, wie es früher war, zurück an seinen Teil komme jeder in diesem Jahr, jeder in seiner Familie. – Ihr sollt nicht säen, und was von selbst wächst, nicht ernten, noch Trauben schneiden von unbeschnittenen Reben. – Nicht werde Land verkauft auf Dauer und ewig, denn das Land gehört mir, Fremde, meine Pächter seid ihr darauf, – spricht Jahwe, dein Gott.«

Natur überführt in Kultur: In dieser programmatischen Losung trifft sich die Sabbatgesetzgebung mit dem Sechstagewerk. Hegels Religionsphilosophie liest sich wie ein Kommentar dazu: »Damit treten wir aus dem Kreis der Naturreligionen heraus. Die helle Sonne des Geistes lässt das natürliche Licht erbleichen.« Israels Frömmigkeit, die eine Buchreligion schuf, überwindet in der Tat die naturnahen Religionen seiner Umwelt. Die Verarbeitung der Exilserfahrung mündet in einen geistigen Umbruch. »Die Bibel wurde zur Fibel, die Gemeinde eine Schule, die Religion eine Sache des Lehrens und Lernens. Frömmigkeit und Bildung gehörten zusammen; wer nicht lesen konnte, war kein vollkommener Jude.« Auf diesen Nenner brachte ein Orientalist das Ergebnis der jüdischen Kulturrevolution.

Jahwes Thronbesteigung

Das Hegel-Zitat ist begründet. Denn im Babylonischen Exil tritt Jahwe erstmalig in der Religionsgeschichte Israels als allumfassender Gott auf. Lange schon wehrten die Propheten jegliche Form von Religionsvermischung ab. Jahwe war der einzige, der auf Israels Verehrung Anspruch hatte. Dass neben diesem auch viele andere Götter und Gottheiten existierten, bestritten sie nicht. Zuständig für Israel war allein Gott Jahwe. Doch an den Flüssen Babylons erhob sich ein neuer Prophet, der Jahwe als Weltenherrscher ausgab:

»Der den Himmel erschafft, er allein ist der Gott! Der die Erde bildet und macht, er allein erhält sie! Nicht zur Öde hat er sie erschaffen, zum Wohnen hat er sie gebildet. Und er spricht: Ich bin da und keiner sonst! Neben mir ist kein anderer Gott, der wahrhaftig ist und ein Befreier!«

Zurück nach Jerusalem.

Wir kennen den Namen dieses neuen Propheten nicht. Seine Botschaft aber schließt an Jesaja an, »Deuterojesaja« nennt ihn darum die Bibelwissenschaft, Zweiter Jesaja. Aus Jahwe, bisher ein Nationalgott, wird der Universalgott. »Ich bin da und keiner sonst!« Wie viel Mut, besser, wie viel Realitätsverleugnung brauchte es, um so hoch zu greifen. Rundum in den zahllosen Tempeln der babylonischen Metropole rauchten doch die Altäre zu anderen Himmelsbewohnern empor. Lämmer, Rinder wurden an die Altäre der Göttinnen und Götter getrieben, ein wahres Heer von Tempelbediensteten brauchte man, um sie zu versorgen. Aber Deuterojesaja tut Babylons Gottheiten mit einem Schulterzucken ab: »Nichts seid ihr, Tunichtgute, Luft und Leere sind eure Bilder, verächtlich ist jeder, der euch erwählt!«

Noch leben Israel und sein Gott in der Vertreibung, ohne Heimat. Doch nicht mehr lange, denn Jahwes Tag kommt, Berge und Hügel müssen sich ducken, um ihm den Weg freizugeben. Quer durch die Wüste wird er den Seinen vorangehen. Zurück nach Jerusalem. Gottes Volk hat genug gebüßt, so verkündet es Deuterojesaja.

Die Wende kommt, ist schon in greifbare Nähe gerückt. Die Völker der Erde strömen herbei, scharen sich um Jahwes Knecht, Israel, und werden jetzt bekennen müssen und sagen: »Fürwahr, er trug unsere Krankheit und lud auf sich unsere Schmerzen. Wir aber hielten ihn für den, der von Gott geplagt und gemartert wäre. Aber er ist um unserer Missetat willen verwundet und um unserer Sünde willen zerschlagen. Die Strafe liegt auf ihm, auf dass wir Frieden hätten, und durch seine Wunden wurde uns Heil.« Aus dem Leid der Juden wird das Leid der Auserwählten, die dies stellvertretend für die Welt tragen. Israel ist nicht verworfen. Gott hat es unter die Völker geworfen, auf dass es zum Licht der Völker werde. Die Umkehrung aller Verhältnisse, das ist die Botschaft des neuen Propheten an den Flüssen Babylons. Israels Exil wird zum Segen der Menschheit.

»Macht euch die Erde untertan«

Das jüdische Weltverständnis hat die gesamte Weltkultur geprägt. Ich schlage die Bibel auf, beginne mit der ersten Zeile und lese auf Hebräisch von rechts nach links: »Bereschit bara elohim«, am Anfang schuf Gott den Himmel und die Erde! Ähnlich heißt es in einem Lied, das meine Schülerinnen und Schüler gerne sangen: »Laudato si, o mi signore, laudato si« und weiter auf Deutsch:

»Sei gepriesen, du hast die Welt erschaffen, sei gepriesen für Sonne, Mond und Sterne, sei gepriesen für Meer und Kontinente, sei gepriesen, denn du bist wunderbar.« Diese Worte stammen aus dem »Sonnengesang« des Franz von Assisi im Jahr 1225.

Das erste Kapitel der Bibel erzählt die Entstehung von Himmel und Erde bis zur Erschaffung der Menschheit in einem beinahe evolutionär anmutenden Sechstagewerk. Danach beginnt der Schöpfungssabbat: »Gott vollendete am siebten Tag sein Werk, das er verrichtet hatte, und ruhte am siebten Tag von all seinem Werk, das er vollbracht hatte. Und Gott segnete den siebten Tag und heiligte ihn. Denn an ihm hat er von all seinem Werke geruht, das Gott wirkend schuf. Dies ist der Werdegang des Himmels und der Erde, als sie geschaffen wurden.«

Diese Schöpfungsgeschichte ist einmalig und unwiederholbar. Als Gegenstück steht mir die indische Weltzeitenlehre vor Augen. Die Jaina-Mathematiker rechneten mit aufeinander folgenden Weltperioden von jeweils 311 040 000 000 000 Jahren, unvorstellbare Zeiträume, die nicht einmal Astrophysiker erreichen. Der spätere Buddhismus operierte mit ähnlichen Zahlenwelten. Faszinierende Zahlengebirge, die der Philosoph Immanuel Kant als »schauderhaft« empfand. Sicher kein gerechtes Urteil. Um mit derartigen Zahlen überhaupt rechnen zu können, schufen die Inder immerhin unser heutiges Stellenwertsystem. Es erreichte Europa durch die Vermittlung muslimischer Mathematiker: Mathematische Operationen wurden damit zum Kinderspiel, ein wahrhaft revolutionärer Umbruch!

Wie klein und einfach nimmt sich dagegen das Sechstagewerk der Bibel aus! Die sprachlich vorgegebene Obergrenze für Zahlenwerte liegt in der Hebräischen Bibel bei 100 000, das ist auch in zeitgleichen Texten der Griechen nicht viel anders. Französische Mathematiker erfinden erst im 17. Jahrhundert die »Million«, und seit dem 19. Jahrhundert kommt in Deutschland das Wort »Milliarde« in Gebrauch. Seit endlosen Zeiten rechnen die Inder jedoch schon mit Zahlenwerten, die Trillionen und Abertrillionen umfassen. Die Welt ist überwältigend, das ist die Botschaft indischer Zahlenphilosophie. Erinnern wir uns, dass Buddha sagte: »Wenig ist das Wasser der vier Weltmeere im Vergleich zu den Tränen, die ihr während eurer Weltenwanderung vergossen habt.« Ohne äußerste Anstrengung kann es nicht gelingen, dem äonenschweren Samsara zu entkommen.

Die Schilderung des Schöpfungsprozesses in der Hebräischen Bibel zeichnet eine vergleichsweise winzige, aber überschaubare Welt. Sie ist in sechs Tagen aus dem Nichts entstanden. Eine Welt, eingerichtet zum praktischen Gebrauch nach menschlichen Maßen.

Sie entstand genau vor 5750 Jahren. Das errechnete das Rabbinat beim Wechsel in unser 3. Jahrtausend. Indische, buddhistische, chinesische Kalender kennen keinen Startpunkt der historischen Jahreszahlen. Dort ist die Zeit im ewigen Fluss, ohne Anfang und ohne Ende. Erst sehr viel später übernahm die östliche Welt das Schema der westlichen Zeitrechung. Diese ist ins jüdische Zeitverständnis eingebettet, das sich in dem Sechstagewerk niederschlägt. Kein Kreislauf der Geburten tut sich auf. Die Schöpfung ist Gnade, Gottes Wohltat. Denn es war »alles sehr gut«, wie es am Ende des Schöpfungskapitels heißt.

In der gut erschaffenen Welt muss der Mensch sein Heil finden. Die Menschheitsgeschichte ist eine Heilsgeschichte. Und Jahwes Geschichte mit Israel beginnt bei Abraham, dem Urwanderer. Auch wenn Israel den Solidarpakt mit Gott bricht, dieser kündet seine Solidarität mit Israel niemals auf. Nicht auf immer und ewig! Sein Volk bleibt auserwählt, trotz aller Strafgerichte. »In dir sollen gesegnet werden alle Völker der Erde«, verheißt Jahwe dem Abraham.

»Alle Völker«: ein Hinweis auf die Universalgeschichte, die im Sechstagewerk ihren Anfang nahm. Bei ihrer Erschaffung gibt Gott der Menschheit mit auf den Weg: »Macht euch die Erde untertan.« Eine absurde Vorstellung für einen Buddhisten oder einen Anhänger des Taoismus. Wer würde sich die unmäßige Welt schon untertan machen, ihre unmessbaren Zeitkreisläufe steuern wollen? Für sie ist die Welt, was der Fall ist. Sie kann nicht anders sein, unverrückbar, ein ewiges Auf-der-Stelle-Treten.

Anders, extrem anders sieht das die Hebräische Bibel. Sie erzählt im Anschluss an die Schöpfung, wie Adam und Eva die Welt ins Chaos stürzen. Die Menschen mit ihrer Freiheit zum Guten wie zum Bösen können in das Weltgeschehen eingreifen. Damit wird die menschliche Spezies zum Mittelpunkt aller Dinge. Die jüdische Welterfahrung, so wie sie die ersten Kapitel der Bibel widerspiegeln, ist in der abendländischen Geschichte zur programmatischen Weltperspektive geworden. Ihr Auftrag ist, die Welt für den Menschen passend zu machen, damit dieser sich entfalten kann. Entwicklungsgeschichtliches Denken wurde zur westlichen Leitidee, die im Fortschrittsglauben der europäischen Aufklärung ihren endgültigen Durchbruch fand.

Christentum: Eine Vision

In diesem Kapitel möchte ich nicht nur das Christentum, sondern auch das nachbiblische Judentum vorstellen. Denn beide sind Zwillingsreligionen, und ohne die gegenseitige Herausforderung wäre ihre Entwicklung völlig anders verlaufen.

Ausgangspunkt beider Glaubensrichtungen ist eine Verlusterfahrung: Die junge Jesusbewegung verlor ihren Führer, die Juden wurden ein zweites Mal ihres Tempels beraubt. Beides geschah im selben Land, im selben Jahrhundert. Und jedes Mal war es die Politik der römischen Besatzungsmacht, auf deren Konto die tragischen Ereignisse gingen.

Das Judentum der Synagoge

Christentum und Judentum reagierten ganz unterschiedlich auf die traumatischen Verluste. Die Jesusbewegung verstand sich fortan als Geistreligion: »Der Beistand, der Heilige Geist, der wird euch an alles erinnern, was ich euch gesagt hatte«, so gibt das Johannes-Evangelium die Worte von Jesus Christus, dem Auferstandenen, wieder. Das nachbiblische Judentum definierte sich über Tora und Talmud, als »Volk des Buches« bezeichneten sich die Juden nun selbst. Es ist eine Religion ohne aufrauchende Altäre und ohne Opfergaben, eine Religion ohne Priester. An deren Stelle treten die Rabbiner, gelehrte Männer, die sich dem Studium der heiligen Überlieferungen widmen. Israels mündliche Tora, die gesammelten Lehren der Rabbiner, werden später in dem umfangreichen Schriftwerk des Talmud festgehalten. Der Name »Talmud« stammt von dem hebräischen Wort »lamed« ab und bedeutet Studieren, Lernen und Lehren. Die Synagoge, in der sich die jüdische Gemeinde zum Gottesdienst versammelt, ist eigentlich kein kultisches Gebäude, sondern ein Lehr- und Lernhaus.

Freilich, die Rabbiner wissen, dass ihr Buchdienst nur einen unvollkommenen Ersatz für den erloschenen priesterlichen Opferdienst darstellt. Darum hoffen sie unentwegt weiter auf einen neuen, den »Dritten Tempel«, errichtet an der Stelle, wo sich heute neben der Al-Aqsa-Moschee die goldene Kuppel des Felsendoms erhebt. Im Himmel sei der messianische Tempel bereits baufertig geplant, erzählt der Talmud, er warte nur auf die Zurüstung der Gläubigen. So nimmt es nicht wunder, wenn in der arabischen Welt immer wieder Gerüchte auftauchen, die Israelis planten ein Attentat auf die Moscheen des Tempelbergs, um über den Trümmern des Felsendoms den jüdischen »Dritten Tempel« zu errichten. Tatsächlich sind jüdische Splittergruppen bereits dabei, junge Männer für den künftigen Altardienst auszubilden. Wie einst in der Antike sollen gesalbte Priester heute wieder das Volk entsühnen. Gemäß der Tora: »Nehmt einen Ziegenbock zum Sündopfer und ein Kalb und ein Schaf, beide einjährig und fehllos, zum Brandopfer, ferner ein Rind und einen Widder

Die Synagoge, ein Lehr- und Lernhaus.

zum Heilsopfer, um sie vor Jahwe zu schlachten, sodann ein Speisopfer, mit Öl eingerührt, denn heute wird euch Jahwe erscheinen.« Die dem neuen Tempel ergebenen Kreise fordern überdies, die priesterliche Orakelpraxis zu reaktivieren, strittige Rechtsfragen zurück in die Hände des Hohen Priesters zu legen und so weiter – alles genau wie in jenen Tagen, als das zerstörte Heiligtum auf dem Zionsberg noch in voller Funktion war.

Gott erwarte, dass ihm die Seinen wieder ein Haus zur Verfügung stellten, und dazu müsse man jetzt schon alle Vorbereitungen treffen, rechtfertigen die jüdischen Tempel-Fundamentalisten ihre Aktivitäten.

Die Mehrzahl der Tora-Gelehrten steht solchen Aktivitäten ablehnend gegenüber. Ja, sie warnen die übereifrigen Gläubigen: Der Versuch, den jüdischen Tempel an seinem angestammten Platz gewaltsam wieder aufzuführen, werde die Welt ins Chaos stürzen! Die Rabbiner haben Recht, die Fundamentalisten spielen mit dem Feuer. Wer die Moscheen des Tempelbergs angreift, mit Worten oder Taten, beschwört einen weltweiten Heiligen Krieg mit dem Islam herauf, mit einer Milliarde von Muslimen.

Solche innerjüdischen Diskussionen machen mir eindringlich klar, wie schwer der Verlust des Heiligtums noch heute, im 3. Jahrtausend, für die Juden wiegt. Dabei sind inzwischen fast 2000 Jahre vergangen, seit Jerusalem mit seinem Tempel in Schutt und Asche sank. Das war im Jahr 70 unserer Zeit, am 9. Tag des Monats Av, und geschah auf Befehl des römischen Feldherrn Titus. Mit seinem Zerstörungswerk wollte Titus Israels Lebensnerv treffen.

Wie anders, wie glänzend hatte das antike Judentum Jahrzehnte vor dem jüdisch-römischen Krieg dagestanden! Es empfahl sich den Bürgern des Römischen Weltreichs als Alternativreligion. Die Römer, berichtet ein Chronist, verehrten 30000 Gottheiten und begingen 157 religiöse Festtage im Jahr. Davon hob sich die jüdische Frömmigkeit entschieden ab. Denn sie lehrte den konsequenten Ein-Gott-Glauben und orientierte sich an den Zehn Geboten.

Das imponierte vielen Nicht-Juden. Besonders denen, die mit der aufgeklärten Philosophie der griechisch-römischen Stoa in Berührung gekommen waren. Die Stoiker hatten sich von der antiken Götterwelt verabschiedet und sahen das Weltganze als Einheit, die vom Gesetz der sittlichen Vernunft durchwaltet wurde. Unter allen Religionen schien vor allem die jüdische dem stoischen Denken verwandt. Das machte sie für kritische und nachdenkliche Zeitgenossen der Mittelmeerwelt attraktiv.

Jüdische Wissenschaftler trugen ihren Teil dazu bei, das Judentum populär zu machen. Sie übersetzten die Hebräische Bibel ins Griechische, der damaligen

Weltsprache, und versahen sie mit gelehrten, modernisierenden Kommentaren. Vor dem jüdisch-römischen Krieg war die Schar der ausländischen Sympathisanten schließlich auf eine beeindruckende Zahl herangewachsen. Sie nahmen als Pilger an den Jahresfesten Jerusalems teil, ließen sich zum Teil sogar in der Hauptstadt und der jüdischen Provinz nieder. Und die jüdischen Religionsbehörden akzeptierten deren Sprache, das Griechische, neben der aramäischen Landessprache als Verkehrssprache. Die römische Verwaltung ihrerseits erkannte ausdrücklich den jüdischen Behörden das einmalige Vorrecht zu, von auswärtigen Juden und Sympathisanten, die verstreut in den Provinzen des Römischen Reiches lebten, eine eigene Religionssteuer zu erheben.

Der Übertritt zum Judentum war allerdings nicht leicht. Die jüdischen Ritual- und Speisegebote sowie die Vorschriften für den Sabbat waren schwer zu befolgen. Beengend wirkten auch die Reinheitsgesetze, die den Eheleuten zum Beispiel sexuelle Kontakte nur während eines halben Monats erlaubten, um jegliche menstruelle Verunreinigung auszuschließen. Für Männer stellte das Gebot der Beschneidung sicherlich die größte Hürde dar. Ein derartiger Eingriff konnte im Erwachsenenalter und unter den ungenügenden hygienischen Bedingungen jener Zeit durchaus zu ernsten Komplikationen oder zum Tod führen. All das musste abschreckend auf jeden wirken, der es erwog, dem Judentum beizutreten. Die Rabbiner hatten diese Messlatte mit Absicht so hoch gelegt, um Israel von religiösen Flattergeistern frei zu halten. So blieben viele, die mit dem Judentum sympathisierten, außen vor. Sie wurden respektiert, aber nicht integriert.

Pharisäer sondern sich ab

Eine wichtige Rolle in der jüdischen Frömmigkeitsgeschichte spielten die Pharisäer: eine innerjüdische Frömmigkeitsbewegung, die in einer der unruhigsten Epochen des Judentums in einer Zeit der allgemeinen Orientierungslosigkeit entstand. Zahllose Sekten entsprossen damals dem blutdurchtränkten Boden von Palästina. Teilweise agierten sie mit Gewalt gegen die römischen Besatzer, die so genannten Gojim oder »Ungläubigen«. Herodes, seit dem Jahr 37 vor unserer Zeit von den römischen Herrschern als König eingesetzt, hatte zwar den Jerusalemer Tempel aus Esras Zeiten prächtig restauriert und gigantisch erweitert, doch die Priesterliturgie und der Opferkult boten den Gläubigen keinen rechten Halt mehr. Der leitende Hohepriester und alle höheren Bediensteten des Tempels kamen nur mit Roms Segen ins Amt. In ihnen, wie in den Beamten des Herodes, sah man allgemein Kollaborateure der verhassten Besatzungsmacht.

Die Pharisäer sonderten sich von diesem Treiben ab, sie waren fromme Aussteiger, Separatisten, wie ihr Name sagt. Wäre den Juden das Klosterleben bekannt gewesen, hätten die frommen Pharisäer vielleicht als Mönche ihr Leben dem unaussprechlichen Gottesnamen geweiht. Da sie diese Möglichkeit nicht hatten, machten die Pharisäer ihre ganze Welt zum Kloster. Die Frömmigkeit, die dem Tempel abhanden gekommen war, lebten sie in ihren abgeschlossenen Kreisen neu und radikal.

Sie übertrugen die Reinheits- und Speisevorschriften des Tempelpersonals auf ihren persönlichen Alltag und lebten das Priestertum aller Gläubigen. Die jüdischen Speisegesetze, vor allem die Zubereitung und der Verzehr des koscheren (reinen) Essens sind kompliziert, und dazu gehört nicht nur das Verbot von Schweinefleisch oder das gleichzeitige Essen von Fleisch- und Milchspeisen. In Israel und überall dort auf der Welt, wo viele Juden leben, gibt es auch heute Läden, die koschere Lebensmittel verkaufen, und Restaurants, in denen man nicht nur koscher essen, sondern auch koschere Weine trinken kann. Die Herstellung der koscheren Speisen und Getränke wird von Rabbinern überwacht, damit sie auch wirklich den Reinheitsgesetzen der Tora entsprechen und der gläubige Jude nichts nach seinen Glaubenssätzen Unreines zu sich nehmen muss. »Offensichtlich ist Gott wirklich und konsequent an unserer Nahrungsaufnahme interessiert«, meint Ahron Daum, ein deutscher Rabbiner, in seinem Buch *Halacha aktuell*. Und weiter: »Wenn ein Jude seine Hingebung an den Ewigen nur durch die Einhaltung von Moral und Ethik unserer Religion ausübte, was würde ihn von jedem anderen, humanen Nichtjuden unterscheiden?« Der Rabbiner lässt Gott antworten: »Jedes Mal wenn du deinen Mund öffnest, um Nahrung oder Trank einzunehmen, denke an mich.« Genauso dachten die Pharisäer schon damals. Sie radikalisierten die Speiseanweisungen der Tora zum Zeichen ihrer verschärften Abgrenzung von den übrigen Zeitgenossen.

Speisen und Gefäße der gewöhnlichen Leute galten ihnen als religiös unrein. Da wurde schon der normale Einkauf zum Problem, denn Weizen, Feigen, Öl und Datteln gingen durch die Hände von Unfrommen. Brachte der Händler Waren ins Haus, konnte die Wohnung durch dessen Berührung verunreinigt werden. Es würde Seiten über Seiten füllen, wollte ich all jene einschränkenden Tabu-Gebote auflisten, denen sich die Pharisäer freiwillig unterwarfen. Jeder

Akt der Unterscheidung zwischen Rein und Unrein galt der pharisäischen Frömmigkeit als Nachvollzug des Schöpfungsaktes, bei dem Gott das Licht von der Finsternis schied.

Für eine derart penible Befolgung der religiösen Gesetze fehlt den meisten von uns heute das Verständnis. Die strikte Befolgung der Tora, ihre Übererfüllung, empfand der Gesetzestreue damals allerdings nicht als Last, sie war sein Privileg.

Nach der Überlieferung des Talmud lehrte ein Rabbi namens Jehuda: »Drei Lobsprüche muss man täglich sprechen: Gepriesen sei Jahwe, der mich nicht als Goi erschaffen hat, denn alle Gojim sind wie Nichts vor ihm; gepriesen sei er, der mich nicht als Frau erschaffen hat, denn die Frau ist nicht zur Geboteserfüllung verpflichtet; gepriesen sei er, der mich nicht als Unwissenden erschaffen hat, denn der Unwissende hat keine Bedenken zu sündigen.« Der völlige Tora-Gehorsam galt als Kennzeichen gottesfürchtigen Lebens. Die pharisäischen Religionsspezialisten begaben sich damit in ein Getto, das alle anderen Juden ausschloss. Ihren elitären Standpunkt bekräftigten sie durch die radikale Überzeugung: »Verflucht sei das Volk, das die Tora nicht kennt.« Um wirklich jeder Verletzung des Gesetzes vorzubeugen, schalteten die Pharisäer jedem Gebot noch zusätzliche Gebote vor, damit wie durch einen Zaun die Tora sogar noch vor versehentlichen Übertretungen geschützt blieb.

Der pharisäischen Frömmigkeitsbewegung haftete zweifellos etwas Sektiererisches an. Bis in die Gegenwart kennen wir derartig fanatische Religionsbewegungen, die sich als allein heilsbringend ausgeben. Wir haben allen Grund, sie zu fürchten.

Doch gerade das will mir bei den Pharisäern nicht gelingen. Zu genau sehe ich den zeitgeschichtlichen Hintergrund ihres Protestes: eine korrupte Priesterschaft, zynisch zur Schau gestellter Reichtum der oberen Zehntausend, selbsternannte Messiasanwärter, denen das »unwissende Volk« nachrannte, die täglichen Demütigungen durch die Besatzer. Wo blieb da jemand, der »gerecht und gottesfürchtig« sein wollte und auf den Trost Israels wartete? Zuflucht bot allein die Tora, die unablässige Beschäftigung mit ihren Worten und Buchstaben.

Lebendiges Judentum

Meine theologischen Vorlesungen, die ich als Student in den 1950er Jahren besuchte, haben mir die Beziehung von Christentum und Judentum nie wirklich deutlich zu Bewusstsein gebracht. Hebräisch lernte ich nur, weil ich die Bibel im Original lesen wollte, nicht weil mich das Judentum der Gegenwart sonderlich interessierte hätte. Die Schuld des Holocaust, die war bekannt und in unseren Köpfen allgegenwärtig. Und dass die Juden Gotteshäuser besaßen, wusste ich schon mit neun Jahren, 1938, als Hitlers braune Schläger überall die Synagogen in Brand setzten. Aber es vergingen Jahre, bis ich zum ersten Mal eine Synagoge betrat und an einem Gottesdienst teilnahm.

Das Judentum war in der jungen Bundesrepublik praktisch nicht mehr vorhanden. Schließlich war diese erst 1949 gegründet worden, direkt nach dem Zweiten Weltkrieg und nach der Zeit des Nationalsozialismus, der für die Millionen von Juden, die früher in Deutschland lebten, entweder die Flucht oder den Tod bedeutet hatte. Deshalb brauchte es Jahre, bis mir aufging, dass es nicht allein die Hebräische Bibel war, in deren Welt die Juden lebten, sondern dass neben ihr eine zweite, die Tora der Rabbiner, der Talmud, existierte. Die rabbinische Tora ist präsent in den Festbräuchen von Neujahr und Pessach, ihren Regeln folgt die häusliche Sabbatfeier, nach ihren Speisegesetzen richtet sich die Hausfrau ebenso wie der Imbissverkäufer in Tel Aviv. Die rabbinische Auslegung der Hebräischen Bibel trägt die Gestaltung des Gottesdienstes, in ihrer Tradition stehen Gebet, Lied und Segen, die Einführungsfeier der Jungen und Mädchen in die Gemeinde, Eheschließung, Geburt, Beschneidung, das Totengedenken. Nichts davon begegnete mir in den Vorlesungen zum »Alten Testament«. Wenn meine Professoren vom »Judentum« sprachen, klang das nach verstaubtem religiösen Inventar, nicht nach gelebter, spiritueller Frömmigkeit und Erfahrung.

Meine erste wirkliche Begegnung mit dem Judentum verdanke ich Martin Buber, dem deutschsprachigen jüdischen Philosophen. Seine »*Erzählungen der Chassidim*« sind eins der Bücher, die ich mit auf eine Insel nehmen würde, auch heute noch. Ein unerschöpflicher Schatz von kurzen Geschichten, Legenden, Lehrzitaten aus dem Leben der Chassidim, einer strenggläubigen und zum Mystischen neigenden jüdischen Bewegung, die seit dem Ende des 18. Jahrhunderts in Osteuropa, in Polen und in der Ukraine beheimatet war. Ich zitiere eine Erzählung aus Bubers Vorwort:

»Man bat einen Rabbi, dessen Großvater ein Schüler des Baalschem gewesen war [er lebte im 18. Jahrhundert], eine Geschichte zu erzählen. ›Eine Geschichte‹, sagte er, ›soll man so erzählen, dass sie selber Hilfe sei.‹ Und er erzählte: ›Mein Großvater war lahm. Einmal bat man ihn, eine Geschichte von seinem Lehrer zu erzählen. Da erzählte er, wie der heilige Baalschem beim Beten zu hüpfen und zu tanzen pflegte. Mein Großvater stand und erzählte, und die Erzählung riss ihn so hin, dass er es hüpfend und tanzend zeigen musste, wie es der Meister gemacht hatte. Von der Stunde an war er geheilt. So soll man Geschichten erzählen.‹«

Beim Beten hüpfen und tanzen? Das konnte ich mir nicht vorstellen. Aber das ist die chassidische Frömmigkeit, wie sie mir in Bubers Buch begegnete. So fand das lebendige Judentum wenigstens über das Papier seinen Weg zu mir.

Mit Paulus beginnt das Neue Testament

Eines hatte ich bei den Theologen auf der Universität in aller Gründlichkeit gelernt: die kritische Bibelwissenschaft, bei einem ihrer prominentesten Vertreter, Rudolf Bultmann, der mich in das Neue Testament einführte. Als »frommer Atheist« war es für mich eine Befreiung zu lernen, dass die Bibel nicht einfach vom Himmel gefallen war, wie beispielsweise Muhammads Koran. Das Neue Testament hatten Menschenhände geschrieben, seine Verfasser waren mit annähernder Sicherheit zu datieren. Ihre Lebenswelt erhellten archäologische Funde, zeitgenössische Literatur, genaue Sprach- und Stilanalyse. Ungewohnte Perspektiven taten sich auf.

Wohl die Hälfte der neutestamentlichen Schriften schrieb Paulus, und seine Briefe führen zurück bis in das Jahr 50 unserer Zeit. Die meisten anderen Schriften entstanden dagegen erst eine oder gar zwei Generationen später, ebenso wie die »Evangelien«, die vom Wirken Jesu erzählen, der im Hebräischen Joschua ben Mirjam heißt. Würde man die Texte des Neuen Testaments nach ihren Entstehungsdaten sortieren, stünden die Evangelien von Matthäus, Markus, Lukas und Johannes irgendwo in der Mitte oder am Ende des Buches. Wollen wir also authentisch etwas über Jesus erfahren, müssen wir uns in erster Linie an Paulus halten und nicht an die Evangelien. Das erfordert radikales Umdenken, schmerzhaft obendrein, weil unser Jesusbild ganz und gar durch diese geprägt ist, nicht durch Paulus. Der wiederum konnte zu seinen Lebzeiten nicht ahnen, dass seine Schriften als heilig verehrt, zur Bibel werden würden.

Paulus war ein Zeitgenosse von Jesus, vermutlich etwas jünger als dieser.

Sein Geburtsname war Saul, in latinisierter Form Paulus, so wie später aus Joschua der Name Jesus wurde. An der südöstlichen Mittelmeerküste der Türkei, wo heute Badestrände locken, lag Tarsus, der Geburtsort von Paulus. Er beherrschte darum das Griechische, die damalige Verkehrssprache. In Jerusalem studierte er Theologie und schloss sich dort der pharisäischen Bewegung an.

Zwanzig Jahre später schreibt er einer Gemeinde in Galatien, der Gegend des heutigen Ankara, einen Brief, dem wir seine biografischen Daten entnehmen: »Früher hatte ich nach jüdischer Art gelebt, das wisst ihr. Und euch ist bekannt, dass ich damals die Gemeinde Gottes [die Christen] blindwütig verfolgte, um sie auszurotten. Die jüdische Lebensart nahm ich ernster als viele andere Gleichaltrige in meinem Volk, die Überlieferung meiner Väter ging mir über alles.« In einem anderen Schreiben stellt sich Paulus mit den Worten vor: »Ich bin beschnitten am achten Tag, gehöre zum Volk Israel, dem Stamm Benjamin, ein Hebräer von Hebräern. Und ich lebte nach den Gesetzen der

Paulus (Fresko, 4. Jahrhundert).

Pharisäer, war ein fanatischer Verfolger der Gemeinde, und den Forderungen der Tora bin ich in vollem Umfang nachgekommen.«

Paulus besitzt das römische Bürgerrecht, wie wir an anderer Stelle erfahren. Zweisprachig in der Diaspora außerhalb des Gelobten Landes aufgewachsen, treibt ihn sein Wissensdurst schließlich zum Studium in die Hauptstadt Jerusalem. Dort zeichnet er sich durch besonderen Eifer aus, weshalb ihn die jüdische Behörde mit einem besonderen Mandat ausstattet. Paulus soll gegen die damals noch junge und wenig geschlossene Jesus-Bewegung vorgehen. Im Auftrag welcher Behörde reist er? Schade, wir wissen es nicht. Offenbar sollte er draußen in der Provinz die Anhänger von Jesus ausfindig machen und vor Gericht stellen. Vor welches Gericht? Auch das entzieht sich unserer Kenntnis.

Lukas, nach Auskunft der Überlieferung zeitweise dessen Begleiter, nennt Syrien und Damaskus als Schauplätze der Ermittlungstätigkeit. Die Ortsangaben machen Sinn, denn die Religionsbehörden haben offenbar die jesuanische Apostelgemeinde der Hauptstadt nie ernsthaft unter Druck gesetzt. Das ist erstaunlich. Vermutlich hielt man die Jesus-Anhänger der Hauptstadt für gute Juden, und ganz so verstanden sie sich auch. Schwierigkeiten machten die nichtjüdischen Christen, die so genannten Hellenisten.

Der Jesus-Partei schlossen sich bald auch ausländische Juden an, die in der Diaspora geboren waren, und griechisch sprechende Nicht-Juden, die mit dem jüdischen Glauben sympathisierten. Leider zeichnen unsere Quellen kein scharfes Bild von ihnen. Offensichtlich waren es aber sie, die Hellenisten, wie sie das Neue Testament bezeichnet, welche die Botschaft der Jesus-Bewegung über das Judentum hinaus zuerst in die Mittelmeerwelt trugen. Was hatte sie dazu bewogen? Stephanus, den führenden Vertreter der hellenistischen Fraktion unter den ersten Christen, beschuldigte die Jerusalemer Religionsbehörde: »Dieser Mensch hört nicht auf, gegen den heiligen Tempel und gegen die Tora zu reden. Wir haben ihn sagen hören: Jesus, der Nazarener, wird diese Stätte niederreißen und die Weisungen, die wir von Moses haben, umstoßen.« Schwer zu sagen, ob Stephanus tatsächlich derart umstürzlerisch auftrat. Allerdings werden wir davon ausgehen müssen, dass die Hellenisten Elemente der römisch-griechischen Aufklärung in die erste Christengemeinde mit einbrachten. Vielleicht nahmen sie ihre kultisch-rituellen Pflichten nicht sonderlich ernst, und vermutlich ließ auch ihre Loyalität der Tora gegenüber zu wünschen übrig – wenigstens aus Sicht der strengen Pharisäer.

Für Paulus war dies eine gute Gelegenheit, sich die ersten Sporen zu verdienen. Schließlich stammte er selbst aus der Diaspora. Wie wir ihn aus seinen

Briefen kennen, wird der junge Mann aus Tarsus sich vorher gründlich über die Jesus-Anhänger informiert haben, die sich damals noch nicht als Christen bezeichneten. Der Name »Christianer« stammt aus dem Hellenismus und bürgerte sich erst im Lauf von Generationen ein.

Die ersten Christen

Schauen wir, was Paulus bei seiner Recherche herausfand. Nichts Spektakuläres. Die christlichen Juden lebten Tür an Tür mit den anderen Juden, brachten Opfer dar, verrichteten ordnungsgemäß ihre Gebete, sie zahlten die Tempelsteuer. Bei den meisten handelte es sich um einfache Menschen, die in einer Art Gütergemeinschaft lebten. Ähnliches kannte Paulus von den anderen jüdischen Glaubensrichtungen auch.

Nur ein spezifisches Ritual unterschied die Jerusalemer Christen von den übrigen Frömmigkeitsbewegungen: Sie begingen am ersten Wochentag eine besondere Mahlzeit, eine Dankesmahlzeit in Erinnerung an ihren gekreuzigten Herrn. Aus Sorge, die römisch-jüdischen Behörden könnten unter seinen Anhängern ein Blutbad anrichten, hatte Jesus sich seinen Häschern freiwillig gestellt, mit den Worten: »Wenn ihr mich sucht, dann lasst diese gehen!« Da verließen ihn alle seine Anhänger und flohen, so heißt es weiter im Text.

Er ahnte, dass die führenden Kreise der Stadt ihn als Unruhestifter mit dem Tod bedrohen würden. Bei seiner letzten Mahlzeit verabschiedete er sich, wie man weiß, auf bedeutungsvolle Weise von den Seinen. Dabei nahm er das Brot, sprach den Segen darüber, brach es und teilte es unter den Worten mit ihnen: »So liefere ich mich aus für euch!« Danach segnete er den Wein und ließ mit den Worten den Becher reihum gehen: »So verbunden bleibe ich euch, tut das zu meinem Gedenken: Wo zwei oder drei von euch in Erinnerung an mich beisammen sind, werde ich unter ihnen sein!«

Noch in derselben Nacht saß man über Jesus zu Gericht, und seine Richter überstellten ihn als Aufwiegler den Römern. Diese ließen ihn Tags darauf zusammen mit anderen Verbrechern ans Kreuz schlagen. Am dritten Tag, erzählten die Christen, erschien er dem Jakobus von Nazareth, seinem leiblichen Bruder, und danach anderen führenden Leuten seines Freundeskreises. Sie sagten: »Der Herr ist auferstanden, der Herr ist wahrhaftig auferstanden!«

An jene letzten Tage mit ihrem Herrn erinnern sich die Christen bei ihrem Mahl und beschließen das Essen mit dem Gebet: »Maranatha!« Der Herr kommt, der Herr ist da! Die Christen erwarten nämlich, dass Jesus bald leibhaftig aus dem Himmel herabsteigen werde, um Israel zu erlösen.

Viel mehr wird die Recherche des jungen Pharisäers Paulus unter den Christen der Hauptstadt nicht zu Tage gefördert haben. Es waren unauffällige Leute. Die Sache mit der angeblichen Auferstehung mag ihm eigenartig erschienen sein, denn immerhin war Jesus nach Recht und Gesetz hingerichtet worden. Das genügte jedoch nicht, um mit Gewalt gegen die Judenchristen vorzugehen. Die Kreuzigung lag schließlich Jahre zurück, ein Todesurteil unter so vielen anderen, die die Römer ständig vollstreckten. Außerdem waren die Anhänger von Jesus danach nicht wieder auffällig geworden. Im Gegenteil, von Jakobus, mit Namen »der Gerechte«, wusste man, dass er ganze Tage im Tempel auf den Knien verbrachte, wovon er sich Schwielen wie ein Kamel zugezogen haben sollte. Auch die Erwartung, dass Jesus der Messias sei, wird Paulus damals nicht aufgebracht haben. Solche Dinge lagen in der Luft. Irgendwie hatten alle Juden damals das Gefühl, es müsse bald etwas passieren, ein reinigendes Gewitter vom Himmel herab. Ganz allgemein hoffte man auf die Wiederkehr von Elia, dem Propheten. Andere dachten an Moses, und alle zählten die Tage bis zur großen apokalyptischen Wende.

Die Strafaktion gegen die Christen hätte Paulus demnach abblasen können. Wenn da nicht diese Hellenisten gewesen wären! Juden aus der Diaspora, die sich der Jesus-Bewegung angeschlossen hatten. Sie zündelten, sorgten für Unruhe, stellten den Tempel infrage, die geheiligte Tora, noch schlimmer, sie betrieben aktiv Mission außerhalb von Palästina! Viele von ihnen zweifelten am Moses-Glauben, und der war doch Israels heiligstes Gut! Sogar die Leute um den Nazarener Jakobus betrachteten die Hellenisten mit eher gemischten Gefühlen. Sie gaben zwar der Gemeinde neuen Auftrieb, doch man musste auf der Hut sein! Hielten sich die Ausländer auch wirklich an die kultischen Reinheitsgesetze? Aßen sie Fleisch und Milch vielleicht durcheinander? Wie dachten sie über die Beschneidung? Man konnte nicht sicher sein. Jedenfalls scheint es in Jerusalem schon früh zu Spannungen zwischen Juden und Diaspora-Christen gekommen zu sein.

Den Behörden müssen die christlichen Diaspora-Juden ein Dorn im Auge gewesen sein. Messianische Bewegungen waren bis dahin eine rein innerjüdische Sache gewesen, unvorstellbar, was passierte, wenn solche endzeitlichen Erwartungen aufs Ausland übergriffen! Von den Diaspora-Juden war Jerusalem auch finanziell abhängig. Also galt es, das Feuer auszutreten, bevor es sich zu einem Flächenbrand auswuchs. Und eben dazu hatte man den eifrigen Jung-

Pharisäer Paulus ausersehen, der sich mit den auswärtigen Verhältnissen ja bestens auskannte.

Paulus erlebt sein Damaskus

Doch es kam anders. Paulus war in einem Ermittlungsverfahren unterwegs nach Damaskus und wurde von einem mystisch-visionären Erlebnis überwältigt. »Gott offenbarte seinen Sohn an mir«, umschrieb er später diese Erfahrung, »damit ich Christus als Frohbotschaft unter den Völkern verkündete.« Eine Vision, eine Berufung, die Paulus mit den »Erscheinungen« des Gekreuzigten im Jerusalemer Jüngerkreis gleichstellte. Das war die Geburtsstunde des Christentums.

Lukas fand die Berufung des Paulus so bedeutungsvoll, dass er sie in seiner »Apostelgeschichte« gleich drei Mal erwähnte, mirakulös ausgestaltet, wie er es wohl schon von seinen Gewährsleuten übernommen hatte:

»Saulus (Paulus) aber schnaubte noch mit Drohen und Morden wider die Jünger des Herrn und ging zum Hohen Priester und bat um Briefe nach Damaskus an die Synagogen, auf dass, wenn er etliche von der neuen Lehre fände, Männer und Frauen, er sie gebunden führte nach Jerusalem. Und als er auf dem Wege war und nahe an Damaskus kam, umleuchtete ihn plötzlich ein Licht vom Himmel; und er fiel auf die Erde und hörte eine Stimme, die sprach zu ihm: Saul, Saul, was verfolgst du mich? Er aber sprach: Herr, wer bist du? Der Herr sprach: Ich bin Jesus, den du verfolgst. Stehe auf und gehe in die Stadt; da wird man dir sagen, was du tun sollst! Die Männer aber, die seine Gefährten waren, standen und waren erstarrt; denn sie hörten die Stimme, aber sahen niemand. Saulus aber richtete sich auf von der Erde; und als er die Augen auftat, sah er nichts. Sie nahmen ihn aber bei der Hand und führten ihn nach Damaskus; und er war drei Tage nicht sehend und aß und trank nicht.«

In diesem Text haben wir das christliche Gegenstück zu Buddhas Predigt von Benares vor uns, der die Nirwana-Erfahrung Siddhartas zu Grunde liegt. Beides sind Wendepunkte in der Psychohistorie unserer Jahrtausende. Erlebnisse, welche die beiden Männer völlig umkrempelten, von beiden als unausweichliche, schicksalhafte Nötigung erfahren. »Von meiner Mutter Schoß an hat mich Gott ausgesondert«, schreibt Paulus später. Anders als in dieser Gewissheit hätte er seine Mission auch nicht ausführen können.

»Geburtswehen« nannte er die mühsame Arbeit, seine Gemeinden in die Welt zu setzen. Gelegentlich spricht Paulus von den Widerständen, denen seine Mission ausgesetzt war. Offene oder verdeckte Feindschaft schlägt ihm entgegen, mehrmals wird er auf Geheiß der Magistrate öffentlich ausgepeitscht, Wegelagerer bedrohen ihn auf seinen Reisen, bei verschiedenen Schiffsbrüchen verliert er fast das Leben. Doch ich lasse ihn selbst sprechen:

»Wir möchten, wo immer es gilt, der Botschaft entsprechen; durch guten Ruf oder bösen, durch Verleumdung oder Lob, als Betrüger und doch wahrhaftig, als Dunkelmänner und doch im Licht, als Sterbende und doch am Leben, gefoltert und doch nicht beseitigt, traurig und doch allezeit fröhlich, als Arme, die doch viele reich machen, Habenichtse, die doch alles besitzen.« Die Christusvision ist ihm vor Augen geblieben, immerzu, geblendet von ihr, konnte ihn nichts mehr schrecken: »Von allen Seiten bedrängt, werden wir doch nicht erdrückt, sind wir ratlos und verzweifeln doch nicht, werden wir verfolgt und sind doch nicht verlassen, am Boden und doch nicht zerstört.«

»Saul, Saul, was verfolgst du mich?«

Das klingt, als habe sich die ganze Welt gegen den abtrünnigen Pharisäer verschworen, gegen den frisch gebackenen Christen, und, wir werden sehen, so war es auch. Mit seiner Bekehrung setzte sich Paulus zwischen alle Stühle.

Eine visionäre Theologie

Er war kein Hysteriker, kein Psychot. Für seinen stabilen Charakter spricht, dass er sich nicht gleich nach seiner Vision mit dem Eifer eines Neubekehrten auf die Leute stürzte. Im Gegenteil. Paulus ging für Jahre außer Landes, um zu begreifen, was ihm geschehen war, die Tora zu studieren, so nehme ich an, und sein Erlebnis rational aufzuarbeiten. In »Arabien«, dem heutigen Syrien, muss seine neue Theologie in ihren Grundzügen entstanden sein.

Dass Gott an die Menschheit glaubt, ist Ausgangspunkt seiner Theologie. Es ist nicht nötig, ihn mit Opfern oder gutem Verhalten gnädig zu stimmen. Gott ist, wie er ist – Israels Gott, der an seine Geschöpfe glaubt und die er liebt. Gehen die Menschen auf ihn ein, werden sie dem glaubenden Gott gerecht, entspricht ihr Leben dem seinen. Mit Jesus, dem Messias, stellt Gott seinen Glauben an die Menschen unter Beweis. Jesus ist das Zeugnis seiner Menschenliebe. Doch diese, vertreten durch Israel, nahmen den Gottesbeweis nicht an. Sie kreuzigten den Messias Jesus als Verbrecher. Gott aber rehabilitierte ihn, indem er ihn vor den Augen der Seinen von den Toten auferweckte. Durch seine Boten, die Jesus als den gerechtfertigten Überwinder verkünden, wird er zur Frohbotschaft für alle: Gott glaubt an den Menschen, er liebt ihn, trotz allem, was gegen ihn spricht.

In der rabbinischen Sprache des Paulus klingt das alles viel komplizierter. Doch die Botschaft ist klar: Durch Glauben allein werden Menschen Gott gerecht. Also nicht durch die gesetzlich vorgeschriebenen Werke der Tora, durch Verdienst und Leistung. Nach der Tora, dem Gesetz, wurde Jesus gerichtet, seine Auferstehung schließt darum die pharisäische Torafrömmigkeit als Erlösungsweg aus. In jeder Form. Der Christus-Glaube erlöst von Sünde, Tod und Teufel, der Glaube allein. Moses Tora verliert bei Paulus ihre Bedeutung als Halacha, wie das Rabbinat die normative Rechtsverbindlichkeit der Tora bezeichnet.

Als Haggada, als historisches Erzählwerk, das die Taten Gottes bezeugt, behält Israels Tora jedoch ihre Gültigkeit. Auf sie greift Paulus zurück, wenn er die nichtjüdischen Christen auffordert, das in den Moses-Büchern bezeugte

Bürgerrecht aller Gläubigen wahrzunehmen: »Die Gottesstadt, die aus der Zukunft kommt, ist die Stadt der Freiheit. Sie ist unsere Mutter.« Das Vermächtnis der jüdischen Christengemeinde, ihre jesuanische Frohbotschaft, wird bei Paulus zur Befreiungsbotschaft. Ganze Zitatreihen aus seinen Briefen unterstreichen das:

»Wo der Geist des Messias ist, da herrscht Freiheit.« Und »Wir sind keine Sklavenkinder, die Freiheit hat uns geboren«, darum gilt: »Freigekauft seid ihr, werdet nicht zu Menschenknechten!«, denn: »Frei steht mir alles, doch nicht alles macht frei, frei steht mir alles, doch hörig machen soll mich nichts«. Also »darf Freiheit nicht dazu führen, dass ihr von Neuem in die Gewalt der bestehenden Verhältnisse geratet. Lasst euch vielmehr so aufeinander ein, dass ihr einer für den anderen da seid.«

Seine befreiende Botschaft zieht Paulus aus bis zur Vollendung der Welt, von der schon der Prophet Jesaja sprach, und in der auch die stumme Kreatur, Tier- und Menschenwelt gemeinsam, der Freiheit teilhaftig werden soll: »Die ganze Schöpfung hält Ausschau nach den Töchtern und Söhnen Gottes und erwartet sehnsüchtig das Erscheinen der neuen Menschheit. Denn gegen ihren Willen unterliegt die Schöpfung der Zerstörung, durch den Menschen, der sie sich unterworfen hat. Darum umschließt unsere Hoffnung auch sie. Auch die Schöpfung soll freigelassen werden und wird an der Größe Anteil bekommen, die Gott seinen Töchtern und Söhnen verleiht. Wir wissen, alle Geschöpfe sehnen und ängstigen sich, dass dies endlich geschieht. In der Hoffnung also liegt unsere Befreiung. Hoffnung aber weist über das Bestehende hinaus, oder sie ist keine Hoffnung. Hoffen wir aber auf das, was noch aussteht, leben wir in beständiger Erwartung.« – Wenn das Wort »Religion« in seinem ursprünglichen Sinn »Rückgriff« bedeutet, dann ist die Theologie des Paulus keine Religion mehr. Sie ist ein »Vorgriff« auf den allerletzten, noch ausstehenden Gottesbeweis, durch den sich Gott als der erweisen wird, der »alles in allem« ist.

Schon die Zeitgenossen haben den Mann aus Tarsus kaum verstanden. In seinen Briefen »ist manches schwer zu verstehen«, beklagt sich einer der neutestamentlichen Schriftsteller. Und die spätere Kirche blieb vollends hinter seinen Entwürfen zurück. Man ließ den Völkerapostel Paulus einfach links liegen und predigte Drohbotschaft statt Frohbotschaft, religiösen Kapitalismus: Nur wer Verdienste sammelt, kann vor Gott bestehen! Das war genau das Gegenteil der Botschaft, die Paulus wie ein Blitz getroffen hatte.

Augustinus freilich, der Religionsphilosoph des 5. Jahrhunderts, wäre ohne Paulus nicht denkbar. Ich schätze besonders zwei seiner Aussprüche, in denen die Theologie des Apostels aufscheint. Dessen Feststellung, »die Liebe ist des Gesetzes Erfüllung«, kommentiert Augustinus mit fünf Worten: »Ama et fac quod vis.« Liebe, und mach daraus, was du willst! Das andere Zitat, in dem ich Paulus in Kurzfassung wiederfinde, lautet: »Dies septimus nos ipsi erimus.« Der Schöpfungssabbat werden wir selber sein. Solange sind alle Dinge erst im Werden, noch nicht im Gewordensein. Der wahre Anfang der Dinge liegt nicht hinter, sondern vor uns.

Mit solchen Horizonten vor sich durchreiste Paulus das Römische Reich. Machte er Station, verdingte er sich als Lohnarbeiter in einer Weberei. Wie viele Rabbiner hatte auch Paulus ein Handwerk gelernt, nach dem Grundsatz, die Tora-Lehre solle unentgeltlich sein.

Ein großer Reisender war er, auch nach innen, für Höhenflüge wie geschaffen. Immer wieder wird er von Visionen überrannt. Irgendwann sogar »entrafft bis in den dritten Himmel«, eine Außer-Körper-Erfahrung, dann wieder vernahm er »arreta remata«, unaussprechliche Worte. Und wenn in den Gemeinden, die er in Griechenland missionierte, Leute mit exstatischen »Zungenreden« prahlten – das konnte er auch: Aber vor der versammelten Gemeinde »will ich lieber fünf Worte bei vollem Verstand reden, damit andere was davon haben, als zehntausend Worte in Zungenrede«. Diese Verbindung zwischen Mystik und Rationalität ist typisch für Paulus. Seine ganze Theologie ist nichts anderes als die rationale und damit für andere überprüfbare Umsetzung seiner Visionserfahrung von Damaskus. Überprüfbar anhand von Schriftbeweisen aus der Tora.

Paulus, der Christ, bleibt Jude

Mit seiner anarchischen Theologie handelte Paulus sich Ärger ein. Sein Prinzip »ama et fac quos vis« diskreditierte die normalen Glaubensmuster. Frömmigkeit verstanden die Juden wie die Nicht-Juden immer als Gesetzesfrömmigkeit. Für die pharisäische Richtung, der Paulus entstammte, galt dies sogar im Extremmaß: Lieber zehn Gebote zu viel als nur eins zu wenig, das war die Glaubensregel ihrer Tora. Paulus stellte deren gesamte Existenz infrage: die Beschneidung, das Sabbatgesetz, die Unterscheidung zwischen rein und unrein, das Erbe der Väter, Israels Abgrenzung von den Völkern. Doch wenn die Tora, der Zaun um Israel, fiel, würde sich das Gottesvolk auflösen, verschwinden im Völkermeer.

Wollte Paulus das? Die Selbstauflösung des Judentums? »Das sei ferne!«, protestierte er immer wieder, besonders im »Brief an die Römer«, seinem letzten Vermächtnis. Ja, er will den jüdischen Glauben globalisieren, in die Welt tragen und allen Menschen zugänglich machen. Aber doch nicht auf Kosten Israels! Wer Israels Glauben der Menschheit öffnete, setzte jedoch das ganze Regelwerk jüdischer Gesetzesvorschriften außer Kraft und baute die nahezu unüberwindlichen Hürden ab, die es zu nehmen galt, wollte ein Nicht-Jude sich zu Israels Gott bekennen.

Paulus argumentiert aus der Tora gegen die Tora. Abraham ist sein Kronzeuge. Der wurde Gott »gerecht durch den Glauben«, allein so. Die Tora hingegen kam erst viele Jahrhunderte später in Israels Hände. In Abraham aber, las Paulus weiter in der Hebräischen Bibel, sollen »gesegnet werden alle Völker der Erde«. Und dies geschieht durch den Messias Jesus. Was Moses für Israel ist, ist Jesus für die Völker der ganzen Welt.

Dennoch bleibt es bei dem jüdischen Erstgeburtsrecht, das Paulus vehement verteidigt: »Sie sind Israel, sie haben die Sohnschaft, die Gottesgegenwart und die Bündnisse und die Tora und dürfen Gott dienen, ihnen gehören seine Verheißungen, sie haben die Glaubensväter und als Mensch stammt der Messias von ihnen ab.« Könnte er für sein Volk in die Hölle gehen, »verflucht« sein, selbst Christus darüber verlieren, Paulus würde es tun. Bei aller Polemik in der Sache gibt Paulus seine jüdische Identität nicht preis. Also, beschwört er Christen wie Juden, »nehmt einander an«, zur Ehre Gottes! Doch wie sich Paulus das Verhältnis der Glaubenszwillinge, der Tora- und Christenleute, konkret vorstellt, bleibt ein Rätsel. Es war am Ende für ihn Gottes Sache, damit fertig zu werden.

Und so bleibt es bei den zwei Wegen zu dem einen Gott. Für das Judentum, zumal nach dem Römischen Krieg, wird es zur Überlebensfrage, sich von den Christen abzugrenzen: Haben sie ihren Jesus, haben wir unsere Tora! Sie wird zur Königstochter, zur Tochter des Höchsten in der Fremde, Baum und Arznei des Lebens, Quell allen Heils. Sie wird zum Schwert, und die Tora-Lehrer werden nicht müde, »Israels Herrlichkeit und Schmuck« zu rühmen. Bis heute feiert Israel jedes Jahr Simchat Tora, das Fest der Freude am Gesetz. Tanzend werden die geschmückten Schriftrollen durch die Synagoge getragen, in Jerusalem über den Platz vor der Westmauer. Fleißige Hände haben die Königstochter mit kostbaren Kleidern ausgestattet, sie trägt goldene, silberne Kronen, und die Gläubigen drängen herbei, die Schöne, die Geliebte, ihre Kleider zu küssen, sie zärtlich zu berühren. Wissen doch alle Feiernden, dass sie der Tora ihr Leben verdanken, buchstäblich, denn ohne sie wäre Israel vom Erdboden verschwunden. Je stärker der Druck von außen wurde, um so mehr flüchteten sich Juden hinter den Zaun der Tora und befestigten ihn gegen alle Angriffe.

Wie schon im Buddhismus musste der Heilsbringer »unbefleckt« zur Welt gekommen sein. Dasselbe gilt für die Tora: Keine menschliche Hand hat je Gottes Worten auch nur einen Buchstaben hinzugefügt. Also war die göttliche Wahrheit vollständig in ihr enthalten. Jeder Vers birgt das Geheimnis, hat darum unerschöpflich viele Bedeutungen, jede von gleicher Gültigkeit und Wahrheit, selbst dort, wo Wort und Buchstabe voneinander abweichen oder sogar im Konflikt miteinander stehen. Die Tora des Moses ersetzt das verlorene Orakel des Priesters im Tempel. Sie gibt in jeder Frage Rat und Weisung.

Das Studium der Tora gibt Anteil an der Erlösung. Und weil die Erlösung ganz Israel umschloss, musste jeder Israelit in der Bibel lesen können. Aus diesem Grund gab es eine umfassende Lese- und Schreibpflicht für fast alle Juden – eine Einrichtung, die andere Völker zu dieser Zeit noch nicht kannten. Nur die Mädchen waren davon ausgenommen, erhielten jedoch über ihre Familie Unterricht im religiösen Pflichtenkatalog.

Die Träger der Bildung, die in den Synagogen stattfand, waren die örtlichen Gemeinden. Diese waren autonom organisiert, seit es nach den römisch-jüdischen Kriegen kein jüdisches Staatsgebilde mehr gab. Mehrsprachigkeit verstand sich von selbst unter den Juden in der Diaspora. Ein Netzwerk von Handel und Verkehr verband die Juden des Zweistromlands mit denen Irlands, die von Lyon mit denen Kretas. Im öffentlichen Leben passte man sich den Sprachgewohnheiten der jeweiligen neuen Herrscher an. Privat pflegte man die eigene Sprache, das Aramäische, eine Dialektform des Hebräischen. Alles zusammen addierte sich zu einem Überlebensvorteil, der den versprengten Juden half, alle Zeitläufe zu überstehen, ohne Staat und ohne Heimatland.

Die Christen schreiben ihre Bibel

Auch für die Christen der ersten Generationen bedeutete die Zerstörung Jerusalems durch die Römer im Jahr 70 einen tiefen Einschnitt. Augenzeugen des Lebens von Jesus gab es nicht mehr, seine erste Gemeinde hatte aufgehört zu existieren. Die Überlieferung der Daten und Taten drohte abzureißen.

Paulus erlebte den jüdisch-römischen Krieg nicht mehr. Er starb vorher, wahrscheinlich in Rom, den Märtyrertod. Hätten wir allein seine Briefe, wüssten wir von Jesus rein gar nichts außer jenen Heilsdaten, die Paulus theologisch wichtig waren: Geboren von einer Frau (Paulus kennt noch keine Jungfrauengeburt), gekreuzigt, gestorben und begraben, am dritten Tage auferstanden von den Toten, sitzt er zur Rechten Gottes, des allmächtigen Vaters, und von dort wird er kommen, Recht zu sprechen den Lebendigen und den Toten. Mehr erfahren wir von Paulus über Jesus nicht! Auf ein Jesuswort beruft er sich höchstens im Vorbeigehen, keine von seinen Wundergeschichten erzählt Paulus weiter. Keine Altersangaben, keine Zahlen über die Dauer von dessen öffentlichem Wirken finden sich bei ihm.

Das ist befremdlich, erklärt sich zur Not aber daraus, dass Paulus bei seinen Lesern die Kenntnisse über Leben und Wandel von Jesus voraussetzen konnte. Auch den meisten der heutigen Christen ist dessen Leben nicht wichtig. Weihnachten findet statt, wenn der Weihnachtsmann kommt. Doch damals hatten wir eine andere Situation. Jeder, der sich in den ersten Jahrhunderten entschied, den christlichen Glauben anzunehmen, traf diese Entscheidung nach einer persönlichen Bekehrung. Bei den ersten Christen muss der Untergang Jerusalems darum einen Schock ausgelöst haben: Jerusalem war ihr »Vatikan« gewesen. Und plötzlich hatte die Apostelgemeinde aufgehört zu existieren, ein Endzeit-Szenarium!

In dieser Situation unternahmen es einige christliche Gemeindevorsteher, Lebensbilder von Jesus aufzuzeichnen, um den verstörten Christen den Glauben zu erhalten und neu zu festigen. Markus war der erste, der sich um das Jahr 70 an einer Darstellung des Lebens von Jesus versuchte. Ihm folgten zwischen 80 und 100 Matthäus und Lukas. Dieser schreibt im Vorwort seines Evangeliums:

»Inzwischen haben sich mehrere Leute daran versucht, schriftlich festzuhalten, was unter uns Christen geschehen ist. Sie taten das aufgrund von Augenzeugenberichten. Und zwar von denen, die zuerst dabei gewesen sind und Diener des Wortes waren. Und nachdem auch ich diese Dinge eingehend untersucht habe, möchte ich Ihnen, geehrter Theophilus, dieses alles der Reihe nach aufschreiben. Sie können sich dann selbst ein Bild von den Ereignissen machen, über die man Sie bisher nur mündlich unterrichtet hatte.«

Aus der Widmung wird deutlich, wie die schriftliche Fixierung die mündliche Weitergabe ablöst. Im Verlauf der nächsten Jahrzehnte versuchten immer mehr Autoren ihr Glück in dieser Sache. Offenbar war das Bedürfnis nach authentischen Berichten einfach riesig, nachdem die Zeitzeugen weggestorben waren. Und, wie zu erwarten, wurden die Lebensbilder von Jesus im Lauf der

Jahrzehnte immer bunter. Sie gingen zurück bis in die Kindheitsgeschichte seiner Mutter, wurden durch ständig neue Wundertaten aufgefüllt. In einem langen Sichtungsprozess verwarfen die Gemeinden die meisten dieser Darstellungen, darum stehen sie auch nicht im Neuen Testament. Die Geltung von Matthäus, Markus und Lukas war nie bestritten. Zu ihren Lebensbildern gesellte sich um das Jahr 100 Johannes als letzter Autor hinzu. Er porträtierte Jesus gleichsam als Philosophen.

Lukas bemüht sich, wie seine Widmung zeigt, um eine objektive Darstellung des Lebens von Jesus. Berücksichtigt man die wundersüchtige Zeit, ist ihm das, wie auch den anderen Evangelisten, weitgehend gelungen. Dennoch, aus rein wissenschaftlichem Interesse schrieb keiner von ihnen. Nicht als Historiker, die nämlich, wie der römische Geschichtsschreiber Tacitus anmerkt, »sine ira et studio«, ohne Vorurteile im Guten wie im Bösen, ans Werk gehen sollten. Die Schriften der Evangelisten sind nicht frei von Voreingenommenheit, es sind Missions- und Werbeschriften. Als solche haben sie ihr Recht, bleiben aber, historisch gesehen, mit Vorsicht zu genießen. Zu vieles wird schöngeredet, unkritisch weitergegeben oder gar tendenziös entstellt.

Die Aufzeichnung der Lehre erfolgte im Christentum erst Jahrzehnte nach der Osterauferstehung. Da die Christen der ersten Stunde sicher waren, ihr Herr

Lukas, Widmung an Theophilus.

1 Ἐπειδήπερ πολλοὶ ἐπεχείρησαν ἀνατάξασθαι διήγησιν
Da nun einmal viele versucht haben, zu verfassen eine Erzählung

περὶ τῶν πεπληροφορημένων ἐν ἡμῖν πραγμάτων, **2** καθὼς
über die zur Erfüllung gekommenen Ereignisse unter uns, wie

παρέδοσαν ἡμῖν οἱ ἀπ᾽ ἀρχῆς αὐτόπται καὶ ὑπη-
überliefert haben uns die von Anfang an Augenzeugen und Die-

ρέται γενόμενοι τοῦ λόγου, **3** ἔδοξε κἀμοὶ παρηκολουθηκότι
ner des Wortes Gewesenen, schien es gut auch mir, Nachgegangenem

ἄνωθεν πᾶσιν ἀκριβῶς καθεξῆς σοι
von Anfang an allen (Ereignissen) genau, der Reihe nach dir

γράψαι, κράτιστε Θεόφιλε, **4** ἵνα ἐπιγνῷς
zu schreiben, hochverehrter Theophilus, damit du genau erkennst,

περὶ ὧν κατηχήθης λόγων τὴν ἀσφάλειαν.
über welche du unterrichtest wurdest Lehren, die Zuverlässigkeit.
(= die Zuverlässigkeit der Lehren, in denen du . . .)

würde, wenn nicht morgen, dann übermorgen wiederkehren, bestand unter ihnen kein Bedürfnis, die Erinnerungen an Jesus schriftlich festzuhalten. Das taten wohl zuerst jene Hellenisten, die später zur Jerusalemer Urgemeinde hinzustießen. Darum ist das Neue Testament auch in griechischer Sprache abgefasst und nicht in der Sprache von Jesus. Der nämlich redete Aramäisch, genau wie alle Juden seiner Zeit. Es ist denkbar, dass es auch jene Hellenisten waren, die als erste einen zusammenhängenden Bericht über die Verurteilung von Jesus aufzeichneten. Vermutlich hielten sie auch seine bis dahin nur mündlich tradierten Aussprüche fest. Das alles, versteht sich, in griechischer Sprache! Im Einzelnen können wir diese Vorgänge heute nicht mehr nachvollziehen. Alles ist durch viele Hände gegangen, bis es ins Neue Testament gelangte.

Wer war Jesus von Nazareth?

Die gesicherten Fakten seiner Biografie sind schnell erzählt. Seine Herkunft aus Nazareth in den Bergen Galiläas ist gut bezeugt. Als Eltern werden Maria und Josef genannt. Der Junge wächst unter vielen Geschwistern auf. Vier Brüder sind dabei, darunter Jakobus, der später der ersten Gemeinde in Jerusalem vorsteht. Außerdem finden sich noch verschiedene Schwestern. Als Beruf des Vaters geben die Quellen eine Tätigkeit als Zimmermann an, Jesus kommt also aus einer Handwerkerfamilie. Und das ist schon alles, was wir über seine Kindheit wissen. Erst später wuchs das Interesse an seinen jungen Jahren. Aus diesem Bedürfnis entstanden die Kindheitsgeschichten der Evangelien.

Markus, der früheste Autor, kennt noch keine Geburts- und Kindheitsgeschichten. Seine Biografie beginnt mit dem ersten öffentlichen Auftreten von Jesus als Wanderprediger.

Johannes, der letzte unter den Evangelisten, tut die Kindheitserzählungen, die er von Matthäus und Lukas kennt, mit einer einzigen Handbewegung ab. Er bettet das Erscheinen von Jesus direkt in die Existenz Gottes ein. Sein Evangelium beginnt mit den Worten:

»Am Anfang war das Wort, und das Wort war bei Gott, und von Gottes Art war das Wort. Dieses war von Beginn an bei Gott. Durch das Wort kamen alle Dinge ins Dasein. In ihm war das Leben, und das Leben wurde zum Licht der Menschheit. – Und das Wort wurde Fleisch und Blut, wohnte unter uns. Wir sahen seine Herrlichkeit, die Herrlichkeit des einzigen Sohnes vom Vater, die Zuwendung Gottes und seine Wahrheit.«

Ein philosophischer Text, der sich als solcher in unsere Sprache transportieren lässt. Bei Johannes tut sich Gott nicht kund wie am Berg Sinai. Nicht unter Blitz und Feuer. Ebenso wenig offenbart er sich in esoterischer Innerlichkeit. Das Medium ist die Botschaft: In Jesus, in seinem Menschsein wird Gott erfahren. Jesus ist Gottes »Wort«, sein Gesicht unter den Menschen.

Das Gesicht ist die Verwundbarkeit des Anderen, sein Fremd- und Anderssein. Sein Blick ist ein Ruf, der nie verstummt. Und seine nie endende Bitte heißt: Töte mich nicht! Im Leben von Angesicht zu Angesicht mit ihm gewinne ich mich als Ich, gebe mir selbst ein Gesicht. Durch ihn, den Anderen, durch sein Fremd- und Anderssein, und nur dort allein, erschließt sich uns der jenseitige Gott. Der gekreuzigte Andere, Jesus, ist Gottes wahres Gesicht.

So lässt sich die Wort-Philosophie des Johannes in heutiger Begrifflichkeit formulieren. Sie verdankt sich keiner abstrakten Überlegung, sondern kommt zur Sprache angesichts der Gegenwart Gottes in dem gekreuzigten Jesus. Das ist die Aussage, die das ganze Evangelium des Johannes durchzieht.

Solche Texte erreichen nicht alle Menschen. Matthäus ist da sehr viel erzählfreudiger. Zu dessen Zeit kursiert bereits eine Überlieferung, nach der Jesus nicht im fernen Galiläa, sondern gleich in der Nachbarschaft zur jüdischen Hauptstadt zur Welt gekommen ist: in Bethlehem. Aus Bethlehem stammte auch König David, aus dessen Geschlecht die Juden ihren Messias erwarteten. Nach Bethlehem ziehen, geleitet durch einen Stern, die Weisen aus dem Osten, um dem Neugeborenen ihre Reverenz zu erweisen. Die Weisheit des Ostens – die wir als Lehren von Zarathustra, Buddha und Laotse kennen – huldigt dem Kind. Eine deutliche Anspielung darauf, dass in dem Messias Jesus alle Schätze der Weisheit verborgen sind. Und gleich durchkreuzt sein Leben Herodes, König von Roms Gnaden, der des Kindes habhaft werden will. Und weil er keinen anderen Anhaltspunkt als das Alter des Kindes hat, lässt der grausame Mann alle Neugeborenen der Davidsstadt umbringen. Das Kind entgeht dem Mörder, weil seinem Vater Josef ein warnender Engel erscheint. Drei Jahrzehnte später wird ein Nachfolger des Herodes den Messias kreuzigen.

Im Lauf der Zeit wird die Erzählung immer bunter. Aus den Weisen werden Könige, man kennt sogar ihre Namen: Caspar, Balthasar und Melchior. Ihre verschiedenen Hautfarben versinnbildlichen seit dem 15. Jahrhundert den globalen Herrschaftsanspruch der römischen Kirche.

Wieder andere Wege geht Lukas. Auch er lässt in seinem Evangelium das messianische Kind in Bethlehem zur Welt kommen, mit deutlicher sozialer Tendenz nach unten. Keiner der Paläste des benachbarten Jerusalem ist seine

Geburtsstätte, sondern der Viehstall einer Karawanserei. Dort, im Fresstrog von Ochs und Esel findet das Kind sein erstes Bett. Keine Könige huldigen ihm, sondern die Hirten des Feldes. Das aber sind verrufene Leute. Ein Frommer, ein Pharisäer, wird sich hüten, mit ihnen in Berührung zu kommen. Schaftreiber sind unreine Leute, sogar der Normalbürger hält sie allesamt für Schurken und Gauner, die nur darauf aus sind, zu lügen und zu betrügen. Bei den kleinen Leuten, so Lukas, lädt Gott sich ein. Und die werden es nie vergessen, dass gerade unter ihnen der Heiland der Welt geboren wurde.

Wie unterschiedlich diese drei Texte sind, und wie viel Johannes, Matthäus und Lukas dabei doch gemeinsam ist. Samt und sonders Fantasie- und Seelenreisen – historisch gesehen. Aber sie gehören unlösbar zur Psychohistorie des Christentums. Sie prägen unsere Vorstellung vom Leben Jesu und damit den christlichen Glauben. Wir werden in die Geschichte einbezogen und nehmen Teil an seinem Schicksal.

Die leiblichen Geschwister von Jesus

Bei seinem ersten öffentlichen Auftritt ist Jesus etwa 30 Jahre alt. Es ist das gleiche Alter, in dem sich auch Siddharta aufmachte, in die Hauslosigkeit zu ziehen. Wie verbrachte der Sohn des Zimmermanns sein Leben? Als Ältestem oblagen ihm natürlich besondere Pflichten gegenüber den Eltern und Geschwistern, und mit dem vollendeten 13. Lebensjahr galt er als erwachsen. Geben wir der Mutter sieben Kinder, es können auch mehr gewesen sein, und rechnen wir mit dem Talmud je zwei Jahre mindestens als Stillzeit, dann kommt mit 14 sein jüngstes Geschwisterchen zur Welt. Es versteht sich, dass der Große in der Werkstatt mit anfassen muss. Jesus wird jahrelang unten in der Sägegrube verbracht haben, über sich den Baumstamm mit Josef oder einem der Brüder darauf, in beiden Händen den Sägegriff. Bohlen und Bretter wurden so geschnitten. Eine harte Arbeit! Und was für schwere, schwielige Hände das waren, die das Sägeblatt durch den Stamm zogen, Stunde über Stunde. Ich stelle mir Jesus eher muskelbepackt vor, ähnlich wie der Christus in der Sixtinischen Kapelle in Rom, den der italienische Bildhauer und Maler Michelangelo im 16. Jahrhundert schuf. Auf gar keinen Fall so ätherisch, zart und androgyn, wie frömmelnde Andachtsbilder ihn darstellen.

Er blieb so lange in Nazareth, bis das jüngste Geschwisterchen herangewachsen war, und das ergibt nach meiner Rechnung rund 30 Jahre. Von da an war Jesus von seinen familiären Pflichten befreit und konnte sein Vaterhaus verlassen.

Schalom ben Chorin, der Schriftsteller und Theologe, hat ein wichtiges Jesusbuch geschrieben, aus jüdischer Sicht. Darin wirft er die Frage auf: »War Jesus verheiratet?« Ihm ist bewusst, dass schon allein die Frage auf viele Leser schockierend wirkt. Ben Chorin stellt sie trotzdem. Und er kommt aufgrund vergleichender Talmud-Studien zu dem Ergebnis: »Ich bin also der Ansicht, dass Jesus von Nazareth, wie jeder Rabbi in Israel, verheiratet war. Seine Jünger und seine Gegner hätten ihn gefragt, wenn er von diesem allgemeinen Brauch abgewichen wäre.« In der Tat schreibt der Talmud den Rabbinern, aber eigentlich jedem Juden, Ehe- und Zeugungspflicht vor. Die Belege sind zahllos. Doch, und das übersieht Ben Chorin, diese Regeln stammen samt und sonders aus den Zeiten nach der Tempelzerstörung, wo das nackte Überleben Israels zu einem religiösen Muss wurde. Die Bevölkerung war dezimiert, und das Bevölkerungswachstum stand tief im Minus. Das sah zur Zeit der Geburt von Jesus und seinen Geschwistern anders, völlig anders aus. Damals war die Zahl der Juden auf eine nahezu schwindelnde Höhe emporgeschnellt, wie nie mehr danach in ihrer Geschichte. Der römische Kaiser Claudius gab ihre Zahl mit 6 944 000 an, einem Zehntel der Gesamtbevölkerung des Römischen Reiches. Nein, Jesus war nicht verheiratet. Doch vielleicht hätte er später eine Frau gesucht? Er war ja noch jung und bis dahin zu sehr von familiären Pflichten in Anspruch genommen. Das sind reine Mutmaßungen, gewiss. Tatsache aber ist, und das hebt auch Ben Chorin hervor, dass der Zimmermannssohn ausgesprochen »pro-feministisch« war. Darauf will ich später eingehen.

Jesus ließ keine Frau und Kinder zurück, als er sich auf die Wanderschaft begab. Können wir der Überlieferung trauen? Versuchten Mutter und Geschwister

Christus, wie ihn Michelangelo in der Sixtinischen Kapelle schuf.

wirklich, ihn daran zu hindern, wollten sie ihn sogar gewaltsam zurückholen? »Sie sagten nämlich: Er ist nicht ganz bei Sinnen!«, und erklärten den jungen Mann für geistesgestört.

Seinem Bruder Jakobus begegnen wir später als Gemeindeleiter in Jerusalem: ein durch und durch der Tora ergebener Mann, der, wie schon erzählt, sich im Tempel Schwielen an den Knien betete. Irgendwann soll er sogar den Märtyrertod erlitten haben, was aber sehr wahrscheinlich in den Bereich der Legenden gehört. Als Paulus im Jahr 54 seinen Brief an die Korinther schrieb, lebte der Jesusbruder jedenfalls noch. Paulus zählt Jakobus aus Nazareth unter denen auf, die zu den ersten Zeugen der Auferstehung wurden. Demnach gehörte Jakobus von Anfang an zu den ersten Anhängern von Jesus, und nach dessen Kreuzigung wurde ihm darum die Gemeindeleitung übertragen. In dieser Funktion wirkte Jakobus unbehelligt zwei Jahrzehnte lang. Ein Jude, der sich in nichts von den übrigen Juden unterschied, es sei denn durch seinen besonderen Gesetzeseifer.

Ich sehe Jakobus als einen Mann von eher konservativem Zuschnitt vor mir, die Jerusalemer Christengemeinde als einen etwas schlafmützigen Verein, ängstlich darauf bedacht, kein öffentliches Ärgernis zu erregen, mit den Religionsbehörden friedlich auszukommen. Neben Jakobus aus Nazareth erscheinen, wieder nach Ausweis von Paulus, noch andere leibliche Jesusbrüder in Leitungsfunktionen der ersten Gemeinde. Sie waren verheiratet und sind irgendwann aus Nazareth in die Hauptstadt übergesiedelt.

So weit die Tatsachen, nun die Fragen. Wie haben die leiblichen Geschwister von Jesus seine Botschaft verstanden, wenn sie aus seiner Gemeinde ein Familienunternehmen machten? Und aufgrund welcher Qualifikationen hat man ihnen Leitungsfunktionen zugestanden? Waren seine Geschwister etwa auch Augen- und Ohrenzeugen der Taten und Werke ihres Bruders? Während der Zeit seines öffentlichen Auftretens? Die Evangelien berichten darüber nichts. Im Gegenteil: Es heißt immer, dass seine eigene Familie sich dem Bußund Wanderprediger gegenüber äußerst reserviert verhalten habe. »Auch seine Brüder glaubten nicht an ihn«, lesen wir bei Johannes. In Jerusalem treffen wir sie plötzlich wieder, als Familienclan! Da bleibt nur der Schluss, dass es die leibliche Verwandtschaft mit Jesus war, die Jakobus und seine Brüder ins Amt brachte. Religiöse Vetternwirtschaft.

Der Mann, der aus der Wüste kam

Nach Auskunft der drei ersten Evangelisten betrug die Zeit der öffentlichen Wirksamkeit von Jesus gerade mal ein einziges Jahr. Nur Johannes rechnet mit drei Jahren. Was sind ein, zwei Jahre in der Weltgeschichte? Wie konnte ein einzelner Mensch in so kurzer Zeit die Welt aus den Angeln hebeln? Was war an seiner Botschaft so umwerfend, dass sie die Menschen derart elektrisierte? Wie erklärt sich ihre spontane Breitenwirkung? »Er lehrte sie wie einer, der authentisch redet, und nicht wie ihre Schriftgelehrten«, heißt es bei Markus. Was soll man sich darunter konkret vorstellen? Was versetzte die Religionsbehörden daran so in Panik, dass sie kurzerhand mit den schärfsten Maßnahmen reagierten? Ich bezweifele, ob wir jemals völlig schlüssige Antworten finden werden. Dazu ist die Jesus-Überlieferung durch zu viele Hände gegangen. Was ihre erdbebenartige Wirkung ausmachte, können wir bestenfalls annähernd rekonstruieren.

Immerhin, ich will es versuchen. Ich sehe einen jungen Mann seine Familie verlassen, der das Gefühl hat, dass eine große Wende bevorsteht. Etwas liegt in der Luft, doch was es ist, kann er selbst noch nicht recht sagen. Nur ein Gefühl ist es. Zu bedrängend, als dass er es abweisen könnte. Er stammt aus einer frommen Familie, die ihn vielleicht nicht ziehen lassen wollte. Denn alle in Galiläa wissen, wie drohend die Zeitläufe sind. Wanderprediger durcheilen das Land, verkünden apokalyptische Zeichen.

Ein paar Tagesmärsche östlich, in der Jordansenke, taucht ein Prophet auf. Johannes der Täufer (nicht zu verwechseln mit Johannes dem Evangelisten), begleitet von seinen Schülern. Das Volk drängt zu ihm. Menschen, die spüren, dass etwas Bedrohliches unterwegs ist. Wenn es eintrifft, wird nichts mehr so sein wie früher. »Macht euch aufs Schlimmste gefasst!«, ruft Johannes ihnen zu. Sogar aus Jerusalem sind sie die Berge hinabgestiegen, um den Propheten zu sehen. Bekleidet mit einer Kamelhaut. Heuschrecken und wilder Honig sind seine Nahrung, so erzählt man sich. Nomadenkost. Muss Israel zurück in die Wüste? Zurück, um in der Wüste wandernd zu büßen? Wie zu Moses Zeiten?

»Bildet euch bloß nichts ein!«, ruft der Wüstenmann ihnen zu. »Bildet euch bloß nichts ein! Ihr sagt, wir haben den Tempel, der Tempel Jahwes ist hier. Ihr sagt, was kann uns schon geschehen, sind wir nicht Abrahams Same? Ich sage euch, der Ewige ist auf euch nicht angewiesen! Aus den Steinen hier könnte er sich Kinder wecken! Geht in euch!« Und die Leute fragen: »Was sollen wir denn tun?« »Bringt euer Herz zusammen, schwört aller Halbherzigkeit ab, kehrt um, beginnt geschwisterlich zu leben!«, antwortet der Täufer. »Und wem es ernst ist, der tauche jetzt in den Fluss, dass er als neuer Mensch auferstehe! Folgt dem Beispiel unserer Väter! Die aus der Wüste kamen, durch den Jordan schritten, um reinen Herzens im Land zu wohnen!« So, oder so ähnlich, stelle ich mir die Bußpredigt von Johannes dem Täufer vor.

Unter denen, die durchs Wasser zu neuem Leben finden und sich von Johannes taufen lassen, ist auch Jesus von Nazareth.

Die Taufe, so berichten die Evangelien, wurde zum Wendepunkt in seinem Leben. Hat Jesus in diesem exstatischen Augenblick den »Himmel über sich offen gesehen«, wie es später heißt? Ist der Geist über ihn gekommen, dass es den Zimmermannssohn hinaus in die Wüste trieb? »Und er wurde in der Wüste vom Satan versucht, und er lebte unter den Tieren, und die Engel dienten ihm«, schreibt Markus.

Ich fühle mich an den alten Bericht über den Propheten Elia erinnert, auf dessen Wiederkehr Israel damals hoffte. Auch den hatte es in einer elementaren Krise hinaus in die Wüste gezogen:

Johannes der Täufer.

»Da wanderte Elia vierzig Tage und vierzig Nächte bis an den Gottesberg Horeb. Dort zog er sich in eine Höhle zurück, um da die Nacht zu verbringen. – Und siehe, es ging Jahwe vorbei, ein großer starker Wind, der die Berge zerriss und die Felsen zerbrach, kam vor ihm her. Aber Jahwe war nicht in dem Wind. Nach dem Wind aber kam ein Erdbeben. Aber Jahwe war nicht in dem Erdbeben. Nach dem Erdbeben kam ein Feuer. Aber Jahwe war nicht in dem Feuer. Nach dem Feuer kam Stille, wie ein Wispern. Als Elia das hörte, schlug er den Mantel vors Gesicht und trat in den Eingang der Höhle. Und siehe, da kam eine Stimme zu ihm: Was tust du hier, Elia?«

In der Wüste findet Elia seinen Auftrag. Jahwe schickt ihn gegen das Königtum von Israels Nordreich. Der Prophet wird dem König den Untergang ankündigen. In der Wüste erfährt auch Jesus von Nazaret seine Berufung.

»Selig sind die geistlich Armen«

Der Auftrag, mit dem Jesus die Wüste verlässt und an die Öffentlichkeit tritt, ist in dem programmatischen Satz enthalten: »Selig sind die geistlich Armen, denn das Königreich der Himmel kommt zu ihnen!«

Dieses Wort bildet den Auftakt zur Bergpredigt. Den Verdammten der Erde spricht sie Gottes Verheißung zu: »Selig sind die Trauernden, denn sie sollen getröstet werden. Selig sind die Sanften, denn sie sollen das Erdreich besitzen. Selig, die hungern und dürsten, dass ihnen Gerechtigkeit widerfährt, denn sie sollen gesättigt werden. Selig sind, die reinen Herzens sind, denn sie sollen Gott schauen. Selig sind, die Frieden stiften, denn sie sollen Gottes Töchter und Söhne sein.«

Wichtig ist, die Adressaten der Botschaft vor sich zu sehen. Wer sind jene »geistlich Armen«, an die Jesus sich wendet? Es sind die religiös Verarmten, Enteigneten und Deklassierten, kurz: das religiöse Proletariat.

In dieser Zeit funktioniert der religiöse Apparat Israels tatsächlich wie ein kapitalistisches System: Die Frommen werden immer frömmer, und die religiösen Habenichtse verarmen immer mehr! Der Kultbetrieb funktioniert reibungslos, am Pessach-Fest waten die Priester knöcheltief im Opferblut. Die oberen Zehntausend lassen Teppiche vor sich ausrollen, wenn sie das Heiligtum besuchen. Ehe er den schmutzig-blutigen Altardienst versieht, streift sich der Hohepriester seidene Handschuhe über. Die Frommen Israels, die Pharisäer, machen Gewinn mit ihren Verdiensten um die Tora. Alle häufen religiöses

Kapital auf, das Volk aber geht leer aus. Seiner nimmt sich keiner an. Nicht die arroganten oberen Zehntausend, nicht die Pharisäer, die dem Volk fluchen, das die Tora nicht achtet. Auch die Überlieferung des Talmud spart rückblickend nicht mit Kritik an der Frömmigkeit jener Tage: Als die Römer den Tempel in Flammen aufgehen ließen, »verbrannten sie ein Gebäude, das ohnehin nur noch Asche war.« Ein vernichtendes Urteil!

Zu den religiös Deklassierten, den »geistlich Armen«, fühlt sich Jesus hingezogen. Die vom offiziellen Religionsbetrieb Aussortierten sind seine Adressaten, die »verlorenen Schafe Israels«, wie es bei ihm immer wieder heißt. Die religiöse Elite interessiert sich nicht für das spirituelle Vakuum, das sie selbst geschaffen hat. Sie existiert nur noch für sich selbst. Der Zimmermannssohn springt für die Religionsbeamten ein, er übernimmt das verwaiste Hirtenamt: »Was meint ihr? Wenn ein Mensch 100 Schafe hat und es verläuft sich eins davon, wird er nicht die 99 auf den Bergen lassen, und er macht sich auf und sucht das vermisste? Und wenn er es glücklich findet, denkt ihr nicht, er wird sich mehr daran freuen als an den 99 anderen? Ich sage euch, es ist der Wille eures Vaters in den Himmeln, dass ihm nicht eins dieser Kleinen verloren gehe!« So wird Jesus zum Guten Hirten.

Die »verlorenen Schafe«, das sind konkret die Steuereintreiber. Sie werden religiös diskriminiert, weil sie zwangsläufig mit den kultisch Unreinen, den Gojim der Besatzungsmacht in Berührung kommen. Sogar der Schatten eines Zöllners kann einen Frommen beschmutzen. Stellvertretend für alle anderen religiös verachteten Berufe sind die »Hirten des Feldes« aussortierte, unreine Leute. Ebenso die als religiös minderwertig etikettierten Frauen, die Prostituierten voran, die Behinderten, Leprösen, Bettelarmen, kurzum alle, die sich den Luxus eines religiösen Lebens nach den 613 Geboten der Tora nicht leisten können. Sie und alle anderen religiös Deklassierten sind die Zielgruppe der Botschaft von Jesus. Ständig tauchen ihre Repräsentanten in seinen Reden auf, zum Beispiel in den Gleichnissen.

»Zwei Männer gehen zum Beten hinauf in den Tempel. Einer gehört zur Gesetzespartei, der andere ist Steuereintreiber, ein Unberührbarer. Der erste stellt sich hin und betet: Gott, gut, dass ich nicht bin wie andere Leute, die stehlen, Unrecht tun, ehebrecherisch leben, und dass ich nicht so bin, wie dieser Steuereintreiber da. Ich faste zweimal in der Woche, ich gebe den Zehnten meiner Einnahmen als Spende! Der Steuereintreiber aber bleibt weit weg stehen. Er traut sich nicht die Augen aufzuheben, schlägt die Hände vors Gesicht und sagt: O Gott, habe Mitleid mit mir, ich bin so fern von dir! Beide kommen aus dem Tempel«, schließt Jesus, »doch ich sage euch, anders als der andere wird der Unberührbare Gott gerecht.«

Ein zweites klassisches Gleichnis, mit dem Jesus seine Parteinahme für die »geistlich Armen« verteidigt, erzählt von einem verlorenen Sohn: »Ein Mann hat zwei Söhne. Der jüngere sagt ihm: Ich will meine Abfindung, den Teil meiner Erbschaft! Da teilt der Vater den Besitz zwischen beiden auf. Kurz darauf macht der jüngere alles zu Geld, geht ins Ausland und verjubelt es. Da kommt eine Hungersnot ins Land, und der Junge hat nichts mehr zu essen. Jetzt geht es ihm schlecht. Er macht sich an einen Einheimischen heran, der schickt ihn zu seinen Schweinen aufs Feld, die soll er hüten. Der Junge hätte gern was von ihrem Fressen abgehabt, doch selbst davon bekommt er nichts. Da kommt er zu sich und sagt: Die Arbeiter von meinem Vater haben mehr Brot als sie brauchen, und ich sitze hier, und mich bringt der Hunger um. Ich will weg, zu meinem Vater gehen und sagen: Vater, ich habe mich verkehrt verhalten, gegen den Himmel und dich. Ich verdiene nicht mehr, dein Sohn zu sein. Stelle mich bei dir als Arbeiter ein. Der Junge geht los und kommt zu seinem Vater. Er ist noch ein ganzes Stück weg, da erblickt ihn schon sein Vater von weitem. Es geht ihm durch und durch, wie er den Jungen da kommen sieht, er läuft los, fällt seinem Sohn um den Hals und küsst ihn. Der aber sagt: Vater, ich habe mich verkehrt gegen den Himmel und dich verhalten. Ich verdiene nicht mehr, dein Sohn zu sein. Doch der Vater ruft die Hausangestellten: Schnell, holt die besten Anziehsachen, steckt ihm Ringe an die Finger, bringt Sandalen für seine Füße. Nehmt das Mastkalb und schlachtet es, wir wollen feiern und fröhlich sein. Hier ist mein Sohn, er war tot, und jetzt ist er wieder da, er war weg, und jetzt habe ich ihn wieder! Also feiern sie. Aber der ältere Sohn ist nicht dabei, der arbeitet noch draußen auf dem Feld. Als er heimkommt, in der Nähe des Hauses ist, hört er das Singen und Tanzen. Und er ruft einen Angestellten und fragt: Was soll das? Der sagt ihm: Dein Bruder, der ist gekommen. Dein Vater hat ihm das Mastkalb schlachten lassen, weil er ihn gesund wieder hat! Da wird der große Bruder böse. Er weigert sich, das Haus zu betreten. Schließlich kommt der Vater heraus und redet ihm gut zu. Doch er antwortet: Die ganzen Jahre plage ich mich für dich, ständig habe ich getan, was du wolltest. Und was habe ich davon? Mir hast du noch keinen Ziegenbock zum Schlachten gegeben, dass ich mir auch mal einen schönen Tag mit meinen Freunden machte. Aber der da, dein Sohn, hat sein Geld mit Huren durchgebracht und kriegt auch noch das Mastkalb geschlachtet! Mein Junge, sagte der Vater, du bist doch immer bei mir, und alles, was ich habe, gehört auch dir. Aber dein Bruder war tot, und jetzt ist er wieder da! Er war weg, und jetzt habe ich ihn wieder! Das muss doch gefeiert werden, da muss man sich doch freuen.«

Begriffe wie Proletariat oder Kapitalismus mag ich eigentlich nicht, weil sie zu abgegriffen sind. Doch hier sind sie am Platz. Sie bringen die Provokation der Botschaft von Jesus auf den Punkt. Seine anstößige Solidarisierung mit den Unberührbaren. Die herrschende Religionskaste sah durch den Wanderprediger ihr ganzes System infrage gestellt, in dem es schließlich nur noch um die Anhäufung von religiösem Kapital in Form von verdienstlichen guten Werken ging. Dass sich der Jesus mit den Unberührbaren solidarisierte, mussten die Behörden als Aufruf zum religiösen Klassenkampf verstehen, und damit hatte sich Jesus um allen Kredit bei ihnen gebracht.

Die panische Reaktion der Jerusalemer Behörden kann man nachvollziehen, wenn man sich vor Augen hält, wie sogar die vergleichsweise liberalen Magistrate der griechischen Städte den missionierenden Paulus abstraften: mit öffentlicher Geißelung, Auftrittsverboten und gewaltsamer Ausweisung. Paulus sprach ähnliche Adressaten an wie Jesus. An die Christen von Korinth schreibt er:

»Selig sind die geistlich Armen.«
Christus lehrend, wie ihn Rembrandt um 1632 sah.

»Schaut doch euch an, Geschwister, seht, wer die sind, die Gott beruft. Von den so genannten gebildeten Leuten gibt es bei euch nicht viele. Nur wenige haben auch einflussreiche Stellungen, bloß ein paar stammen aus angesehenen Familien. Denn Gott hat sich für die entschieden, die man sonst für dumm verkauft, und stellt so die Leute bloß, welche sich für aufgeklärt halten. Für die so genannten Schwachen entschied er sich, und stellt damit die Herrschenden bloß. Für die so genannten kleinen Leute, für die Zurückgesetzten, entschied er sich, für Menschen, die nichts gelten. Das, was als Größe unter den Menschen gilt, bringt er damit um seine Geltung und macht damit den Anspruch der herrschenden Verhältnisse zunichte. Ihr aber seid durch Gottes Berufung in der messianischen Gemeinschaft von Jesus.«

Eine andere Sprache wie bei Jesus, die Verwandtschaft jedoch ist nicht zu überhören. Bei diesem kam noch hinzu, dass er aus Galiläa stammte. Das war keine gute Adresse für einen gläubigen Juden. Ausländer waren dort nach der Vertreibung der Zehn Stämme in großem Umfang ansässig geworden, und so konnte man bei galiläischen Juden nie ganz sicher sein, ob es sich bei ihnen um Samen aus »heiligem Samen« handelte. In der Hauptstadt schätzte man die Fruchtbarkeit der Provinz, die »Königsleckerbissen« lieferte. Ihre Einwohner galten aber als Juden zweiter Klasse. »Was kann aus Nazareth Gutes kommen?«, heißt es in einem der Texte. Noch in späteren Zeiten urteilte der Talmud über die Nordprovinz: »Galiläa, Galiläa, du hasst die Lehre, schließlich wirst du den Räubern gehören!«

Frauen um Rabbi Jesus

Anstößig wirkte auch der Umgang von Jesus mit Frauen. Sie begleiteten den Prediger auf seinen Wanderungen, kamen für seinen Unterhalt auf, beherbergten ihn und die Seinen. Und Jesus stellte sich vor sie. Alles Handlungen, die bei einem Rabbiner befremdlich wirken mussten. Frauen waren nicht voll religionsmündig. »Mögen die Worte der Tora verbrannt werden, doch man soll sie nicht den Frauen in die Hand geben«, befand einer der Gesetzeslehrer: »Die Weisheit der Frau ist in ihrem Webstuhl!«

Ich lese mit Vergnügen jene kleine Begebenheit, die Lukas erzählt: Jesus kehrt unterwegs mit seinen Leuten im Hofhaus der Marta ein. Die rennt los und veranstaltet einen riesigen Wirbel, um ihre Gäste zu bewirten. Unterdessen sitzt ihre Schwester Maria bei den Männern und folgt ihren Gesprächen. Schließlich wird es Marta zu dumm, und sie beschwert sich. Jesus solle doch Maria anhalten, ihr zur Hand zu gehen! Jesus antwortet: »Marta, du machst dir viel zu schaffen, Maria aber hat Wichtigeres zu tun!« Ein Ausspruch, der mich an die griechische Philosophin Hipparchia erinnert. Sie wanderte mit ihrem Mann durch Stadt und Land und lehrte. Natürlich zog sie sich dabei Hohn und Kritik zu. Der Platz einer Frau sei schließlich das Haus. Hipparchia antwortete: »Statt meine Zeit am Webstuhl zu vertun, nutze ich sie lieber für meine Bildung!« Sie waren Schwestern im Geist, Hipparchia und Maria, die eine Griechin, die andere Jüdin.

Auch Paulus gelten Frauen als gleichwertige Christinnen. Einige seiner Mitarbeiterinnen sind namentlich bekannt, darunter Junia, die Apostelin. Gerade über Frauen, die in der damaligen Gesellschaft grundsätzlich politisch und religiös deklassiert waren, nahm die Frohbotschaft ihren Weg in die Völkerwelt des Mittelmeerraums. Profitierten doch gerade sie von der paulinischen Verkündigung: »Ihr seid zur Taufe auf den Messias untergetaucht und seid sozusagen damit in seine Haut geschlüpft. Da hat es nichts mehr zu sagen, ob einer Jude ist oder Nichtjude, Sklave oder frei, Mann oder Frau. In der messianischen Gemeinschaft seid ihr alle gleich und eins.«

In der dritten und vierten Christengeneration wendete sich das Blatt allerdings aufs Neue. Die auf den Mann fixierte Gesellschaft kassierte die neue christliche Freiheit der Frauen wieder ein.

Warum musste Jesus sterben?

Statt vom religiösen Klassenkampf rede ich lieber von der großen Volksnähe der Jesus-Botschaft: von seiner erzählenden, so gar nicht lehrenden und belehrenden Sprache, von seinem Umgang, der Lebens- und Tischgemeinschaft mit den Unberührbaren. Alles summierte sich zu einem überwältigenden Eindruck, den seine Person bei den Menschen hinterließ. Sein Charisma verleitete sie, in ihm mehr zu sehen als nur den Buß- und Wanderprediger. »Ist dieser nicht des Zimmermanns Sohn?«, fragten sich die Leute. »Heißt nicht seine Mutter Maria und seine Brüder Jakobus und Josef und Simon und Judas? Und sind nicht auch seine Schwestern bei uns? Woher hat er dieses alles?« War dieser Joschua ben Mirjam vielleicht der Vorläufer des Messias? Oder gar der Gesalbte selbst? So entstand, gleichsam über Nacht, eine galiläische Massenbewegung. Ihre Spontaneität, ihr rasantes Wachstum lösten im krisengeschüttelten Jerusalem Alarm aus. Und als Jesus seine Bewegung dann auch noch ins judäische Land trug, hatte er sich sein Todesurteil eigentlich schon selbst gesprochen.

Massenbewegungen, aus welchem Anlass auch immer, brachten die Verantwortlichen von Jerusalem in Panik, denn sie endeten fast immer in einem Blutbad. Pontius Pilatus, der römische Statthalter, war da nicht zimperlich. Noch war das Massaker im Stadtzentrum nicht vergessen, als der Prokurator den Befehl gegeben hatte, »die Schreier mit Schlagstöcken zu bearbeiten, und als es plötzlich Schläge hagelte, verloren viele Juden dabei das Leben, andere wurden auf der Flucht von ihren eigenen Landsleuten niedergetrampelt«. Jesus mussten solche Vorfälle bekannt sein, als er an der Spitze der galiläischen Pilgerschar zum Pessach-Fest nach Jerusalem aufbrach.

Was trieb ihn dorthin? Erwartete er, dass Elia ihm zur Hilfe kommen werde? Elia, ein Einzelner, der allein auf sich gestellt, ein ganzes Königreich bis in die Fundamente erschüttert hatte? »Selig sind die geistlich Armen«, hatte Jesus, gleichsam wie ein neuer Moses, in der Bergpredigt verkündet. Sollte ihnen, den Fallengelassenen, den Verlorenen, den Enteigneten nicht das Erdreich gehören? Nicht auch Jerusalem? Nicht auch der Tempel? Natürlich, Jesus musste sich in die Hauptstadt wagen, ins Zentrum der religiösen Macht. Er musste es tun, keine Frage, weil er den Behörden auf lange Sicht unmöglich ausweichen konnte.

Aus heutiger Distanz können wir nicht sagen, wieso Jesus in Jerusalem scheiterte. Die einschlägigen Berichte wurden von der konservativen Jakobus-Gemeinde überliefert, wahrscheinlich von Griechenjuden schriftlich festgehalten und redigiert, und die Texte sind ständig wechselnden Interessen dienstbar gemacht worden. Wir werden also nie genau erfahren, wieso der Konflikt binnen weniger Tage bis zu dem gewaltsamen Ende von Jesus eskalieren musste. Ich denke, dass er sich schließlich selbst freiwillig den Behörden stellte, um ein drohendes Blutbad unter seinen Anhängern abzuwenden. »Keiner hat größere Liebe als dass er sein Leben lässt für seine Freunde«, sagt Jesus im Johannes-Evangelium. Vielleicht tat er es in der Hoffnung auf einen fairen Prozess? Kaiphas aber, der amtierende Hohepriester, soll geraten haben, kurzen Prozess zu machen: »Es ist besser, dass ein einziger Mensch sterbe für das Volk, als dass das ganze Volk verderbe.« Und so geschah es dann auch. Der Prozess war eine Farce, eine Nacht- und Nebelaktion.

Dies ist meine Version. Doch ging nicht auch Sokrates, wie Platon erzählt, freiwillig in den Tod? Lieber als dass den Freunden, mehr noch, lieber als dass dem geliebten Athen durch seine Flucht Schaden entstünde? Ähnlich verstehe ich die Todesmahlzeit von Jesus, das gebrochene Brot, »für euch in den Tod gegeben«, buchstäblich und wörtlich.

Später betrachtete man die Kreuzigung als kultisches Sühneopfer. Jesus sah seinen Tod gewiss nicht so, Paulus aber schon. Und dessen griechisch-römische Hörer wie auch seine Leser begriffen spontan. Rauchten doch überall in der Welt die Altäre (nur nicht bei den Buddhisten!), flossen doch im Römischen Reich täglich Ströme von Blut, um die Götter zufrieden zu stellen. Mit dem Opfertod des Jesus Christus waren alle Blutrituale gegenstandslos geworden. Einer, der Gottessohn, hatte für alle geblutet, das war genug. Die Altäre begannen zu verwaisen.

Ich lege den Leserinnen und Lesern die Kreuzigung von Jesus nach dem Evangelium des Lukas vor:

»Und als sie kamen an die Stätte, die da heißt Schädelstätte, kreuzigten sie ihn daselbst und die Übeltäter mit ihm, einen zur Rechten und einen zur Linken. Jesus aber sprach: Vater, vergib ihnen, denn sie wissen nicht, was sie tun! – Aber der Übeltäter einer, die da gehenkt waren, lästerte ihn und sprach: Bist du nicht der Christus? Hilf dir selbst und uns! Da antwortete der andere, strafte ihn und sprach: Fürchtest du dich auch nicht vor Gott, der du doch in der gleichen Verdammnis bist? – Und er sprach: Jesus, denke an mich, wenn du in dein Reich kommst! Und Jesus sprach zu ihm: Wahrlich ich sage dir: Heute noch wirst du mit mir im Paradiese sein! – Und die Sonne verlor ihren Schein, und der Vorhang des Tempels riss mitten entzwei. Und Jesus rief laut und sprach: Vater, ich befehle meinen Geist in deine Hände! Und als er das gesagt, verschied er.«

Wieder kein historischer Bericht, sondern ein Glaubenszeugnis, das durch viele Hände gegangen ist. Doch auch hier bleibt Jesus bis zuletzt den »geistlich Armen« zugewendet. Mit ihm »im Paradiese« sollen sie sein, wie jener Totschläger, Räuber oder Verbrecher, den seine letzte Botschaft erreichte.

Jesus und Amida – im Geist verwandt

Wie eindrücklich das alles ist. Und nach unserem Gefühl einmalig. Doch, erinnern wir uns, im japanischen Amida-Buddhismus findet die Gnadenlehre des Westens ihre östliche Entsprechung. Auch hier kann ich übersetzen: Amida glaubt an uns: Ich muss ihn nicht erst dazu bewegen, ich käme immer schon zu spät! Hat doch Amida geschworen, sich keine Ruhe zu gönnen, bis alle Wesen die Buddhaschaft erlangt haben. Lesen wir einen Text von Honen, dem Lehrer Schinrans, im 13. Jahrhundert entstanden.

»Die Gnade ist es, einzig und allein. Durch sie hilft uns Amida mit seiner Kraft. Worauf sonst sollen wir unser Vertrauen setzen? Wir können nichts daran ändern, dass wir ständig wieder in Sünde fallen. Ob wir gehen, stehen, ob wir liegen oder sitzen. Auch wenn wir reine Gedanken in uns wecken, ist das nicht flüchtig, wie Schreiben auf Wasser? Dann kommen die Wogen von Begierde und Hass wieder angebraust, keinen Augenblick setzen sie aus! Wie soll ich also im Stande sein, dem Zustrom vom sündlichen Karma ein Ende zu bereiten? Ich armer Sünder! Herr hilf! Namu Amida Butsu! Doch höre, Amida ist ein Erbarmer. Er will gerade solchen Sündern helfen, sie sollen die Buddhaschaft erlangen! Zum Eingehen ins Leben sind gerade darum die Sünder bestimmt. Menschen, die ihr Vertrauen auf die Kraft eines anderen setzen. Sagt doch bereits das Sprichwort: Wenn schon die Guten ins Leben eingehen, wie viel mehr erst die Sünder!«

Es ist schwer, da noch einen Unterschied zwischen Ost und West zu sehen. Ist aber nicht Honens Amida eine reine Fantasiegestalt? Ja und Nein! Wie der Christus von Paulus seinen Rückhalt im historischen Jesus findet, so ist Amida nicht denkbar ohne den jungen Siddharta, der auszog und als Buddha die Erleuchtung fand. Wie Jesus ein halbes Jahrtausend später.

Mir sind solche Parallelen wichtig. Bekräftigen sie sich doch gegenseitig. Sie bestärken in mir den Wunsch, die Religionen möchten endlich aufhören, Nabelschau zu betreiben. Wenn sie ihre unverwechselbaren Profile bewahrten und trotzdem zusammenfänden, hätten die Stimmen vom Papst und Dalai Lama mehr Gewicht. Dann könnten sie dem schlingernden Planeten Erde besser helfen, auf Kurs zu bleiben.

Römische und reformatorische Christenheit

Amida-Buddhismus und Christentum sind anspruchsvolle Religionen, weil sie darauf bestehen, dass die Gnade umsonst ist. Wer mag das schon glauben? Umsonst ist allein der Tod, sagt ein Sprichwort. Wir investieren und drücken die Daumen, dass es sich auszahlt im Jenseits. So sind wir es gewohnt.

Vom Schenken unter kontrollierten Bedingungen leben die Priesterreligionen. Vom Misstrauen gegen die Gnade, hätte Paulus gesagt. Sein Glaube sperrt sich gegen priesterliche Mittelsmänner zwischen Gott und Mensch, die mit besonderen göttlichen Vollmachten ausgestattet sind und die kultischen Handlungen stellvertretend für den »normalen« Menschen vollziehen. Der offizielle Titel des Papstes hebt diese Funktion ganz hervor: Der Papst ist der Pontifex maximus, ein Brückenbauer zwischen Gott und seinen Geschöpfen, oberster Mittelsmann. Offenbar ist es ein menschliches Bedürfnis, lieber über Brücken zu gehen als womöglich ins Schwimmen zu geraten.

Ursprünglich war das Christentum überhaupt keine Priesterreligion. Verschiedene Gemeindeämter gab es schon bald in der jungen Kirche, doch erst in der sechsten Generation tritt zwischen Gott und die Gläubigen eine beamtete Priesterschaft. Ein Rückfall in vordemokratische Verhältnisse, so sehe ich es. Um einen Esstisch hatten sich die ersten Generationen zum Liebesmahl versammelt, durch das Dazwischentreten des Priesters wurde daraus ein Opferstein. Immerhin, man trieb nicht von Neuem Tiere zum Abschlachten an die Altäre. Aber auch die Altäre der Christen rauchten, Weihrauchwolken quollen zum Himmel. Und was brachte der christliche Priester seinem Gott dar? Sie erneuerten den Opfertod, den Jesus gestorben war: Sie bannten dessen Fleisch in Brot, dessen Blut in Wein, und boten es Gott als Sühneopfer an: als »unblutiges Opfer«, wie man gegenüber den Andersgläubigen gern betonte. Jesus, der sich für die Seinen aufgeopfert hatte, wurde zum Lamm Gottes, das die Sünde der Welt trägt. Damit hatte das Christentum endgültig Anschluss an die blutigen und rauchenden Altäre seiner Umwelt gefunden – und brachte sich als religiöse Konkurrenz in Position.

Von der Priesterkirche war es nur ein kleiner Schritt zur Papstkirche. Und das unter der Berufung auf Jesus, als hätte Joschua ben Mirjam, der Jude, sich die Füße küssen lassen! Hätte Jesus selbst, der immer die Partei der Schwachen und Benachteiligten ergriff und für Gleichberechtigung plädierte, ein solches hierarchisches Gebilde in seiner eigenen Gemeinde wohl jemals geduldet? Judentum und Islam müssen sich ständig neu über ihre Heiligen Schriften legitimieren, und das entfiel im christlichen Abendland. Die päpstliche Autorität begründete sich nicht über Buchstabenfolgen, sondern in der Nachfolge von Petrus, dem Sprecher der ersten Gemeinde. »Du bist Petrus, und auf diesen Felsen will ich meine Kirche bauen«, soll Jesus zu ihm gesagt haben. Alle Päpste sahen sich als dessen Amtsnachfolger. Das Studium der Heiligen Schrift überließen sie den Religionsphilosophen, den Theologen.

Andererseits, ohne die päpstliche Schirmherrschaft wäre unser Europa so nicht entstanden. Wir wären vermutlich Hinterwäldler, Barbaren geblieben. Seit dem Mittelalter, jener Periode in der europäischen Geschichte zwischen dem 4. und dem 15. Jahrhundert, wurde die Kirche zur Hüterin unseres Wissens, unserer Bildung. In ihren Klöstern wurden die Schriften der Wissenschaften und Künste aufbewahrt, dort wurden sie studiert und kopiert, sorgfältig abgeschrieben, reichhaltig verziert und in schweren Kodizes gebunden. So sind die Werke der antiken Schriftsteller und Philosophen, der Mediziner, Astronomen und Mathematiker in unsere Zeit gekommen und zur Grundlage unseres heutigen Denkens geworden. Ohne die kirchliche, ohne die päpstliche Macht wäre das nicht möglich gewesen. Nur deshalb verzeihe ich der Papstkirche vieles. Nein, nicht die Kreuzzüge, in denen sich die Christen des Abendlandes vom 11. bis zum 13. Jahrhundert anschickten, die heiligen Stätten Palästinas von den islamischen Herrschern zurückzuerobern. Nicht die Scheiterhaufen für die Andersdenkenden, auf denen die Papstkirche lange Zeit jeden verbrannte, der sich gegen ihre Lehre stellte. Nicht die Hexenprozesse, in denen bis ins 17. Jahrhundert hinein zahllose Frauen zu einem grausamen Tod verurteilt wurden. Auch nicht die Verketzerung der Reformation.

Martin Luther, der Begründer der Reformation, ließ kein gutes Haar an der Papstkirche: »Gibt es eine Hölle, so steht Rom darauf«, pflegte der ehemalige Mönch zu sagen. Die Reaktion der Kirche ließ nicht lange auf sich warten. Im Jahr 1518 übergab die Kurie, Roms päpstliche Verwaltung, Luther, das »Wildschwein aus dem Walde«, als Gottesfeind und Ketzer offiziell dem Teufel.

Luther hatte in der Tat das Papsttum frontal angegriffen. Er diffamierte die Papst- und Priestermacht als »Babylonische Gefangenschaft« der Christen: »Alles ist durch die Papstesel verdunkelt und unterdrückt!« Mit solchen Pauschalurteilen war er fix bei der Hand, seit ihm noch als Mönch die Vision einer Kirche rein von Gottes Gnaden aufgegangen war. Diese war ihm in den Briefen von Paulus begegnet. Dessen anarchische Frömmigkeit, gesetzes- und priesterfrei, blieb der Großkirche immer verdächtig. An einem Glückstag entdeckte Martin Luther sie wieder, holte das Neue Testament »unter der Bank hervor« und konfrontierte die Öffentlichkeit damit. Die Menschen rieben sich die Augen. Solche Ketzereien standen in der Bibel? Luther übersetzte das Neue Testament, seinen Paulus, ins Deutsche, damit sich die Leute selbst ein Bild von der Sache machen konnten. Die Magd trug das Büchlein im Busenband, der Professor setzte die Brille auf, und so verbreitete sich sein Protest gegen die Kirche in Windeseile durch Europa. Der Stuhl des Papstes wankte. Die drei Worte »allein aus Gnade« wirkten wie ein Erdbeben.

Die »Freiheit vom Gesetz« trug Luther in seinen Predigten und Streitschriften unablässig vor, wenn nötig polternd, wütend, starrköpfig bis zuletzt. Gegen die

»allein selig machende« Priesterkirche führte er den allein selig machenden Glauben ins Feld: »Glaubstu so hastu, glaubstu nit, so hastu nit«, pflegte er zu sagen. Zum Glauben gelangt der Mensch durch spontane Erleuchtung, genau wie im Zen-Buddhismus. »Wäre unser Glaube so gewiss und stark, wie er wohl sein sollte, so könnten wir vor großer Freude nicht leben.« Ohne Buddha keine Erleuchtung, so haben wir erfahren. Hier heißt es: Ohne Christus kein Glaube. Christus ist Gottes Gesicht unter den Menschen. »Ecclesia semper est reformanda.« Die Kirche muss ohne Unterlass verbessert, umgestaltet, ständig neu reformiert werden. Das war das Motto der reformatorischen Bewegungen, die am 31. Oktober 1517 ihren Anfang nahmen, als Luther in Wittenberg seine 95 Thesen anschlug. Die Kirche muss sich ständig ihres Ursprungs vergewissern: Jesus Christus. Denn die unglaubliche Gnade ist immerzu in Gefahr, von Priestergläubigkeit und Kleinglauben eingeholt zu werden.

Im nächsten Kapitel werde ich den Islam vorstellen, zu dem sich auch Luther äußerte: »Es gefällt mir nicht, dass man die Christen und die Fürsten so treibt,

»Glaubstu so hastu, glaubstu nit, so hastu nit«, pflegte Martin Luther zu sagen.

Die Türken belagerten 1529 Wien.

hetzt und reizt, den Türken anzugreifen und mit Krieg zu überziehen.« Nach der Eroberung von Konstantinopel im Jahr 1453 rückten türkische Armeen über den Balkan nach Mitteleuropa vor. Belgrad fiel, und 1529 belagerten die Muslime Wien. Das Recht zur Selbstverteidigung gestand Luther dem Kaiser wohl zu, von einem »Kreuzzug« gegen den Islam mochte er allerdings nichts wissen. Lieber sollten die Christen sich selbstkritisch prüfen: War es nicht ihre eigene Hoffart und Verderbtheit, die den Islam gegen die Christenheit in Bewegung setzte? Der »Türke« wurde in Luthers Augen zur »Zuchtrute«, die eine Umkehr anmahnte. Überhaupt, warnte er, solle man die Andersgläubigen nicht verteufeln: »Wie ich mag mit einem Heiden, Juden, Türken, Ketzer essen, trinken, schlafen, gehen, reiten, kaufen, reden und handeln, also mag ich mit ihm auch ehelich werden und bleiben und kehre mich nicht an der Narren Gesetze, die solches verbieten. Ein Heide ist ebenso gut ein Mann und Weib von Gott wohl und gut geschaffen wie S. Peter und S. Paul und S. Lucia geschweige denn als ein loser falscher Christ.« Die Freiheit vom Gesetz, übersetzt in den Alltag, lässt kulturellen Feindbildern keinen Raum.

Islam: Der eine Einzige

Aisha, die Lieblingsfrau Muhammads, überliefert die folgenden Worte des Propheten:

»Er sagte zu mir: ›Kennst du, Aisha, die Besonderheit dieser Nacht (die fünfzehnte im Fastenmonat Ramadan)?‹ Ich sagte: ›Was ist mit dieser Nacht, Prophet?‹ Er sagte: ›Zum einen, alle Kinder Adams, die in diesem Jahr zur Welt kommen, werden heute aufgezeichnet, zum anderen, alle die darin sterben. Außerdem werden in dieser Nacht alle Taten der Kinder Adams dem Himmel zugetragen und herabgesandt wird alles, was ihnen zusteht!‹ Da sagte ich: ›O Prophet, kommt keiner ins Paradies, außer wenn Allah sich seiner erbarmt?‹ Er sagte: ›Niemand kommt hinein ohne Gunsterweisung Allahs!‹ Das sagte er drei Male. Ich sagte: ›Und du, o Prophet, kommst auch du nur hinein, wenn Allah dir Gunst gewährt?‹ Da legte der Prophet die Hand auf seinen Kopf und sagte: ›Ins Paradies gelange ich nur, wenn mich Allahs Barmherzigkeit bedeckt!‹ Das sagte er drei Male.« Dieses Selbstzeugnis macht mir Muhammad liebenswert. Vergebung suchte und brauchte er wie jeder andere Mensch.

Muhammad sagt: Ich bin nur ein Mensch

Dabei hatte Allah gerade ihn durch ein besonderes Vertrauensverhältnis ausgezeichnet: »Ich bin wie mein Diener von mir denkt. Spricht er von mir, bin ich bei ihm, denkt er an mich, denke ich an ihn. Kommt er zu mir, laufe ich ihm entgegen«, bezeugte ihm der Ewige. Ein großes Wort! Doch bei aller freundschaftlichen Nähe bleibt für Muhammad die Begegnung mit dem Höchsten ein unfassliches, weil unverdientes Wunder. Seinen Muslimen, die den Gesandten schon zu Lebzeiten wie ein Engelswesen verehrten, schärfte er darum immer aufs Neue ein: »Ich bin ein Prophet Allahs, doch was mir geschieht, wenn Allah mich richtet, das weiß auch ich nicht.« Und er betete oft: »O Allah, bloß ein

Mensch bin ich! Habe ich jemand irgendwie wehgetan, verzeih und bestrafe mich nicht!« Bote und Botschaft soll man nicht verwechseln, darauf bestand Muhammad bis an sein Lebensende. Doch kann man beides wirklich sauber voneinander trennen?

Zu Muhammads Zeiten wurde diese Frage auch im Christentum diskutiert, über hundert Jahre lang. Wie können die heiligen Sakramente wirksam sein, wenn ein bescholtener Priester sie vollzieht? So fragte man sich, und nach endlosen Streitgesprächen, ja, Gewalttätigkeiten zwischen Befürwortern und Gegnern stellte man schließlich fest: Taufe, Eucharistie und alle anderen Sakramente sind schon gültig durch den bloßen Vollzug! Eine weise Entscheidung. Denn kein Priester ist unfehlbar. Die Botschaft, die er vermittelt, steht selbst für ihre Glaubwürdigkeit ein. Nicht anders ist es in der Kunst. Picassos Bilder können mich beeindrucken, ohne dass ich den Künstler kenne. Person und Werk liegen auf verschiedenen Ebenen. Erst auf der virtuellen Ebene können Bote und Botschaft verschmelzen wie bei Buddha. Wie bei Jesus. Da sind Bote und Botschaft eins. Derartige Ansprüche hat Muhammad jedoch nie an sich gestellt. Bote und Botschaft bleiben für den Propheten zwei Paar Schuh: »Ich werde nicht ins Paradies gelangen, wenn mich nicht Allahs Barmherzigkeit bedeckt.« Entsprechend versuche ich, die Botschaft des Koran aus sich heraus zu verstehen.

Durch die Wüste und 1001 Nacht

Das erste Mal kam ich mit der muslimischen Welt durch die Abenteurromane von Karl May in Kontakt. Als Junge ritt ich an der Seite von Hadschi Halef Omar durch die Wüste. Der ein wenig schlitzohrige, doch seinem Herrn Kara ben Nemsi treu ergebene Hadschi Halef Omar lehrte mich, Hadschi als Ehrentitel zu verstehen. Ich erfuhr von der Pilgerfahrt nach Mekka, sah vor mir beim Lesen Mekka und Medina, die Prophetenstädte, und selbst in den lustigen Intermezzos, zu denen Hadschi Halef Omar stets den Anlass lieferte, spürte ich etwas von der strengen, aufrichtigen Frömmigkeit dieser Wüstenreligion. Sie begegnete mir auch in den Geschichten von *Tausendundeine Nacht*, ihren Seefahrererzählungen, Sagen, Tierfabeln und Ritterromanen, die mich in Begleitung von Sindbad dem Seefahrer oder von Aladin und seiner Wunderlampe ins fantastische Morgenland entführten. Den Koran, das heilige Buch der Muslime, lernte ich erst sehr viel später kennen.

Arabien, Kultur im Wüstensand

Eine Titelgeschichte des *Spiegel* (»Wer war Mohammed?«) zeichnet ein anschauliches Bild des damaligen Mekka. »Unfruchtbar das Tal, zerklüftet die Bergwelt, knapp das Wasser. Aber keiner kann sagen, dass die Mekkaner im 6. Jahrhundert nicht das Beste aus diesem Platz machen. Sie haben eine wohlhabende Stadt erbaut, mit einem Reichenviertel in der Ebene und dem Handwerker- und Plebejerviertel an den Berghängen, wo auch viele Beduinen vorübergehend ihre Zelte aufgeschlagen haben. Es geht streng hierarchisch zu in der Stadt: Ein Rat der reichen Familien bestimmt die politischen Geschicke, die meisten der Aristokraten gehören dem Stamm der Kureisch an. Sie kontrollieren das Kreditwesen, sie versorgen die zahlreichen durchreisenden Geschäftsleute und garantieren gegen Entgelt deren Sicherheit. Mekka liegt am Knotenpunkt der Karawanenstraßen, die den südlichen Jemen mit Syrien und dem Zweistromland im Norden verbinden. Im Winter tragen oft 2000 Kamele Datteln und Weihrauch, sogar Edelsteine und Seide aus Indien und China gen Norden, zurückbringen sie Baumwollstoffe, Weizen und Öl. Und dann ist da noch das Heiligtum, das die Kureisch kontrollieren: ein schwarzer Meteorit, damals schon Kaaba genannt, unweit davon der geweihte Samsam-Brunnen, aus dem die Pilger sich Wasser holen müssen. Angebetet wird ein ganzes Bündel von Gottheiten: Hausgötzen in Form von geformten Datteln, aufgerichtete Steine, die der Pilger mit Blut und Öl bespritzt, Standbilder, bei denen der Orakelsuchende Pfeile wirft. Kamelmarkt, Kult und Kirmes gehen geschäftsfördernd ineinander über – unter dem Schutz eines drei Monate anhaltenden Gottesfriedens, der Blutrache und Plünderung verbietet, aber Sangeswettbewerbe und Essgelage fördert. Besonders Dichter und Wahrsager sind gefragt. Die Mekkaner glauben, diese seien von Dschinn besessen, halb menschliche, halb überirdische Wesen.«

Mit Byzanz, dem heutigen Istanbul – damals die Christenmetropole am Bosporus –, kann sich Mekka freilich nicht messen. Ihr Einfluss reicht bis in die Nordprovinzen der arabischen Halbinsel. Arabische Söldner kämpfen in den kaiserlichen Armeen, einzelne Wüstenstämme haben den Christenglauben angenommen. Christliche Mönche suchen in der Einsamkeit der Wüste Erleuchtung und Erlösung. Von den Razzien und Beutezügen der Beduinen bleiben sie dort unbehelligt. Die beduinische Gastfreundschaft ist sprichwörtlich. Auch zum christlichen Äthiopien, westlich des Roten Meeres, bestehen lang gewachsene, fruchtbare Handelsbeziehungen. In der Kaaba, wörtlich der »Würfel«, finden sich neben den Idolen der Volksfrömmigkeit auch Bilder von

Maria und Jesus. Als die Gläubigen später das Heiligtum von »Götzen-Bildern« säuberten, soll Muhammad deren Bilder mit seinen Händen bedeckt haben: Die sollt ihr verschonen! An den Innenwänden der Kultstätte hingen Gedichte, festgehalten auf Tafeln, Pergament oder Papyrus. Seinen Lieblingspoeten gewährte der Prophet gleichfalls den Schutz seiner Hände, sie sollten im Heiligtum verbleiben. In welcher Religion finden wir das sonst? Gedichte als Kultgegenstände!

Muhammad selbst war ein poetisches Genie, seine Sprache formen und durchdringen Beduinenrhythmen. Neben Laotse, den israelischen Propheten und den Jesus-Gleichnissen ist es vor allem Muhammad, dessen Botschaft

Die Kaaba, gestern und heute.

literarisch daherkommt. Wohl deshalb beließ er die »Hängenden Gedichte«, wenigstens eine Auswahl von ihnen, in der Kaaba, wo sie ihren angestammten Platz einnahmen.

Was sind das für Gedichte? »Hell macht sie die Schwärze des Abends, als Mönchslicht durchstrahlt sie die Nacht. Ihr verfällt ein Bedächtiger gar, liebesentbrannt kleben seine Augen an ihr. Blut tranken die Lanzen, mein Blut färbte indischen Stahl, doch ich dachte an dich, Küsse waren die blitzenden Schwerter, leuchten nicht die Zähne so in deinem lockenden Mund?« Poeme vom heldischen Liebestod unter den Augen der Geliebten, Minnelieder. Fünfhundert Jahre darauf kam die Minnedichtung aus dem arabischen Spanien über die Pyrenäen an die Fürstenhöfe Europas. Ein Kulturtransfer unter den schützenden Händen des Propheten Muhammad.

Arabien ist uraltes Kulturland. Jatrib, nördlich von Mekka und bald Medina, die Stadt des Propheten genannt, erwähnen bereits die Schriften aus dem Zweistromland im 6. Jahrhundert vor unserer Zeit in Verbindung mit jüdischen Namen. Die arabische Halbinsel bot sich den verfolgten Juden als Zufluchtsstätte geradezu an, standen sie doch nach Auskunft der Hebräischen Bibel zu den Arabern in enger verwandtschaftlicher Beziehung.

Abraham, erzählt die Tora, war lange kinderlos geblieben. Da legte seine Frau Sarah ihm ihre Magd Hagar in die Arme. Hagar wurde schwanger und gebar den Ismael. Als Sarah bald darauf selbst schwanger wurde und den Isaak gebar, drängte sie Abraham, sich von der Magd und ihrem Kind zu trennen. Abraham gehorchte seiner Frau, und so wurde Isaak, ich erzählte es schon, zum Stammvater Israels. Doch auch Ismael, den Erstgeborenen, segnete der Engel und sprach: Ich will seine Nachkommenschaft mehren, und »ein Wildesel-Mensch wird er sein, alle seine Brüder wird er provozieren«. So charakterisiert die Hebräische Bibel Israels nächste Nachbarn, die Araber.

Über Ismael wird Muhammad den Islam zurückdatieren bis auf Abraham. Ismaeliter hießen die Stämme Arabiens bei den Juden wie den Christen. Die arabische Halbinsel war kein kulturelles Niemandsland. Gerade Mekka, ihr Handelszentrum, war ein Kulturkonglomerat, das nur auf den Einen zu warten schien, auf Allah und seinen Gesandten Muhammad.

Muhammad, ein Kaufmann auf Reisen

Es ist ein völlig anderer Kulturkreis, der uns Europäern da begegnet. Schon die Kindheit und die Jugend des Propheten versetzen uns in ein Beduinenmilieu. Amin, Muhammads Geburtsname, war dem Namen seiner Mutter Amina nachgebildet. Deren semitische Wurzel ist gut erkennbar: Amen, das heißt »vertrauenswürdig«. Der Vater, vor der Geburt Muhammads gestorben, gehörte zu den wohl situierten Familien der Metropole Mekka. Als Geburtsjahr des Propheten nimmt man das Jahr 570 an. Auch die Mutter Amina soll früh verstorben sein. Der Junge wächst jedenfalls in beduinischer Umgebung unter der Obhut seines Onkels Abu Talib heran. Dieser blieb bis zu seinem Tod um seinen Schützling besorgt, ein Anhänger von dessen neuer Religion ist er allerdings nie geworden.

Seit wann nannte Amin sich Muhammad? Das wissen wir nicht, ebenso wie viele andere Dinge aus seinen jüngeren Jahren, ehe ihn mit 40 die Berufung erreichte. Zwei Drittel des Prophetenlebens liegen im Dunkeln, nachträglich aufgefüllt durch zahllose Legenden. Onkel Abu Talib wird den Jungen gewiss ins Handelsgeschäft eingeführt haben. Und darin musste sein Schützling sehr erfolgreich gewesen sein, denn eine wohlhabende Kaufmannswitwe bot ihm, dem Jüngeren, die Ehe an. Ein Glücksfall für den Verwaisten, die Ehe mit Kadisha reifte zur erfüllten Partnerschaft, war ein vertrauensvolles Geben und Nehmen. Das Paar zeugte vier Töchter und mehrere Söhne. Muhammads männliche Nachkommen starben allerdings noch im Kindesalter.

Als Kaufmann unternahm Muhammad viele weite Reisen, wohl auch bis in den christlichen Großraum Syrien, um die sich manche Geschichten ranken.

»Auf einer seiner Reisen gelangte er nach Jerusalem. Dort lernte er einen christlichen Mönch Buheira kennen. Der fragte Muhammad nach seiner Religion und merkte, dass er Heide war. Das nämlich waren die Söhne Ismaels. Sie verehrten einen Götzen, den sie Al-Akbar, den Höchsten, nannten. Sie umgaben ihn mit Tafeln lüsterner Liebesgedichte, die sie über dessen Kopf anbrachten. Das waren ihre Gebete. Als Buheira merkte, dass Muhammad einer der Ismaeliten war, hatte er Wohlgefallen an ihm, wegen der gleichen Sprache, ihrer Freundschaft und weil er Muhammads Wissensdurst spürte. Da las er ihm einige Kapitel aus den Evangelien, der Bibel und den Psalmen vor. Als Muhammad nach Mekka zurückkehrte, sagte er seinen Freunden: ›Wehe euch, ihr lebt in schrecklichem Irrtum und eure Verehrung ist nichtig!‹ Sie sagten: ›Was ist mit dir, Muhammad?‹ Er sagte: ›Ich fand den wirklichen Gott!‹ Sie sagten: ›Wie heißt er?‹ Er antwortete: ›Sein Name ist Allah, der Himmel und Erde schuf mit allen Geschöpfen darin. Er sendet mich euch als Zeichen seiner Barmherzigkeit!‹ Sie sagten: ›Kannst du uns zeigen, wo er ist?‹ Er sagte: ›Seine Wohnstatt ist der Himmel. Er sieht alles, doch er ist unsichtbar!‹ Sie sagten: ›Wir haben unseren eigenen Gott, den wir anbeten und verehren, unsere Voreltern hinterließen uns ihre Religion und damit sind wir zufrieden.‹«

Die Überlieferung kennt einige solcher Geschichten. Als historische Dokumente lassen sie sich nicht verwerten, doch mag es wohl zu solchen Begegnungen gekommen sein.

Mit den jüdischen und christlichen Traditionen, die sich später im Koran spiegeln, war Muhammad offenbar schon vor seiner Berufung vertraut. Er kannte die Tora und das christliche Neue Testament freilich allein vom Hörensagen, und es ist umstritten, ob er überhaupt schreiben und lesen konnte. Hebräisch, Aramäisch oder Griechisch, die Sprachen der Bibel, waren dem Gesandten ganz bestimmt verschlossen. Orthodoxe Muslime stellen Muhammad als Analphabeten dar, um sicherzustellen, dass er keinen Buchstaben des Korans selbst geschrieben haben konnte. Darauf bestand auch der Prophet selbst: Die Offenbarungen des Korans seien ihm Wort für Wort eingegeben worden, einschließlich der darin enthaltenen biblischen Rückblenden. Diese aber sollten zur Streitsache zwischen ihm und den Juden werden. Denn in den koranischen Lebensbildern von Abraham, Moses und den Propheten erkannten die schriftkundigen Juden ihre Hebräische Bibel nicht wieder. Und die war doch älter als Muhammads Koran! Daran gab es keinen Zweifel! Eine schwierige Situation, für beide Seiten, zumal für Muhammad. Dieser war sich seiner Berufung sicher, hinter sie konnte er nicht zurück.

Seine Verkündigung enthält ebenfalls Elemente aus der arabischen Volksreligion. Allah kannten die Mekkaner schon lange. Sie verehrten ihn als fernen Himmelsgott in der Kaaba, riefen ihn in rituellen Begehungen sogar als den einen, einzigen Gott an, wie alte Inschriften bezeugen. An Allah als den Weltenschöpfer wandte man sich schon vor Muhammad in höchster Not, ihm weihte man die Erstlingsopfer, der »Herr der Kaaba« wachte über das Gastrecht. Neben und mit ihm verehrten die Mekkaner und Pilger eine Unzahl von anderen Himmelsbewohnern. Besonders die Töchter Allahs, Manat, al-Lat und al-Uzza standen bei den arabischen Stämmen in hohem Ansehen. Muhammad fegte sie alle beiseite. Allah – zusammengezogen aus al-ilah: »der Gott« – wurde zum Gott schlechthin, ohne Artikel, ohne Geschlecht, ohne Pluralform. Das war neu, radikal neu in seiner Ausschließlichkeit. In dieser streitbaren

Exklusivität begegnet uns Allah in Muhammads prophetischer Botschaft. Sein Wesen erinnert an den eifernden Gott Jahwe des Judentums.

Die Berufung: »Trag vor in des Herrn Namen!«

Auf Muhammads erstes Berufungserlebnis spielt der Koran mehrmals an, auch in den ersten Versen der 53. Sure. Der Koran, das heilige Buch des Islam, wurde dem Propheten Muhammad in den Jahren von 608 bis 632 unserer Zeit durch einen Engel verkündet und besteht aus insgesamt 114 Suren, gereimten Abschnitten, mit 6236 Versen. Er verkörpert für die Muslime das Wort Gottes, bildet die Grundlage des islamischen Rechts, der Scharia, ist daher frei von Widersprüchen, sprachlich vollkommen und in keine andere Sprache übersetzbar. Ich werde später noch einmal auf den Koran als Ganzes zurückkommen und was er für die muslimische Frömmigkeit bedeutet.

In der 53. Sure nimmt die Botschaft den Propheten in Schutz vor seinen Verleumdern, die ihm unterstellen, er sei ein Betrüger, bloß ein Dichterling:

»Beim Stern, wenn er entflogen, euer Stammesfreund hat nicht gelogen; nicht sagt er Unbedachtes, nicht spricht er selbst Erdachtes! Gelehrt hat's ihm und kundgetan, dem starke Kräfte sind zu eigen, vor dem sich alle Mächte neigen. Himmelhoch hat er gestanden, wo sich des Himmels Ränder fanden, kam dort herzu, ihn zu bedrängen bis auf zwei kurze Bogenlängen. Seinem Diener klar zu offenbaren, Botenworte, die zu sagen waren. In seinem Herzen ist kein Vergehen! Er sah und spricht, was er gesehen. Wie könnt ihr beugen, was seine Augen ihm bezeugen?«

Muhammad war in seinen besten Jahren, als ihn solche Visionen überkamen, und sie überkamen ihn so, dass ihm dabei Hören und Sehen verging. Eine Gestalt naht sich ihm, deren Größe die Himmelränder nicht fassen. Ist es Allah? Das konnte der Prophet später nicht so stehen lassen, denn dieser ist größer als dass der Himmel ihn umfassen könnte. So identifiziert er den Übergewaltigen als Gabriel, den Engel, der ihm fortan zwei Jahrzehnte lang die Worte des himmlischen Buches eingeben wird. Wieder zitiere ich Aisha, die »Mutter der Gläubigen«, die aus ihrer Erinnerung schildert, wie Muhammad sein erstes Berufungserlebnis erzählt hat. Ich gebe den Text in seiner ganzen Länge. Muhammad ist schließlich der einzige unter den Religionsstiftern, dessen Berufung wir aus der Nähe, gleichsam in Zeitlupe, nacherleben können:

»Damals gab Allah ihm das Verlangen ein, sich in die Einsamkeit zu begeben. Und er ging hinaus zu einer Höhle oben auf dem Berg Hira. In sie zog er sich mehrere Nächte zurück und verrichtete dort Andachtsübungen ... Bis die Wahrheit zu ihm kam, während er sich in der Höhle von Hira befand. Es kam der Engel zu ihm und sage: Lies! Ich sagte: Ich kann nicht lesen! So berichtete der Prophet: Da griff der Engel nach mir und presste mich bis zur Bewusstlosigkeit, ließ mich los und sagte: Lies! Ich sagte wieder: Ich kann nicht lesen! Da griff der Engel nach mir und presste mich ein zweites Mal bis zur Bewusstlosigkeit, ließ mich los und sagte: Lies! Ich sagte wieder: Ich kann nicht lesen! Da griff der Engel nach mir und presste mich zum dritten Mal bis zur Bewusstlosigkeit, ließ mich los und sagte: Trag vor in des Herrn Namen, der euch schuf aus blutigem Samen! Trag vor! Er ist der Geehrte, der durchs Schreibrohr lehrte, was noch kein Menschenohr hörte! Mit diesem Vers kehrte der Gesandte, Allahs Heil und Segen auf ihm, nach Mekka zurück und seine Schultern bebten. Da trat er bei Kadisha ein und sagte: Deckt mich zu! Deckt mich zu! Und sie deckten ihn zu, bis die Angst von ihm gewichen war. Und er sagte zu Kadisha: O Kadisha, was geschieht mir! Und er berichtete ihr, was ihm geschehen war. Und er sagte: Ich fürchte um mein Leben! Kadisha sagte: Nein, sei guten Muts, niemals würde dir Allah Böses tun! Du hältst deine Familie in Ordnung, sprichst ohne Lüge, du hilfst den Schwachen, gibst den Armen, du bist gastfrei und hilfst anderen aus! Kadisha verließ mit ihm das Haus und ging zu Waraqa ibn-Nawfal ibn-Asad, der war ein Sohn ihres väterlichen Onkels. Bevor der Islam kam, war der zu den Christen übergetreten. Er konnte arabisch schreiben und schrieb, solange Allah es wollte, aus dem Evangelium ins Arabische ab. Damals war er bereits ein alter Mann, der erblindet war. Kadisha sagte zu ihm: O Sohn meines Onkels, höre von dem Sohn deines Bruders, was er sagt! Waraqa ibn-Nawfal sagte: O Sohn meines Bruders, was für Nachrichten bringst du? Der Gesandte Allahs, Allahs Segen und Heil sei auf ihm, berichtete, was ihm geschehen war. Da sagte Waraqa zu ihm: Das ist die Botschaft, die dem Musa ibn-Imran (Moses) aufgetragen war! Wäre ich doch jung, wäre ich doch noch am Leben, wenn dein Stamm dich verstößt! Da sagte der Gesandte, Heil und Segen Allahs sei auf ihm: Werden sie mich verstoßen? Waraqa sagte: Kein Mensch brachte, was du bringst, und kam mit dem Leben davon!«

Seine Gegner taten ihm Unrecht, wenn sie den Gesandten der Täuschung und Marktschreierei bezichtigten. Das beweist der Bericht mit klaren Worten. Muhammad war ein Überwältigter. Ähnlich traumatische Erlebnisse finden sich in vielen Kulturen der Menschheit. Gepresst bis zur Bewusstlosigkeit, so erleben die Schamanen des Polarkreises ihre Berufung, mit bebenden Schultern, wie Jesaja, der Prophet im Tempel, widerstrebend, dann endlich aber einwilligend wie Luther, dem man das Wort zuschreibt: »Hier stehe ich, ich kann nicht anders!«

So kam der Koran zu Muhammad, als Überwältigung, jedes Mal wieder, Sure um Sure. »Kein einziges Mal erfuhr ich eine Offenbarung«, berichtete er, »ohne das Gefühl zu haben, dass mir die Seele aus der Brust gerissen wurde.« Muhammad hat sich die Texte nicht einfach aus den Fingern gesogen.

Alle Menschen, die Texte produzieren, Songs, Drehbücher, Gedichte und Romane, kennen das Gefühl von Entrücktheit oder Verrücktheit, wenn ihnen plötzlich die richtige Idee kommt und sie wie im Fieber anfangen zu schreiben. Gewiss, gewiss, das ist nur von Ferne zu vergleichen mit den großen Eingebungen der Religionsgeschichte, aber eben doch ähnlich. Muhammads Gefährten beschrieben mehrfach den Zustand des Propheten, wenn ihn ungerufen, spontan die Offenbarung überkam: Sein Gesicht verfärbte sich, Schweiß brach aus, er bedeckte seinen Kopf mit dem Mantel. Wenn er diesen wieder zurück-

»Trag vor in des Herrn Namen.« Muhammad auf dem Berg Hira.

schlug, war sein Gesicht ruhig. Dann öffnete er den Mund, und eine neue Sure kam in die Welt. Fertig, ohne Zaudern und Zögern, bildeten sich die Worte, literarisch perfekt (wenigstens gilt das für die ersten atemlosen Suren-Texte), darauf wiederholte er sie, ein zweites, ein drittes Mal. Bis jeder der Gläubigen sie mitsprechen konnte.

Der Prophet gilt nichts in seiner Vaterstadt

Mit dieser Botschaft sammelte Muhammad in Mekka seine erste Gemeinde, die Umma, um sich. Er verkündete der Stadt den einen, den Einzigen Gott. Wie in der 96. Sure, die der Schriftsteller und Orientalist Friedrich Rückert im 19. Jahrhundert ins Deutsche übertrug:

»Soll ich schwören bei dieser Stadt? (Denn du wohnst in dieser Stadt.) Beim Säemann und seiner Saat! Wir erschufen den Menschen zu harter Tat. Meint er, dass niemand Gewalt auf ihn hat? Er spricht: O wie vieles Gut ich zertrat! Meint er, dass niemand gesehn ihn hat? Wer hat ihm die Augen bereitet? Und die Lippen ihm geweitet? Und auf den Scheideweg ihn geleitet? Doch er erklimmt nicht den hohen Rand. Weißt du, was ist der hohe Rand? Zu lösen der Gefangenen Band; zu speisen, wann der Hunger im Land, den Waisen, der dir anverwandt, den Armen, der dir unbekannt.«

Keine Übersetzung reicht auch nur entfernt an den Klang, die eruptive Sprache des Originals heran. Doch in der Rückertschen Sprache zittert noch die prophetische Inbrunst. Hingerissen von der allgegenwärtigen Präsenz des Allgewaltigen. Was sind die Idole, jene Fetische der Kaaba schon gegen ihn? Ein Streiter ist der Prophet, dem die Wut Allahs gegen die Götzen aus den Augen blitzt. Wer wagt es, dem Höchsten menschliches Gemächte an die Seite zu stellen? Er ist der Eine, und neben ihm ist keiner! Und weil Allah der Eine ist, muss Mekka, der Stadt, Einheit gepredigt werden, der Wüstenmetropole, die von den Gegensätzen zwischen Reichen und Armen, Herren und Sklaven, in einem Dauerkrieg zerrissen wird. Im Namen des Einen, fordert sein Bote Muhammad den sozialen Ausgleich, die Befriedung der Gegensätze.

So nennen sich bald seine Leute: die »Befriedeten«, die Muslime, die dem Einen »Ergebenen«. Gottesfriede und sozialer Friede sind eins, nicht voneinander zu trennen. Am Horizont steht der Richtende, wartet schon Allahs Gericht: »Wer Gutes vom Gewicht eines Staubkorns tut, wird es sehen – und wer Böses vom Gewicht eines Staubkorns tut, der wird es gleichfalls sehen!« Seine

Berufung wird zum Lebensparadigma des Propheten: »Hat er dich nicht als Waise gefunden und dir Aufnahme gewährt? Dich auf dem Irrweg gefunden und dich recht geleitet? Dich bedürftig gefunden und reich gemacht?«, hält ihm der Himmelsherr vor. »Auch du sollst gegen die Waise nicht gewalttätig sein, und den Bettler sollst du nicht anfahren.« So einfach ist die Botschaft Muhammads, es ist nichts Verwinkeltes daran.

Muhammad gewinnt nicht nur Freunde. Größer sind die Widerstände, die sich vor ihm auftürmen. Der Prophet gilt nichts in seiner Vaterstadt! Diese bittere Erfahrung bekommt auch Muhammad zu spüren. »Kein Mensch brachte, was du bringst, und kam mit dem Leben davon!« Nein, man hat ihn nicht gleich aus der Stadt gejagt. So war es nicht. Es kam schlimmer. Man erzählt zum Beispiel, dass die Mekkaner dem zum Gebet ausgestreckten Gesandten einen blutigen Kamelfoetus auf den Rücken klatschten. Muhammad unterbrach seine Andacht nicht. Nur eine von zahllosen Demütigungen, die der Prophet einstecken musste. Und es kam noch schlimmer. Spöttelnd, ironisierend zogen die Mekkaner das Prophetenwort ins Lächerliche, und die scharfen Zungen der beduinischen Araber waren gefürchtet. Gewiefte Wortfechter traten ihm da entgegen, wahre Worthenker. Alles schön und gut, lästerten sie, jetzt lass uns mal erzählen, wir kennen auch ein paar spaßige Märchen! Das tat weh, mehr als körperliche Gewalt. Die Mekkaner veralberten seine Berufung und Sendung. Und die kostete ihn fast das Leben, denn jedes Mal presste ihn wieder der Engel, wenn eine neue Sure kam.

Darüber wurde der Prophet zum Vollstrecker von Allahs Drohbotschaft: »Sprich: Ihr Ungläubigen! Ich gehe nicht eure Wege, und ihr geht nicht meinen! Ihr habt eure Religion, ich habe meine.« Und seine Religion, der Islam, ist messerscharf, schneidet und trennt, eine Vorankündigung der großen Scheidung zwischen Gut und Böse beim Letzten Gericht: »Wenn die Sonne zusammengerollt wird, wenn die Sterne vom Himmel stürzen, wenn die Berge versetzt werden, die trächtigen Kamelstuten keine Hilfe finden, wenn Wildgetier sich rottet, die Meere überfließen, wenn die Seelen ihre Gegenüber finden, wenn das erstickte Mädchen Anklage erhebt, dass man sie umgebracht hat, wenn die Blätter des Gerichtsbuchs aufgeschlagen werden, der Himmel weggezogen, die Hölle angefacht, das Paradies bereitet wird – dann wird jeder erfahren, was er mit seinem Leben angestellt hat!« Zeit der Umkehr ist, ehe der Gerichtstag über das Land kommt und die Erde aufschreit wie eine Frau, die in den Wehen liegt. Wehe jedem Lästerer, wehe dann jedem Verleumder!

In den ersten Jahren der Verkündigung Muhammads, genauer im Jahr 614, eroberte eine persische Armee Jerusalem, die Tränenstadt. Die eindringenden Perser hausten »mit der Wut rasender Bestien und gereizter Drachen«, notierte ein zeitgenössischer Berichterstatter. Ihre Opfer waren byzantinische Christen, die zu Abertausenden massakriert wurden. Der Schreiber spricht von 57 000 Toten und 35 000 Gefangenen. Die Heilige Grabeskirche ging in Flammen auf, Tausende von Flüchtlingen suchten Zuflucht im christlichen Ägypten. Die wertvollste Reliquie aller Christen, den Kreuzesbalken, an dem Jesus der Sage nach gelitten hatte, verschleppten die Perser im Triumphzug nach Ktesiphon, ihrer Hauptstadt am Tigris. Muhammad wird das Bild der flammenden Gottesstadt vor sich gesehen haben, als die Schreckensnachricht Mekka erreichte. Die letzte Stunde schien geschlagen, der Weltuntergang stand bevor. Bestimmt fühlte sich der Prophet durch das Desaster in seiner Bußmission bestätigt: seine Mitbürger zur Umkehr vom Frevel des Götzendienstes zu drängen, ehe »die Blätter des Gerichtsbuchs aufgeschlagen« wurden und der brennende Zorn Allahs auch die Söhne Ismaels verzehrte.

»Haltet euch alle fest am Seile Allahs«

Ohne Rituale kann keine Religion bestehen. Ein neuer Glaube muss seine religiösen Handlungen erst finden. Die Salat, das fünfmal zu verrichtende Gebet, wurde dem Gesandten erst später eingegeben. Auch für den Gottesdienst brauchte man damals noch keinen eigenen Raum. Die Zahl der Anhänger war so gering, dass sich die Gläubigen im Hof zum Gebet sammeln konnten, oder bei der Kaaba, oder in den engen Straßen der Stadt. Gab es bereits feste Gebetsformen? Von Anfang an wird die Eröffnungs-Sure des Koran gemeinsam gesprochen worden sein. Die Al-Fatiha gehört zu den frühesten Suren:

»In Allahs, des guten Erbarmers, Namen! Preis sei Allah, zu dem die Welten kamen, dem Guten, von dem sie Erbarmen nahmen! Der am Tag des Gerichtes regiert, dir dienen wir, Hilfe sei du, der uns führt! Leite uns auf rechtem Wege, nimm gnädig uns in Pflege, dass mit den Irrenden nicht Zorn hinweg uns fege!«

Bis heute beginnt mit diesen Sätzen jeder Gottesdienst – original in der Sprache des Propheten! Täglich rezitieren Millionen die Al-Fatiha, Kinder lernen sie auswendig, oder man spricht sie in Gedanken nach, wenn die Perlen der Gebetsschnur durch die Finger gleiten. Die Al-Fatiha ist das »Seil Allahs«, an das sich die Gläubigen klammern.

Wichtig war schon immer die Gebetsrichtung. Zuerst übernahm Muhammad von den Juden die Ausrichtung nach Jerusalem im Norden. Hielten sich doch die Gläubigen für »arabische Judenchristen«, welche die Religion der Juden und Christen auf Arabisch praktizierten. Mehr nicht. So hatte der Prophet seine Eingebungen bisher verstanden. Auf seinen Reisen musste Muhammad der Modernisierungsbedarf seiner arabischen Stammesbrüder gegenüber den umliegenden Nationen bewusst geworden sein. Die Söhne Ismaels wollten den Nachbarländern nicht länger hinterherhinken. Das gab seiner Mission den zusätzlichen Antrieb. Deshalb orientierte sich Muhammad zunächst an den beiden Großreligionen der nördlichen und westlichen Zivilisationen, dem Juden- und Christentum.

Und er hatte Geduld, viel Geduld mit seinen Landsleuten. Immerhin fast ein ganzes Jahrzehnt predigte er in Mekka und leistete Überzeugungsarbeit, allerdings nur mit mäßigem Erfolg. Der große Durchbruch wollte sich einfach nicht einstellen. Die Mekkaner gewöhnten sich im Lauf der Jahre wahrscheinlich so an den Sonderling, dass sie ihn schließlich kaum noch wahrnahmen.

Kritisch wurde die Situation, als seine einflussreiche Gattin Kadisha starb und auch der Onkel Abu Talib, der stets eine schützende Hand über Muhammad und seine kleine Schar gehalten hatte. Mit ihm hatten sich die Mekkaner nicht anlegen wollen, Abu Talib war ein mächtiger Mann gewesen. Aber den gab es plötzlich nicht mehr, und Muhammad konnte keinen anderen einflussreichen Gönner für sich gewinnen. Jetzt wollten die Mekkaner den lästigen Straßenprediger loswerden. Der Druck wuchs, die Gläubigen fürchteten um das Leben des Gesandten, ein Mordkomplott gegen Muhammad schien nicht ausgeschlossen.

Ausgerechnet unter diesen schwierigen Umständen ging Muhammad eine neue Ehe ein. Er heiratete die nicht einmal zehnjährige Aisha, das schöne Töchterchen seines Freundes Abu Bakr. »Humayra«, meine »Rote«, nannte sie Muhammad zärtlich. Keine Kinderheirat, sondern, wie damals üblich, eine vorgezogene Eheschließung, eine Verlobung, wie wir es heute nennen würden. Aisha schilderte ihre ersten Ehejahre in Medina, um diese Zeit war sie 14: »Meine Freundinnen und ich spielten Puppen. Und wenn der Prophet kam, rannten sie aus dem Haus. Er lief ihnen nach und brachte sie zurück, denn er hatte es gern, wenn sie um mich waren.« Aber ich will den Ereignissen nicht vorausgreifen.

Hidschra, die Flucht nach Medina

Der Engel Gabriel, so wird erzählt, warnte Muhammad vor dem drohenden Mordanschlag und befahl ihm, alsbald die Stadt zu verlassen. Aisha war zwölf, als die Muslime mit ihrem Propheten nach Medina, acht bis zehn Tagereisen nördlich von Mekka gelegen, übersiedelten. Die Stämme Medinas waren zerstritten und suchten einen Schlichter. Sie luden Muhammad ein, sich bei ihnen niederzulassen, damit die Streitereien ein Ende nahmen. Mit dem Fluchtjahr 622 (nach westlichem Kalender), der Hidschra, beginnt die muslimische Zeitrechnung. Nach ihr leben wir heute im 14. Jahrhundert.

Medina brachte die Wende für den Propheten. Die letzte Dekade seines Lebens wurde zur beispiellosen Erfolgsgeschichte. Keiner der Mediner zweifelte seine Autorität an, die Bewohner bekehrten sich zum Islam. Und die Neubekehrten beteiligten ihre Glaubensbrüder, die Flüchtlinge aus Mekka, großzügig am Handel und Wandel ihrer Stadt.

Medina, der erste muslimische Gottesstaat

Hier in Medina bildete sich die erste umfassende Gemeindeordnung. Von der Rechtsprechung bis zur Andacht prägt sie bis heute das Miteinander der Muslime. Das erste Gotteshaus entstand. Kein Prachtgebäude, ein einfacher Bau um einen ungepflasterten Hof, den eine Lehmmauer umgab. An einer Seite Hütten aus Palmzweigen, mit lehmgetränkten Palmblättern bedacht, die Bleibe für Muhammads Frauen. Wenn es mal regnete, wurde es drinnen nass! Der Prophet lehrte an einen Baumstamm gelehnt. Als man ihm später eine Kanzel schreinerte, sehnte sich der Baum nach dem Gesandten und rief nach Muhammad, sagt die Legende. »Da ging er zu ihm und streichelte ihn.« Noch gab es keine feste Regelung der Gebetszeiten. Die einen kamen zu früh, andere verspäteten sich. Wie sollte man diesem Missstand abhelfen? »Einige rieten, zu diesem Zweck eine Glocke zu benutzen, wie es die Christen taten, andere schlugen ein Blashorn vor, wie es die Juden verwenden. Umar aber sagte: Geht es nicht, dass ihr einen Mann herausschickt, der zum Gebet ruft? Da sagte der Gesandte Allahs, Allahs Segen und Heil sei auf ihm: O Bihal, steh auf und rufe zum Gebet!« Der erste Muezzin trat sein Amt an.

Die Zahl der täglichen Gebetszeiten setzte Muhammad auf fünf fest. Man erzählt sich dazu die folgende Geschichte: Als der Prophet einmal im Himmel wandelte, traf er den Moses. Der fragte ihn: »Was hat Allah deiner Gemeinde verordnet?« Er sagte: »Fünfzig Gebete!« Moses sagte: »Kehre zu deinem Herrn zurück und bitte ihn um Erleichterung, deine Gemeinde wird das nicht einhalten können. Ich hatte schon die Kinder Israel einer solchen Prüfung ausgesetzt, es ist zu viel!« Muhammad kehrte zu seinem Herrn zurück und sagte: »O Herr, erleichtere es deiner Gemeinde!« Da erließ er ihm fünf Gebete. Moses aber sagte: »Auch das wird deine Gemeinde nicht einhalten können, gehe zurück und bitte deinen Herrn um weitere Erleichterung!« Muhammad hörte nicht auf, zwischen Allah und Moses hin und her zu gehen, bis Allah sagte: »Es sind fünf Gebete am Tag!« Moses sagte: »Auch das wird deine Gemeinde nicht einhalten können!« Muhammad aber sagte: »Ich schäme mich, um noch weniger zu bitten!«

Die muslimische Gemeinde ist eine betende Gemeinschaft. Wann und wo immer ein Gläubiger sein Pflichtgebet erstattet, umgibt ihn unsichtbar die Schar der Gläubigen aller Himmelsrichtungen. Muhammad selbst war ein großer Beter. Wo er auch war, das Gebet verließ ihn nicht. »Der Prophet pflegte auch auf seinem Reittier zu beten, welche Richtung es auch einschlug. Doch sobald er sein Pflichtgebet verrichten wollte, stieg er ab und wandte sich zur Kibla.« Die Gebetsrichtung, Kibla, orientierte sich seit den Anfängen der Gemeinde an Jerusalem. Sechzehn, siebzehn Monate nach der Hidschra änderte der Prophet sie um 180 Grad. Die Gläubigen wandten sich nun der Kaaba zu. So blieb es

Medina brachte die Wende für den Propheten.

bis heute. Im Hintergrund standen damals die Auseinandersetzungen mit den Juden Medinas. Doch davon später.

Der muslimische Gottesdienst ist schlicht, ein reiner Wortgottesdienst. Die Christen würden darin ihre Gemeindelieder vermissen. Muhammad wollte die Andacht von allem freihalten, was vom Wort ablenken konnte: Keine Bilder schmücken die Moschee, keine Gesänge unterbrechen den Gebetsdienst.

Überhaupt war der Gesandte der Musik nicht wohlgesonnen: »Irgendwann wird es unter meinen Nachfolgern Leute geben, die ungezügeltes sexuelles Begehren, das Tragen von seidenen Gewändern, Trinken von Alkohol und Instrumentalmusik für erlaubt halten.« Die strenge Atmosphäre der Wüsteneinsamkeit lebt weiter in Muhammads Gebetsritual: Gott und die Seele, sonst nichts! Die Enthaltung von Bild und Musik kompensierte der Islam in einer gleichsam transzendentalen Architektur und in einer Schriftkunst, die den Betrachter mit Andacht erfüllt. Allah darf nichts an die Seite gestellt werden, damit seine unbedingte Einzigartigkeit gewahrt bleibt. Auch das muslimische Paradies kennt keine Musik. Paulus erwartete dort einen alle Begriffe übersteigenden Zustand: »Was kein Auge gesehen und kein Ohr gehört hat, was auch in keines Menschen Herz gekommen ist, das hat Gott denen bereitet, die ihn lieben«, und dazu gehörte nach Meinung der Kirchenväter auch die Musik. Ganz anders im Islam. Hier werden tiefgreifende Unterschiede in der Gottesvorstellung beider Religionen sichtbar.

Freilich, Muhammads ablehnende Einstellung zur Musik hat der Islam nie ganz und überall durchgehalten. Vom Gottesdienst blieb die Musik allerdings bis heute strikt ausgeschlossen. Doch sie blühte an den Höfen und im Volkstum, kunstvoll und ornamentreich, durchwoben von rhythmischen »Arabesken«. Europa verdankt den Arabern viele seiner Musikinstrumente: Laute, die Qitara, unsere Gitarre, Streichinstrumente, Blasinstrumente wie Querflöte und Schalmei. Nicht zu vergessen die spanischen Kastagnetten! Arabische Musikologen galten im Abendland lange als die führenden Musikwissenschaftler schlechthin.

Einfach und überschaubar waren die ersten religiösen Pflichten, die Muhammad seinen Anhängern auferlegte: an die Einzigartigkeit Allahs glauben, ihn um Vergebung bitten, den Gebetspflichten nachkommen, den Notleidenden helfen, keinen Reichtümern nachstreben. Eine klare, eindeutige Botschaft. Doch in Medina häuften sich vor dem Propheten zahllose neue Probleme auf, die der Weisung des Korans bedurften. Daraus entstand als Auslegung des Korans die Scharia, das religiöse Gesetz des Islam.

Sogar die Scharia war halbwegs gelinde, vergleicht man sie mit den Rechtsordnungen anderer Kulturen, zum Beispiel mit der »Gerichtsordnung Karls V.« von 1532. Diese lieferte die Rechtsgrundlage für die europäischen Folter- und Hexenprozesse. Und für diese gibt es in der muslimischen Kultur kein Gegenstück.

Grausam war das Strafrecht jedoch überall, weil das Gesetz noch keine Freiheitsstrafen kannte, Vergehen entweder durch Geldbuße oder mit Körperstrafen ahndete. Mit Todesurteilen war man schnell bei der Hand, auch Muhammad, wie die Überlieferung zeigt. Doch haben wir Anlass, uns darüber zu entrüsten? Die Humanisierung des Strafrechts verdankt sich nicht allein höheren moralischen Standpunkten, sondern der Entwicklung der bürgerlichen Gesellschaft, die Mittel und Wege fand, die harten Leibesstrafen durch Freiheitsstrafen zu ersetzen. Aber diese entstand in Europa und Amerika auch erst am Ende des 17. und während des 18. Jahrhunderts.

Die Scharia wurde in den muslimischen Staaten fort- und weiterentwickelt. Khomeini, der ehemalige Revolutionsführer des Iran, meinte allerdings noch in der zweiten Hälfte des 20. Jahrhunderts: »Wenn man ein Jahr lang nur die Strafgesetze des Islam anwendete, dann würde man jeder zerstörerischen Ungerechtigkeit und Sittenlosigkeit die Wurzeln ausreißen. Man muss die Vergehen nach dem Gesetz der Vergeltung bestrafen: dem Dieb die Hand abschlagen, den Mörder töten und nicht ins Gefängnis werfen, die Ehebrecherin und den Ehebrecher auspeitschen.« Im muslimischen Recht besäße jeder Laie die Fähigkeit, in jedem beliebigen Fall Recht zu sprechen, wenn er nur »vollkommen die Gesetze des Korans« im Kopf habe. »Er kann so an einem einzigen Tag in 20 verschiedenen Verfahren urteilen und sie erledigen, während die westliche Justiz mehrere Jahre benötigt, um sie zu beginnen.« Die Rechtsprechung des Iran ist dem Ayatollah Khomeini darin auf Dauer nicht gefolgt. Die Menschenrechte sind eben weder westlich noch östlich zu definieren, sie gelten global, und auf lange Sicht lassen sie sich nirgends außer Kraft setzen.

»Nunmehr ist unser Gesandter zu euch gekommen« – Allahs Botschaft an die Juden

Menschenrechte kannte man in Muhammads Zeiten noch nicht einmal dem Namen nach. Sonst hätte die erste Begegnung von Islam und Judentum in Medina nicht einen so unglücklichen, tragischen Ausgang genommen. Die Judengemeinde war in der Wüstenstadt alteingesessen, seit Menschengedenken. Und sie war wohlhabend. Vermögen zu bilden war für Juden allerdings kein Privatvergnügen. Sondern gleichsam religiöse Pflicht. Eigentum war sozialpflichtig, Wohlstand diente dazu, bedrängten, notleidenden Glaubensgeschwistern der Diaspora das schwere Los zu erleichtern. Die Häuser der begüterten Mediner Juden glichen Festungen und waren es auch, Zuflucht vor den ewigen Raubzügen der Wüstennomaden. Es versteht sich, dass die Juden Medinas gute Beziehungen zur Handelsstadt Mekka unterhielten, zu jenen oberen Zehntausend, die Muhammad nach dem Leben trachteten. Noch ehe er sich nach Medina flüchtete, wird die Judenschaft Medinas bei ihren dortigen Glaubensgeschwistern Informationen über den Propheten eingeholt haben. So konnten sie sich an den Fingern ausrechnen, dass sie Probleme mit dem Mann kriegen würden.

Bereits in Mekka hatte der Prophet verkündet, wie die Juden seien auch seine Muslime die Söhne Abrahams. Mit Ismael, dem Stammesvater der Araber, habe Abraham nämlich eigenhändig die Kaaba der Verehrung Allahs geweiht, als er dort seinen Sohn Ismael auf dem Schwarzen Stein zum Opfer anbot. Demnach sei Abraham der erste Muslim gewesen. Der Prophet erwartete also von den Juden Medinas als gleichberechtigt angesehen und respektiert zu werden – indem sie sich der Weisung des Gesandten Allahs unterstellten und Allahs Koran als Gottes Rechtleitung anerkannten.

»O Volk der Schrift! Nunmehr ist unser Gesandter zu euch gekommen, der euch vieles enthüllt, was ihr von der Schrift [der Tora] verborgen hieltet, wobei er jedoch in vielem nachsichtig mit euch ist. Jetzt ist ein Licht von Allah zu euch gekommen und ein klares Buch!«

Wie hätten die Juden Medinas darauf eingehen können! Israel war mit der Tora verheiratet, seiner Königin. Und die hatte Gott seinem Volk Buchstabe für Buchstabe anvertraut! Abrahams Geschichte las sich zudem in Moses-Büchern

Der Muezzin singt die Aufforderung zum Gebet: die berühmte Al-Aqsa Moschee.

لا إله إلا الله محمد رسول الله

völlig anders als im Koran. Ohne den geringsten Hinweis auf einen Aufenthalt des Urwanderers in Mekka! Nach der Tora war Ismael spurlos in der Geschichte verschwunden, während Isaak, sein Bruder, zum Stammvater Israels heranwuchs. Aber es kam noch schlimmer: Muhammad behauptete, bereits Adam habe den Grundstein für eine Moschee auf dem Jerusalemer Tempelberg gelegt, und beanspruchte damit für seine neue Religion das Heimatrecht im Gelobten Land! 70 Jahre darauf entstand tatsächlich auf dem Tempelberg der Felsendom, nachdem der Platz ein halbes Jahrtausend öde, verwahrlost dagelegen hatte und nur noch Trümmer an die Herrlichkeit des jüdischen Tempels erinnerten, stumme Zeugen der Niederlage Israels im Römischen Krieg. Nein, die Juden mussten Allahs Gesandten widerstehen, wollten sie sich nicht selbst aufgeben. War Muhammad doch drauf und dran, Moses Volk das Gelobte Land, den Juden ihre Heils- und Leidensgeschichte streitig zu machen.

Das alles passierte ihnen nun schon zum zweiten Mal. Vorher hatten die Christen bereits die Tora entwendet, die Hebräische Bibel. Und wie die Muslime hatte sich die Christenkirche zum wahren Gottesvolk erklärt! Das alles wollten die Juden nicht noch einmal erleben.

Die Atmosphäre zwischen Muslimen und Juden in Medina war aufgeladen wie vor einem Gewitter: »Als wir in der Moschee waren, kam Allahs Gesandter aus seinem Haus zu uns und sagte: ›Lasst uns zu den Juden gehen!‹ So gingen wir mit ihm, bis wir Beit-al-Midras erreicht hatten (den Platz, wo die Juden sich trafen und aus der Tora rezitierten). Und der Prophet sprach sie an und sagte: ›Ihr Juden, ergebt euch dem Islam, dann wird euch nichts geschehen!‹ Die Juden sagten: ›Wir haben dich gehört, Herr, du hast uns Allahs Botschaft ausgerichtet!‹ Der Prophet sagte: ›Mehr verlange ich nicht von euch!‹ Und wiederholte seine Worte ein zweites Mal. Und sie sagten: ›Wir haben dich gehört, Herr, du hast uns Allahs Botschaft ausgerichtet!‹ Der Gesandte wiederholte seine Worte ein drittes Mal und fügte hinzu: ›Ihr sollt wissen, die Erde gehört Allah und seinem Gesandten. Ich werde euch ausweisen aus der Stadt. Wer darin Eigentum hat, mag es veräußern. Doch ihr sollt wissen, die Erde gehört Allah und seinem Gesandten!‹«

Nicht lange darauf verließen zwei jüdische Stämme Medina. Die letzte Gruppe belagerte Muhammad in ihren Hausburgen. Er beschuldigte sie der Komplizenschaft mit den Mekkanern, die gegen ihn zu Felde gezogen waren. Gerade nur eine Hand voll Juden überlebte. Auf inhaltliche Auseinandersetzungen mit ihnen ließ sich der Gesandte nicht mehr ein. Seinen Anhängern riet er, wegzuhören, wenn die Juden ihre Tora den Muslimen erklären wollten.

»Sagt: Wir glauben an Allah und was er uns offenbarte!« Später unterstellte er den Juden, sie hätten ihre Schriften manipuliert, damit sie nicht länger dem Koran entsprachen. Und schließlich hängte Muhammad noch eine weitere Theorie an: Die Tora sei infolge der Strafen, die Allah über die ungläubigen Juden verhängte, nur noch unvollkommen überliefert worden.

Der Gesprächsfaden zwischen beiden Religionen war zerschnitten. Bemerkenswert bleibt, dass sich die Juden im späteren islamischen Weltreich gelegentlich Freiheiten erlauben konnten, die im christlichen Abendland schlicht undenkbar gewesen wären. Oder gab es einen christlichen Staat, der irgendwann einen Juden zum Oberbefehlshaber seiner Truppen ernannt hätte? So trug es sich im muslimischen Spanien zu. Samuel ibn Nagrela führte im Jahr 1038 als Großwesir Granadas muslimische Truppen in die Schlacht von Alfuenges und erstritt einen glänzenden Sieg. Nebenbei tat sich Samuel als Literat und scharfsinniger Debattenredner im islamisch-jüdischen Dialog hervor. Gewiss, solche Beispiele liberaler Religionspolitik kamen nicht häufig vor. Sie beweisen aber, dass unter muslimischer Herrschaft ein großer Ermessensspielraum in der Auslegung von Minderheitenrechten existierte. Davon profitierten Juden wie Christen. Diese Auslegungsfreiheit war vom Koran selbst vorgegeben. An einer Stelle in den Suren aus Medina heißt es eindeutig: »In der Religion soll kein Zwang sein.« Und daran hielten sich die arabischen Eroberer – vor allem in den frühen Jahren.

Zurück nach Medina. Muhammad hatte über die Juden triumphiert. Was für ein Sieg! Ein Sieg, den Allah ihm und den Gläubigen verliehen hatte, so sah es der Prophet. Die zehn Jahre in Medina brachten ihm Triumph auf Triumph. Gewiss, er hatte zwischendurch auch Niederlagen einstecken und sich mit halben Siegen zufrieden geben müssen, wenn die Mekkaner ihre Truppen gegen ihn ausschickten. Und Muhammad musste erleben, wie andere, selbst ernannte Propheten, ihm die Führerschaft streitig zu machen suchten. Niemals jedoch verließ ihn die Siegesgewissheit. Sie hatte ihre Wurzeln in dem Erlebnis, als der Engel ihn auf dem Berg Hira gewürgt hatte: »Trag vor in des Herrn Namen, der euch schuf aus blutigem Samen!« Damals hatte er seine Berufung angenommen, Allah konnte ihn darum nicht verlassen.

Mekka fiel ihm fast kampflos zu. Die Einwohner der Stadt fürchteten ein Blutbad, hatten sie doch 20 Jahre den Propheten und die Muslime befehdet. Im Angesicht der Kaaba fragte Muhammad sie: »Ihr Leute von Mekka, was werde ich mit euch machen?« Sie antworteten: »Du bist ein großmütiger Bruder, der Sohn eines großmütigen Bruders!« Da verzieh er ihnen und sagte: »Wie Josef, der Prophet, seinen Brüdern vergab, vergebe ich euch. Ich werde euch nichts nachtragen. Geht zu euren Häusern, ich schenke euch Freiheit!«

Als Muhammad unerwartet im Alter von 62 Jahren starb, hatte er 19 Feldzüge angeführt, und die Stämme im »Land der zwei heiligen Stätten«, Mekka und Medina, waren zu einer Nation zusammengewachsen.

Muhammad starb zu Medina am Montag, den 13. Rabi I des Jahres 11, in den Armen von Aisha, am 8. Juni 632 unserer Zeit. Von ihr, seiner geliebten »Roten«, hatte er sich mit den Worten verabschiedet: »Stirbt ein Prophet, lässt man ihn die Stätte sehen, die ihm im Paradies bereitet ist, und er kann wählen, ob er bleiben will oder weiterleben möchte.« Nur eins seiner sechs Kinder überlebte ihn, Fatima, die jüngste seiner vier Töchter. Sie starb ein halbes Jahr nach dem Propheten. Aus Fatimas Ehe mit Ali stammten drei der fünf Enkelkinder, darunter Husain, von dem wir noch hören werden. An Besitztümern hinterließ Muhammad einen weißen Maulesel, Waffen und eine kleine Liegenschaft. Abu Bakr, Schwiegervater und Nachfolger des Propheten, ließ den Entschlafenen unter dem Estrich von Aishas Haus zur Ruhe betten.

»Friede sei mit ihm«, sagen Muslime, sooft sie Muhammads Namen oder den eines anderen Propheten aussprechen. Denn bis zum letzten Gericht Allahs bleibt das Schicksal jedes Menschen in Schwebe. Muhammad war ein großer Mann, der in vielen seiner Rollen Großes leistete: als Staatschef, oberster Richter, Feldherr, Schlichter, Lehrer und als erster Rezitator des Koran. Dennoch, so groß der Gesandte auch war, er blieb dabei doch nur ein Mensch. Auf des Ewigen Erbarmen angewiesen, wie jeder andere auch. So verkündete es der Gesandte, so sehen es seine Muslime. Darum lieben sie Muhammad und bitten, tagtäglich, wann immer sie seinen Namen nennen, dass Allah seinem Gesandten Frieden schenke, wenn einst die Taten der Erdbewohner endgültig gewogen werden.

Aisha und der eifersüchtige Prophet

»Ich empfand Eifersucht wegen der anderen Frauen, die sich ihm schenkten«, gestand Aisha. Eifersucht auch gegen Kadisha, Muhammads erste Frau, die der Prophet weiterhin beständig verehrte und von der er oft sehnsuchtsvoll redete. Wer wüsste nicht von Muhammads Frauengeschichten? Sie waren legendär, und daran waren die Christen des europäischen Mittelalters nicht ganz unschuldig: In Europa stellte man Muhammad als hemmungslosen Wüstling dar, der den Islam mit dessen Vielweiberei nur zu dem Zweck in die Welt gesetzt hatte, seine Triebe auszuleben.

In Wahrheit wissen wir fast nichts über das Privatleben des Propheten. Er hielt es streng vor der Öffentlichkeit verborgen. Keiner durfte unaufgefordert oder ohne vorherige Anmeldung sein Haus betreten. Ja, er warf mit Gegenständen nach Neugierigen, die ihren Kopf an seinem Fenster zeigten. Dasselbe galt für die Häuser seiner Frauen, die waren restlos tabu. Muhammad sprach über sich: »Keiner ist eifersüchtiger als Allah, und kein Mensch ist eifersüchtiger als ich.«

Dennoch, seine Gefährten haben mitgezählt. Mit 13 Frauen lebte Muhammad in ehelicher Gemeinschaft. Egal, ob sich darunter reine Zweckehen befanden, den gleichen Anspruch auf ihn hatte jede der Frauen. Und damit nicht genug. Nachdem er mit seinem Flügelpferd Burak in den Himmel geritten war, kamen im Paradies noch andere Gefährtinnen dazu. Kadisha erzählte er davon: »O Kadisha, du musst wissen, Allah hat mich mit Maria, der Mutter des Messias, in die Ehe gegeben!« Und Aisha gegenüber wiederholte er: »Aisha, weißt du nicht, dass Allah, gepriesen sei er, mich mit Maria und mit Kulthum, Moses Schwester, und mit Assiya, Pharaos Frau, im Himmel verheiratet hat?« Paradiesische Eskapaden. Wer konnte daran auf Erden Anstoß nehmen? Muhammad wollte nicht mehr als ein Mensch sein – und dieser Mensch war eben ein Mann.

Aisha mochte das nicht, wenn öffentliches Amt und private Lebensführung wie zwei Teilmengen auseinander drifteten. Als Muhammad nach einer etwas undurchsichtigen Affäre die Frau seines Stiefsohnes dazuheiratete und zu seiner Rechtfertigung obendrein noch eine Sure aus dem Koran herbeibrachte, bemerkte sie spitz: »Da hat sich Allah aber beeilt, dir gefällig zu sein!« Aisha war eifersüchtig, was sie auch eingestand. Muhammads männliche Umgebung irritierte das Verhalten des Gesandten Allahs jedoch überhaupt nicht. Der Stiefsohn trat seine Frau Sainab spontan an Muhammad ab. Zwischen den Beteiligten blieb kein böses Blut.

Die entsprechenden Verse des Koran lauten: »Als du zu dem, der von Allah und dir Wohltaten empfangen hatte [Muhammads Stiefsohn Said], sagtest: Behalte seine Frau und fürchte Gott!, und im Innersten für dich behieltest, was Allah doch offen legen würde – weil du die Menschen gefürchtet hast, während du doch eher Allah fürchten solltest – und als dann Said seine Angelegenheit mit ihr erledigt hatte [und sich von Sainab scheiden ließ], haben wir sie mit dir verheiratet. Dies geschah, damit die Gläubigen kein schlechtes Gewissen haben müssen [die Frau eines Stiefsohnes zu heiraten], wenn sie ihre Angelegenheit mit ihnen erledigt haben. Was Allah anordnet, das geschieht. Der Prophet muss sich in dieser Sache, die Allah für ihn regelte, nicht bedrückt fühlen.«

Charles Fourier, der berühmte Sozialtheoretiker des 18. Jahrhunderts, schrieb einmal: Den Reifegrad einer Zivilisation könne man daran messen, wie eine Gesellschaft mit ihren Frauen verfahre. Da sieht Muhammad schlecht aus. Oder doch nicht? Wie ging der Prophet mit Frauen um?

Neue Rechtssicherheit für die Frauen

Die Antwort ist komplizierter als das westliche Vorurteil vermuten lässt. Nach Aishas Angaben kannte man im vorislamischen Arabien vier Formen der Ehe: 1. Gegen Aushändigung eines Brautgeldes kann ein Mann die Tochter oder Schwester eines anderen Mannes ehelichen. 2. Ein Mann fordert seine Frau auf, sich mit einem anderen Mann zu verbinden, dessen Anlagen wünschenswerte Nachkommenschaft versprechen. 3. Eine Gruppe von höchstens zehn Männern trifft sich im Haus einer Frau und verkeht mit ihr. Wenn sie schwanger wird, sucht sie einen der Männer als rechtmäßigen Vater aus. 4. Eine Frau prostituiert sich, wenn sie gebiert, sucht sie einen Physiognomen auf, der entscheidet, wer von den Freiern die Vaterschaft annehmen muss.

Die Völkerkundler bestätigen Aishas Bericht. Sie ergänzen ihre Liste durch vier weitere Eheformen des vorislamischen Arabiens: 5. Eheschließung auf Tauschbasis. 6. Heirat der Witwe des Vaters, die der Koran ausdrücklich untersagt. 7. Die zeitlich begrenzte Ehe. Diese wurde später von den Kalifen untersagt. Im Iran lebt diese Form jedoch weiter, was der Ayatollah Khomeini ausdrücklich erlaubte: »Man gibt an, dass es sich um den Zeitraum einer Stunde, eines Tages, eines Monats, eines Jahres oder mehr handelt.« 8. Das Konkubinat, ein eheähnliches Zusammenleben ohne Heirat. Auch das verbietet der Koran.

Vor Muhammads Scharia bewegte sich die Ehe in einem fast rechtsfreien Raum. Das begünstigte die sexuelle Freizügigkeit, allerdings auf Kosten einer klar definierten Rechtsposition für die Frau. Im byzantinischen Recht hieß es dagegen zur gleichen Zeit: »Heirat oder Ehe heißt die Verbindung eines Mannes und einer Frau zur ungeteilten Lebensgemeinschaft.« Das war juristisch eindeutig.

Die koranischen Ehegesetze zielen in dieselbe Richtung. Nichts sei Allah so sehr verhasst wie die Scheidung, betonte sein Gesandter. Immerhin gestand er einem Mann vier Ehefrauen gleichzeitig zu, allerdings unter dem einklagbaren Vorbehalt, dass er diese auch standesgemäß versorgen könne. Die in der Tendenz frauenfreundliche Haltung Muhammads bestätigen zwei Punkte. Der Koran wendet sich entschieden gegen den beduinischen Brauch, weibliche Neugeborene auszusetzen. Das geschah vor allem, wenn aus der Verbindung bislang noch keine männlichen Nachkommen hervorgegangen waren, oder einfach, um die Kinderzahl zu begrenzen. Der Koran untersagt den Kindesmord. Außerdem ließ Muhammad weder seine Frauen noch seine Töchter beschneiden. Damit widersetzte er sich einem im damaligen Arabien weit verbreiteten Ritual. Ich erinnere mich an einen Spruch des Propheten, wo es sinngemäß heißt: Beschneidet sie nicht, wir Männer sind unseren Frauen sowieso lästig genug, das bisschen Freude lasst ihnen!

Dass der Koran die männliche Überordnung betonte, war in Zeiten des Patriarchats nicht anders zu erwarten. In der Metropole bewertete man die Tendenz von Muhammads Ehegesetzen jedoch als gleichstellerisch. Dort sagten die Männer: »Wir haben in Mekka das Sagen, in Medina führen Frauen das Regiment.« Hätte die Scharia doch nur das frauenfreundliche Verhalten des Propheten weiter fortgeschrieben! Leider geschah genau das nicht.

Währenddessen kamen die Frauen im mittelalterlichen Europa auf dem dornigen Weg der Selbstbestimmung millimeterweise voran. Muslimische Reisende registrierten mit ungläubigem Erstaunen, was für Rechte etwa die Stadt Paris den dortigen Frauen zugestand: »Die Franken haben überhaupt keine Gefühle der Eifersucht und auch keinen Ehrbegriff. Sagen wir, einer von ihnen geht mit seiner Frau die Straße entlang und sie treffen einen Mann, den sie kennen. Da nimmt dieser Mann die Frau beiseite und spricht mit ihr, während der Ehemann danebensteht und darauf wartet, dass sie ihr Gespräch beenden. Wenn es ihm zu lange dauert, dann lässt er sie mit dem Mann alleine und geht weiter. So etwas habe ich mit eigenen Augen gesehen.« In muslimischen Berichten über die christlichen Kreuzfahrerstaaten lese ich ähnlich entsetzte Äußerungen über den offenbar auch dort üblichen freiheitlichen Umgang der Geschlechter.

Die Freizügigkeit westlicher Frauen führen die muslimischen Autoren gern auf Maria zurück. Ihre götzendienerische Marienverehrung habe die Christen veranlasst, Frauen einen solch überhöhten Status einzuräumen. Ich wüsste gern mehr über diese Zusammenhänge. Die Marienliebe des Abendlands wurde von den französischen Troubadouren befördert. Und diese übernahmen im Mittelalter den Minnesang aus der muslimischen Kultur Spaniens! Da stellt sich doch die Frage, wieso es zu derartig gegensätzlichen Entwicklungen hinsichtlich der Gleichstellung von Frauen in der muslimischen und christlichen Welt kommen konnte.

Juden und Christen unter der Herrschaft des Islam

Bis nach Spanien drangen die Armeen des Islam 100 Jahre nach dem Tod des Propheten im Westen vor. Im Norden eroberten sie Vorderasien bis an die Grenzen Anatoliens und im Osten standen muslimische Verbände am Indus. Die Araber konnten dieses Riesenreich nur regieren, indem sie auf die bestehenden Verwaltungen zurückgriffen. Mit nackter Gewalt allein kamen sie nicht weit. Die arabischen Eindringlinge suchten die Kooperation, erzwangen keine Bekehrungen. Sie begnügten sich damit, die materiellen und geistigen Ressourcen der unterworfenen Kulturen in Besitz zu nehmen. Der Bevölkerungsmehrheit verordneten sie einen Minderheitenstatus mit festgeschriebenen Pflichten und Rechten. Und damit fuhren sie gut. Die islamischen Reiche blieben bei allen Turbulenzen relativ stabil. Allmählich bekehrte sich ein Großteil der Bevölkerung zum Islam, und die Unterworfenen rückten zu vollberechtigten Bürgern auf. Christen im Westen und Norden, die Anhänger des Propheten Zarathustra im Iran, Hindus sowie die Völkerschaften der asiatischen Steppe nahmen die Schahada, das muslimische Glaubensbekenntnis, an: »Es gibt keinen Gott außer Allah, und Muhammad ist sein Prophet.«

Anfangs bekannten sich auch manche Juden zum Islam. Synagoge und Kirche waren mittlerweile so weit auseinander gedriftet, dass für Juden ein Konfessionswechsel zum christlichen Glauben kaum mehr denkbar war. Im Islam konnten sie sich eher wiederfinden: das gemeinsame semitische Erbe, das Ritual der Beschneidung, die ritualisierte Gebetspraxis und das Verbot von Schweinefleisch. Auch die kalendarische Berechnung der Monate nach den Mondphasen sowie der Beginn eines neuen Tages nach Sonnenuntergang waren den Juden vertrauter als der christliche Sonnenkalender. Darum sahen viele Juden zunächst im Islam ein messianisches Zeichen, das ihnen die Rückkehr ins Gelobte Land verhieß.

Es taten sich sogar Perspektiven einer religiösen Ökumene auf. Ich erinnere mich an Talmud-Zitate, in denen es sinngemäß heißt: Von drei Bergen herab hat der Ewige den Völkern die eine Wahrheit verkündet, zugeschnitten auf die Eigenart jeden Volkes!

Im 8. Jahrhundert trat ein Abu Isa aus Persien als jüdischer Messias auf, der Judentum, Christentum und Islam als gleichberechtigte Religionsformen anerkannte. In Europa war es der Philosoph und Theologe Nikolaus von Kues, der im 15. Jahrhundert erklärte: »Moses beschrieb einen Weg, doch er wurde nicht von allen angenommen und verstanden. Christus erleuchtete und vollendete ihn, doch blieben noch viele ungläubig. Muhammad wollte diesen Weg als leichteren verständlich machen, damit alle, auch die Götzendiener ihn annähmen.« Ökumenische Hoffnungen schlugen sich auch in Gotthold Ephraim Lessings *Nathan der Weise* aus dem 18. Jahrhundert nieder. In diesem Drama beantwortet der Jude Nathan die Frage des muslimischen Sultans Saladin nach der wahren Religion anhand der Parabel von den drei Ringen und den drei Söhnen eines Herrschers aus dem Osten, von denen jeder wissen möchte, ob denn sein Ring der einzig wahre und echte sei. Sie befragen einen Richter, und der urteilt weise: Jeder der Ringe ist echt, solange sein Träger nach den Gesetzen seines Gottes handelt. – Ein Gleichnis auf die Gleichberechtigung von Judentum, Christentum und Islam; Lessing hatte es von dem Italiener Boccaccio, der im 14. Jahrhundert lebte, entlehnt.

Doch die Realität nahm einen anderen Verlauf. Die Juden sahen bald, dass die Muslime Jerusalem und das Heilige Land für sich beanspruchten. Sie errichteten sogar über den Trümmern des jüdischen Tempels den Felsendom, ein nicht zu überbietendes Sakrileg in den Augen aller Frommen. Ernüchtert fanden sich die Juden mit der neuen Situation ab. Wieder einmal befanden sie sich in der Diaspora. Darin waren sie geübt.

Neu waren die einschränkenden Vorschriften, welche die Kleiderordnung betrafen, die sie als Juden markierten: ein gelber Tuchfleck, an der Schulter zu tragen. Hitlers Anhänger erfanden ihn als »Judenstern« im 20. Jahrhundert neu. Auch die Christen mussten sich ähnliche Verordnungen gefallen lassen. In der ganzen Geschichte des Islam wurden Ungläubige durch solche Kennzeichen diskriminiert und von den Vollbürgern schon auf den ersten Blick unterschieden. Kein Wunder, wenn man den Schandfleck loswerden wollte. Wenn nicht in der ersten, dann doch in der zweiten oder dritten Generation. Die Juden blieben resistent. Sie gingen nicht in der islamischen Staatenwelt auf. Die Christen verschwanden jedoch mehr und mehr von der Bildfläche. Bald waren der Nahe Osten, Nordafrika, Spanien und später der Balkan von den Christen so entvölkert, dass diese dort nur noch eine unbedeutende Minderheit darstellten. Die Mehrheit von ihnen beugte sich im Lauf der Jahrhunderte der sanften aber bestimmten Gewalt des Islam.

Die muslimische Religionspolitik ist mit unserem modernen Toleranzbegriff nicht zu erfassen. Toleranz gab es nirgends, auch nicht im islamischen Andalusien. Wegen antijüdischer Repressalien verließ im 12. Jahrhundert der große Mediziner und Rabbiner Maimonides Spanien – und mit ihm Zehntausende anderer Juden.

Politik und Religion, West und Ost

Die Trennung von Staat und Kirche, das Prinzip der Gewaltenteilung, ist eine europäische Erfindung. Dem Islam ist sie fremd, denn Allah ist weltlicher und religiöser Gesetzgeber zugleich, genau wie Muhammad in Medina. Der Koran ist das grundlegende Verfassungsdokument. Und dennoch verdanken wir die europäische Gewaltenteilung letztendlich ihm, dem Einfluss des Islam auf die europäische Geistesgeschichte.

Erst der Wissenstransfer aus den muslimischen Ländern, Spanien voran, ließ in Europa eine Gesellschaftsform entstehen, welche die Freiheit des Denkens begünstigte. Die Liste der muslimischen Beiträge zur Entfaltung von Kultur und Technik in den europäischen Ländern ist lang. Sie umfasst Wissenschaften wie die Mathematik, Astronomie, Ökonomie, Medizin, Botanik, Geografie, Geschichte, neue Techniken der Metallverarbeitung, Architektur und Bergwerkskunst – und vor allem die Philosophie. Hunderte von Lehnworten aus dem Arabischen erinnern an diesen beispiellosen Wissensimport: Zucker, Reis, Orange, Limonade, Banane, Kaffee, Alkohol, sogar das Wort Magazin. Auch den holländischen Windmühlen sieht man nicht an, dass sie aus dem Orient stammen. Doch so ist es. Abertausende von Windmühlen versorgten einst Europa mit Energie aus der Luft. Und die fortschrittlichen Wasserkraft- und Bewässerungsanlagen waren ebenfalls importiert. Wenn muslimische Geografen einen Bach oder Fluss beschrieben, vergaßen sie selten anzugeben, wie viele Mühlen er betreiben konnte. Die Verfeinerung der Sitten, das Schachspiel sind weitere Beispiele für den gewaltigen Einfluss der arabischen Welt auf Europa. Dort nahmen die Gelehrten in den mittelalterlichen Klöstern die Anregungen begierig auf, übersetzten sie zunächst ins Lateinische, die Sprache der Kirche, und später auch in die europäischen Volkssprachen, entwickelten sie weiter und überlieferten sie an die kommenden Generationen. So wurde – mit arabischer Hilfe – ein geistiges Fundament gelegt, das Europa letztlich auch eine Rechtsphilosophie und damit die Gewaltenteilung bescherte.

Wo ist die frühere Herrlichkeit des Islam geblieben? Muhammads Botschaft ließ die halbe Welt kulturell aufblühen, verlieh dem rückständigen Europa einen ungeheuren Entwicklungsschub. Was ist daraus geworden? Nach sieben oder acht Jahrhunderten glänzender Entwicklung kam der Fortschritt im Islam zum Stillstand. Warum? In Istanbul wurde 1727 die erste, aus Europa importierte Druckmaschine installiert, als man im Westen längst zum Frühstück die Zeitung las. Und der gelehrte Lichtenberg beklagte schon 1785, dass heutzutage »die Geburtsörter der Astronomie, Arabien und Ägypten, von Barbaren bewohnt werden, bei denen Ignoranz ein Glaubensartikel ist.« Warum haben die muslimischen Länder nicht aufholen können? Ich weiß es nicht und es schmerzt mich. Japan schaffte es doch auch: Das Inselreich katapultierte sich innerhalb kürzester Zeit in die Moderne. Eine ähnliche Entwicklung wie in Japan gab es im Islam nicht, leider nicht. Vielleicht wären wir sonst dem Weltfrieden näher.

Die Kreuzzüge gegen den Islam

Waren vielleicht die Kreuzzüge Schuld daran? Europa blickte damals zum ersten Mal über seinen Tellerrand. Ein bitteres Kapitel, denn es belastet die Beziehungen zu den arabischen Ländern bis heute. Die Kreuzzüge konnten den Islam militärisch nicht entscheidend schwächen. Die Erfolge der europäischen Kreuzritter waren unbedeutend, aber äußerst brutal. Sie schreckten nicht einmal davor zurück, die Al-Aqsa Moschee in Jerusalem zu schänden. Das geschah während des ersten Kreuzzugs am 6. Juni 1099, im »Jahr des Herrn«.

Als die Kreuzfahrer die Stadtmauer stürmten, ergriffen alle Verteidiger die Flucht. »Unsere Leute verfolgten sie auf der Mauer und durch die Stadt und töteten und verstümmelten sie. Das ging bis zum Tempel Salomos [die Al-Aqsa], dort gab es ein solches Gemetzel, dass wir bis zu den Knöcheln im Blut der Feinde standen. Am nächsten Morgen stiegen sie auf das Dach des Tempels, griffen die Männer und Frauen der Sarazenen [Muslime] an und schlugen ihnen mit dem blanken Schwert die Köpfe ab.« Mit diesen Worten beschreibt einer der Teilnehmer das Massaker.

Der Aufmarsch der Kreuzritterheere zog eine blutige Spur durch ganz Europa, die auf den Dächern der Al-Aqsa endete. Franzosen und Flamen passierten das Rheintal und demonstrierten ihre Entschlossenheit, keinen Ungläubigen am Leben zu lassen. Opfer der marodierenden Meute wurden die

Juden von Köln, Mainz, Worms und Speyer. Mit Unterstützung der Einheimischen brannten sie die Synagogen nieder, schlachteten die Juden ab, wo immer sie ihrer habhaft werden konnten.

In Mainz spielte sich die folgende Tragödie ab: Die Juden der Stadt hatten sich in den Hof des erzbischöflichen Palastes geflüchtet, ein blutlüsterner Mob belagerte sie. Vor die Entscheidung zwischen Taufe und Tod gestellt, wählten sie den Tod durch eigene Hand. »Frauen ermannten sich, erschlugen ihre Söhne und Töchter, danach sich selbst. Männer nahmen ihren Mut zusammen, brachten ihre Frauen, Söhne, die Enkel um. Die zarte Mutter schlachtete das Kindchen, mit dem sie gespielt hatte, alle miteinander, Frauen wie Männer töteten sich gegenseitig. Die Mädchen und die jungen Paare schrieen aus den Fenstern: Gott, schau, sieh dir an, wie wir deinen großen Namen heiligen – um dich nicht gegen ihren Gehenkten, den Gekreuzigten einzutauschen!« Der Schreiber berichtet von 1100 Toten, über ihren Leichen ruft er dem Gott Israels zu: Willst du länger zögern und an dich halten? »Komm und räche das Blut deiner Diener, vergossen in unseren Tagen, vergossen vor unseren Augen!« Der kalten Christenwut stellten die Mainzer Juden ihren glühenden Märtyrerglauben entgegen, in der Gewissheit, am Tag des Letzten Gerichts als Ankläger vor ihren Peinigern zu stehen. Man schrieb den 27. Mai des Jahres 1096.

Die Kreuzfahrer stürmen die Stadtmauer von Jerusalem, die Menschen fliehen.

Ein Fanatiker auf dem Kalifenthron

Kehren wir zurück zum Massaker in der Al-Aqsa Moschee. Die unselige Kreuzzugsgeschichte hatte eine Vorgeschichte. Hundert Jahre vor dem Sturm auf Jerusalem kam ein Kalif in Kairo an die Macht, der sich dem religiösen Terrorismus verschrieben hatte. Der 25 Jahre alte Al-Hakim Bi-Amr Allah befahl im Jahr 1010 die Zerstörung der christlichen Grabeskirche in Jerusalem. Zu ihr pilgerten jährlich Tausende von Christen aus ganz Europa. Denn in deren Katakombe sollte sich das Grab befinden, aus dem der Erlöser nach drei Tagen auferstanden war. Eine Wallfahrt zur Grabeskirche versprach große himmlische Belohnung. Sie war den Christen heilig wie die Kaaba den Muslimen in Mekka.

Was mag Al-Hakim zu dieser unerhörten Provokation getrieben haben? Es war nicht das erste Mal, dass der unfromme Eifer mit dem jungen Kalifen durchging. Kaum hatte er auf seinem Thron Platz genommen, untersagte Al-Hakim den muslimischen Frauen, sich schön zu machen, verhängte eine generelle Ausgangssperre über sie, verbot ihnen den Besuch öffentlicher Bäder und der Friedhöfe. Juden wie Christen hatten schwarze Kopfbedeckungen und schwarze Gürtel zu tragen, im öffentlichen Bad bekamen Juden ein Glöckchen, Christen ein Kreuz um den Hals gehängt. Damit nicht genug. Al-Hakim entheiligte die Gräber der Ungläubigen und verhängte die Folter über alle nicht-muslimischen Beamten, um sich ihrer Loyalität zu versichern. Schließlich wechselte er alle christlichen und jüdischen Beamten gegen Muslime aus. Nach der Zerstörung der Grabeskirche mussten die Glocken der Christen im ganzen Reich schweigen. Viele Christen traten unter diesem Druck zum Islam über. Die Liste der Gräueltaten Al-Hakims ist schier endlos, aber wir wollen es bei diesen Beispielen bewenden lassen.

Persönlich gab sich der Kalif asketisch bis zum Exzess. Sein Haar ließ er nicht schneiden, er kleidete sich nur in grobe Wolle und wusch sich nicht mehr. Am Ende hielt er sich für die Inkarnation Allahs, des Höchsten. Im Alter von 36 Jahren verschwand er spurlos während eines nächtlichen Spaziergangs. Wie so viele Muslim-Herrscher hat man ihn vermutlich beseitigt. Al-Hakims Verfolgungswahn, die Grausamkeit des Mannes und seine Anmaßung, Gott zu verkörpern, machten ihn berühmt wie einst Nero, den römischen Kaiser, der im Jahr 64 unserer Zeit die Christen Roms verfolgen ließ, um von dem gegen ihn gerichteten Verdacht der Brandstiftung abzulenken.

Die Grabeskirche wurde restauriert. Doch die Kunde von Al-Hakims Gräueltaten gelangte über die Pilger ins christliche Europa. Raubüberfälle auf die christlichen Wallfahrer und das Vordringen der Seldschuken, eines alten türkischen Herrschergeschlechts, im Heiligen Land brachten das Fass zum Überlaufen: Das Heilige Grab war in Gefahr! Die Päpste handelten. Urban II. rief 1095 zur Rückeroberung des Heiligen Grabes auf.

»Das Vaterland des Herrn Jesus, das Mutterland der Religion, hat ein gottloses Volk in seiner Gewalt. Bewaffnet euch mit dem Eifer Gottes, liebe Brüder, gürtet eure Schwerter, zieht aus, der Herr wird mit euch sein! Und wenn einer dort in wahrer Buße sein Leben verliert, soll er gewiss sein, dass ihm die Vergebung seiner Sünden und der Genuss des ewigen Lebens zuteil wird!«

Zum ersten Mal in der tausendjährigen Geschichte des Christentums wird von allerhöchster Warte aus der Heilige Krieg proklamiert. »Deus lo vult!« Gott will es! Das war der Schlachtruf der christlichen Ritter.

Die Päpste schätzten, das wissen wir heute, die Verhältnisse im Heiligen Land völlig verkehrt ein. Abgesehen von Al-Hakim verbürgten sich alle muslimischen Herrscher für den Gottesfrieden an den heiligen Stätten, die schließlich auch dem Islam heilig waren. Gewiss, die Zeiten waren unsicher, und besonders der exzentrische Al-Hakim hatte die Zügel schleifen lassen, doch die Kalifen taten Jahrhunderte hindurch alles, um den Frieden in Jerusalem zu gewährleisten.

Wie tief die böse Erinnerung an die Zeit der Kreuzzüge sich dem Gedächtnis eingeprägt hat, zeigt das Beispiel von Papst Johannes Paul II. Der bat im Jahr 2001 die Christen des Ostens um Vergebung für den letzten Kreuzzug, bei dem die christlichen Krieger Byzanz, das damalige Konstantinopel und heutige Istanbul, brandschatzten – zu jener Zeit noch eine christliche Stadt! Wieder hieß es: »Gott will es!« Und das Schwert fraß unterschiedslos Christen, Juden, Muslime, Gläubige wie Ungläubige. Die geschwächte Stadt fiel kurz darauf den Armeen des Islam in die Hände. Tausend Jahre hatte der Sperrgürtel im Süden standgehalten, unter dem Schutz von Byzanz konnte Europa seinen Bestand festigen. Seit dem Jahr 1453 wurde die Metropole am Bosporus zum Aufmarschgebiet der muslimischen Türken. Sie eroberten Griechenland, das heutige Rumänien, Bulgarien, Albanien, das ehemalige Jugoslawien. Dort lösten sie jene Zerwürfnisse aus, die bis in unsere Gegenwart den Südosten Europas heimsuchen. Wie grausam kann die Geschichte sein, und wie schwer können ihre Erblasten wiegen.

Sunniten und Schiiten, der Riss im Islam

Achthundert Jahre hielt die Stadt am Bosporus den Armeen des Islam stand. Ihr Schicksal wäre längst besiegelt gewesen, hätten sich die Muslime nicht ständig selbst in den Haaren gelegen. »Die Juden gingen in 71 Richtungen, die Christen in 72, ihr werdet in 73 gehen«, hatte Muhammad den Seinen prophezeit. Er behielt Recht.

Alsbald nach dem Tod des Propheten ging der Streit um sein Erbe los, denn Muhammad hatte keine Nachfolgeregelung getroffen und auch keinen direkten männlichen Nachkommen hinterlassen.

Zwei Parteien standen sich bei den Erbstreitigkeiten gegenüber. Die Anhänger der einen pochten auf die Blutsverwandtschaft mit dem Gesandten, die der anderen wandten ein, nur der Würdigste und Frömmste unter den Gläubigen dürfe in die Fußstapfen Muhammads treten. Aisha, die Witwe des Propheten, war beim Ableben ihres Mannes 24 Jahre alt und spielte in dem Nachfolgestreit eine entscheidende Rolle. Sie favorisierte Abu Bakr, ihren Vater, der von der ersten Stunde an Muhammads Gefolgsmann gewesen war. Die Gegenseite hatte sich auf Ali ibn Abu Talib, Muhammads Vetter, eingeschworen, der überdies mit Fatima, einer Prophetentochter verheiratet war. Ali versuchte vergeblich, Aisha für sich einzunehmen. Als er aber ihr Haus betreten wollte, drohte sie ihm: »Einen Schritt weiter, und ich entblöße mein Haupthaar!« Ali ließ sich einschüchtern und verlor das Spiel. Abu Bakr wurde zum ersten Kalifen, zum Stellvertreter Allahs und seines Gesandten, gewählt. Zwei weitere Kalifen folgten, Umar und Uthman, bis endlich Ali an die Reihe kam. Inzwischen waren fast 25 Jahre nach dem Tod Muhammads verstrichen. So lange hatte der Schwiegersohn des Propheten auf seine Kalifenwürde warten müssen.

Dabei hatte Ali ibn Abu Talib gute Karten gehabt: Vetter des Propheten, mit dessen Lieblingstochter verheiratet, einer seiner ersten Anhänger, das waren hohe Trümpfe. Als ständiger Kampfgefährte Muhammads trug er die Fahne, wurde von ihm gewürdigt, neue Suren vorzutragen, und leitete das Freitagsgebet. Ali gehörte zu den zehn Gläubigen, denen der Prophet ausdrücklich das Paradies verheißen hatte. Doch Ali hatte Aisha gegen sich, und das wog schwer.

Der Islam war auf Eroberungskurs, Ali kämpfte sich mit seinen Getreuen immer weiter nach Osten vor und gewann dabei im Iran eine beträchtliche Hausmacht. Kaum war er im 35. Jahr nach der Hidschra, der Flucht nach Medina, zum Kalifen gekürt, sammelte Aisha, »die Mutter der Gläubigen«, ein Heer gegen ihn. An Alis Stelle wollte die »Rote« ihren Neffen Abdullah bin

Zubayr als Kalifen sehen. Vor Jahren war Aisha schon einmal als Königsmacherin erfolgreich gewesen, als sie ihren Vater Abu Bakr ins Amt hob. Bei Alis Ernennung hatte man sie gar nicht erst gefragt. Das kränkte Aisha, an deren Brust der Prophet verschieden war. Fühlte sie sich doch als Muhammads Sachwalterin.

Bei Basra im heutigen Irak kam es zur Schlacht zwischen den Muslimen. Von einer Kamelsänfte aus feuerte Aisha ihre Generäle und Heerscharen an, eine echte Beduinenkämpferin. Sie hatte sogar die anderen Prophetenwitwen aufgefordert, mit ihr gegen Ali Stellung zu beziehen. Keine jedoch folgte ihrem Appell. Eine hielt der Streitlustigen vor: »O Aisha! Der Gesandte Allahs hat uns doch geboten, das Haus zu hüten. Züchtiges Leben ist unser Dienst am Höchsten. Wir sollen die Augen niederschlagen und unsere Stimme nicht erheben. Was würde Allahs Gesandter sagen, wenn er dich auf deinem Kamel einher stürmen sähe? Denkst du etwa, das würde ihm gefallen?« Aisha beeindruckte das nicht. Sie glaubte an ihre Mission. Zehntausende von Toten und Verletzten soll die »Kamelschlacht« gekostet haben, und sie endete erst, als Aishas Kamel mit zerschnittenen Sehnen niedersank. Da ergriffen ihre Leute die Flucht.

Ali versuchte, dem Treffen auszuweichen. Standen sich doch hüben wie drüben alte Kampfgefährten des Propheten plötzlich als Feinde gegenüber. Der Kalif ließ sogar im letzten Augenblick, ehe das Abschlachten begann, zwischen den Fronten aus dem Koran vortragen! Umsonst, Aisha war nicht aufzuhalten. Dieses Mal allerdings zog sie den Kürzeren. Ali schonte seine Feindin, schickte sie zurück nach Medina und kostete seinen Sieg nicht aus. Er verbot, den fliehenden Kämpfern nachzusetzen, ließ alle Gefangenen frei und befahl, die Leichen der Gegner würdig zu bestatten.

Ahnte der zögerliche Ali, welche verhängnisvollen Folgen die blutige Entzweiung nach sich zog? Die Kamelschlacht stieß die Tür zu den Bruderkriegen auf. Hätte Aisha nicht Alis rechtmäßige Wahl sabotiert, wäre es vielleicht nie zu dem großen Schisma gekommen, das bis heute die muslimische Welt teilt. Ali ibn Abu Talib wurde drei Jahre nach der Kamelschlacht hinterrücks erdolcht, ermordet wie vor ihm schon zwei andere Kalifen. Sein Sohn Husain verlor zwei Jahrzehnte darauf sein Leben in dem Gemetzel von Kerbala im Irak. Der politische Gegenspieler Husains war Yazid, dessen Vater die Truppen schon zu Lebzeiten Alis als rechtmäßigen Kalifen ausgerufen hatten. Muhammads Tod lag inzwischen 50 Jahre zurück, man schrieb das 61. Jahr nach der Hidschra. »Ein Wildesel-Mensch wird er sein, und alle seine Brüder wird er provozieren«, hatte der Engel den Söhnen Ismaels mit auf den Weg gegeben. Genau so trat der Islam seinen Weg durch die Geschichte an.

Die Anhänger der Schia, der Partei Alis, betrauern bis heute Husains Tod. Ihre Überlieferung erzählt, dass zu seiner Geburt der Engel Gabriel dem Propheten Muhammad erschienen war und ihm sagte: »O Prophet Allahs, ich bin tief betrübt wegen dieses neugeborenen Sohnes [Husain] von Fatima, der unsägliche Schwierigkeiten, Nöte, Wunden und Schmerzen erleiden wird. Er wird schließlich mit all seinen treuen Anhängern den Märtyrertod erleiden in der Wüste Kerbala an den Ufern des Euphrats.« Seine Parteigänger hatten Husain, ihren geistlichen Führer, vor der Schlacht schnöde im Stich gelassen, alle bis auf 72 Getreue, darunter Nachkommen aus dem Hause Muhammads. Eine blutige Geschichte, die damit endete, dass die Sieger Husains Kopf sowie die Häupter seiner Mitstreiter auf ihre Lanzenspitzen steckten und als Trophäen vor sich hertrugen. Den Verrat an Husain, dem Prophetenenkel, dem seine Truppen davongelaufen waren, empfinden die Schiiten als Schuld und Schande, die noch heute auf ihnen lastet. Am Aschuratag begehen sie alljährlich das Gedenken an die »Märtyrer-Schlacht« unter Tränen und Schluchzen mit Trauerprozessionen und blutigen Selbstgeißelungen der jungen Männer.

Seit dem Ende Husains zerfiel der Islam endgültig in die beiden Lager der Schiiten und Sunniten. »Anhänger der Sunna« ist eine irreführende, unscharfe Bezeichnung für den traditionellen Islam. Denn die »Sunna« des Propheten achten die Schiiten genauso. Diese ist nichts anderes als die Gesamtheit aller Aussprüche, Taten und Entscheidungen Muhammads und seiner Familie, die in den Hadithen gesammelt sind, und das ist seit dem 9. Jahrhundert neben dem Koran die wichtigste Quelle religiöser Vorschriften. Sunniten und Schiiten betrachten gleichermaßen auch den Koran als ultimative Offenbarung Allahs. Allerdings wirft man den sunnitischen Glaubensgeschwistern vor, das Heilige Buch und die Tradition verfälscht zu haben – eine Verdächtigung, die schon Muhammad gegenüber der jüdischen Tora-Überlieferung ins Feld führte. Deshalb halten sich die Schiiten zusätzlich an die Traditionslinie ihrer Imame, ihrer geistlichen Führer. Diese allein kennen die verborgene Auslegung des Koran, besitzen übernatürliches Wissen, sehen in die Zukunft und sind frei von Sünden. Weil Allah sich Muhammad auf ewig verbürgte, stammen alle Imame aus seiner Nachkommenschaft. Die schiitische Imam-Tradition ist dem sunnitischen Islam fremd. Die Nachfolger Muhammads sind hier die Kalifen, die jedoch keinerlei religiöse Autorität besitzen. Aus diesem Grund verwerfen die Schiiten den Führungsanspruch jedweder sunnitischen Regierung. In ihren Augen gelten selbst die ersten drei Kalifen als Usurpatoren. Unter den ersten Kalifen, heißt es, war Ali allein der einzig rechtmäßige Stellvertreter Allahs und seines Propheten.

Die Schiiten sind kein monolithischer Block. Alis Partei zerfiel im Lauf der Zeit in über 70 rivalisierende Gruppen. Heute bekennen sich rund zehn Prozent aller Muslime zur Schia Alis, im Mittleren Osten und in Teilen Zentralasiens sind sie besonders stark. Nach der Revolution des Ayatolla Khomeini im Februar 1979 meldeten die schiitischen Muslime, über Jahrhunderte nicht mehr als eine Splittergruppe, ihren universalen Führungsanspruch für den Gesamtislam an.

Fünf Säulen tragen das Haus des Islam

Die Frage nach dem Führer und der Art der Führung spaltete den Islam. Zu einem Ganzen verbindet ihn jedoch die religiöse Praxis der Muslime in aller Welt. In seiner letzten Predigt soll Muhammad den Gläubigen noch einmal ans Herz gelegt haben: »O Volk, achte sorgfältig auf meine Worte! Verehrt Allah, verrichtet eure täglichen fünf Gebete, fastet im Monat Ramadan, zahlt die Armensteuer. Unternehmt, wenn irgend möglich, die Pilgerfahrt nach Mekka. Ihr wisst, alle Muslime sind Brüder! Alle seid ihr gleichgestellt. In der Frömmigkeit und mit guten Werken aber sollt ihr wetteifern, die ersten zu sein.«

Der Prophet spricht hier die so genannten »Fünf Säulen« an, die das Haus des Islam tragen. Zuerst das Glaubenbekenntnis: »La ilaha illa 'llah, Muhammadun rasulu 'llah.« Kein Gott ist außer Allah, und Muhammad ist der Gesandte Allahs! Dann das rituelle Gebet, vorzugsweise in der Gemeinschaft mit anderen Gläubigen vollzogen. Drittens die Armensteuer, für die der Koran

Der Koran, das Heilige Buch des Islam.

keine näheren Bestimmungen trifft, und viertens das Fasten im Monat Ramadan. Der Kalender des Korans orientiert sich ausschließlich an den Mondphasen. Weil der nach dem Mond gemessene Monat kürzer ist als der mathematisch errechnete Sonnenmonat, wandert der Fastenmonat allmählich durch alle Jahreszeiten. Fällt er in den Winter, reduziert sich das Fasten auf acht Stunden während des Tageslichts, im Sommer verlängert sich das Fasten auf die doppelte Zeit. Eine harte Probe! Denn Fasten bedeutet, nichts zu essen, aber auch nichts zu trinken – 16 Stunden im Sommer bis zum Sonnenuntergang! Ein Trost bleibt: Es braucht 235 Neumonde oder 19 Sonnenjahre, bis der Neumond des Ramadan exakt wieder auf dasselbe Tagesdatum fällt. Fünftens und letztens die Wallfahrt. Für sie traf der Prophet noch zu Lebzeiten detaillierte Regelungen. Nach Möglichkeit soll jeder erwachsene Muslim, Mann oder Frau, wenigstens einmal im Leben die Kaaba umkreist haben und mit einem Schlachtopfer das rituelle Begehen der heiligen Stätten beschließen.

Der Dschihad, der Heilige Krieg zur Verteidigung und Ausbreitung des Islam, gehört nicht zu den »Fünf Säulen« des Glaubens. Das Wort hat eine weitere und eine engere Bedeutung. Im weiteren Sinn kennzeichnet Dschihad den Glaubenseifer. So meinte es auch Buddha, als er bei seinem Abschied die Mönche mahnte: »Ohne Unterlass müsst ihr kämpfen!« Ebenso fordert das Neue Testament den Christen auf: »Kämpfe den guten Kampf des Glaubens!« Dieser Glaubenseifer wird ebenfalls von jedem Muslim verlangt. Darüber hinaus meint Dschihad aber auch den Glaubenskampf unter Einsatz von militärischer Gewalt. Die Muslime verweisen auf das Beispiel Muhammads, der nicht nur ein großer Glaubenskämpfer, sondern auch ein gewaltiger Kriegsmann war. An 19 Feldzügen nahm der Prophet persönlich und mit der Waffe in der Hand teil, wurde selbst nie ernstlich verwundet, hat aber manchen seiner Getreuen dabei verloren. »Zwischen uns und dem Himmel ist nur der Feind«, rief er den Seinen zu, und die verstanden das wortwörtlich. So sagt es auch der Koran: »Und jene, die auf dem Weg Allahs erschlagen werden, deren Taten wird er nie verblassen lassen. Er wird sie rechtleiten, ihr Befinden lindern und sie ins Paradies bringen, von dem er sie hat wissen lassen.« Als politisches Programm erhob im Iran der Ayatollah Khomeini den militanten Dschihad zur Glaubenspflicht: »Der Heilige Krieg bedeutet die Eroberung der nicht muslimischen Gebiete.« Unter der Leitung eines Imam wird es »die Pflicht jedes volljährigen und waffenfähigen Mannes sein, freiwillig in diesen Eroberungskrieg zu ziehen, dessen Endziel es ist, das Gesetz des Korans von einem Ende der Welt bis zu anderen regieren zu lassen.«

Die Dschihad-Doktrin der muslimischen Rechtsgelehrten jedoch überbietet alle bekannten Denkmodelle religiöser Militanz: Danach befindet sich der Islam in permanentem Kriegszustand mit dem Rest der Welt. Erst mit Bekehrung oder Unterwerfung aller Menschen unter Allah und seine Stellvertreter endet der heilige Krieg. Bis dahin kann es keinen Frieden zwischen Gläubigen und Ungläubigen geben. Allenfalls, dann und wann, eine befristete Waffenruhe. Die Lehre vom permanenten Dschihad hat weitreichende Folgen. Eine davon ist die religiöse Rechtfertigung des Terrors, den muslimische Rechtsgelehrte als »Ribat« definieren, als eine kriegerische Handlung einzelner muslimischer Frontkämpfer. Die Ribat-Kämpfer werden entsprechend gefeiert, ihre blutigen Siege bejubelt. Wie anders, wir erinnern uns, sprach Laotse: »Mit Trauer, unter Tränen, soll man der Abgeschlachteten gedenken, mit Trauerriten des Sieges.«

Doch ich wiederhole: Der Heilige Krieg gehört nicht zu den Säulen des Islam. Dieser könnte auch ohne ihn existieren. Schließlich bietet dem Muslim das praktische Leben reichlich Gelegenheit, seinen Glauben zu bewähren. »Der Islam hat für alles, was den Menschen und die Gesellschaft betrifft, Lehren. Diese kommen von dem Allmächtigen und sind den Menschen durch seinen Propheten und Boten überliefert. Man ist überrascht von der Größe dieser Gebote, die alle Aspekte des Lebens abdecken, von der Empfängnis bis zur Bestattung. Es gibt nichts, worüber der Islam nicht sein Urteil gefällt hat«, schreibt Khomeini. Die Stärke des Islam ist seine Orientierung am Alltag. Streitet man sich, geht es um praktische Dinge.

Im Christentum ist das anders. Auch hier kämpft und feilscht man um Einfluss, Autorität und Herrschaft. Doch die großen Brüche in der Kirchengeschichte bildeten sich aufgrund von unvereinbaren religionsphilosophischen Lehrmeinungen.

Martin Luther war gewiss kein Machtstratege. »Ich regier nicht gern, es liegt mir nicht«, sagte er von sich. In seinen theologischen Überzeugungen war er dagegen unerbittlich: »Ich habe dem Papst die Lehre angegriffen und das Herz abgebissen!« Da war Luther groß, grob und bedingungslos. Machtspiele aber interessierten ihn nicht. Gerade deswegen forderte er die Trennung von Politik und Religion.

Islam, Judentum und Christentum

Strittig ist zwischen Muslimen und Juden das Erbe Abrahams. War Abraham der erste Jude, wie das Judentum meint, oder war Abraham der erste Muslim, wie der Islam behauptet? Man kann darüber durchaus verschiedener Meinung sein, doch dass der Streit bis zum Blutvergießen eskaliert, ist für mich eines der traurigen Kapitel der Religionsgeschichte. Es geht schließlich um eine Erinnerung, eine Überlieferung, eine Fiktion, und nicht minder fiktional ist der Anspruch auf Abrahams Erbe, das so genannte Heilige Land.

Im Mittelpunkt der Auseinandersetzung steht die Frage nach der Zuverlässigkeit der Heiligen Schriften beider Religionen. Die Muslime werfen den Juden vor, sie hätten die Tora verfälscht und nicht korrekt überliefert. Diese wiederum bestreiten die göttliche Urheberschaft des Korans. Vor allem dessen bibelbezogene Teile haben für sie keinerlei Offenbarungswert. Es ist buchstäblich ein Streit um Worte, den nur ein Mann wie Baruch de Spinoza schlichten könnte. Dazu aber sind beide Religionen im Augenblick nicht bereit. Sie lassen, wieder einmal, ihre Waffen sprechen. Tora und Koran sind ihrem Anspruch nach staatliche Verfassungsurkunden, das »Wort Gottes«. Und wer daran zu zweifeln wagt, wird zum gottlosen Bösewicht.

Ich zitiere ein weiteres Mal den Begründer der kritischen Bibelwissenschaft. Erst mit ihrer Hilfe, so Spinoza, können wir uns »Klarheit über das Leben, die Sitten und die Bestrebungen des Verfassers der einzelnen Bücher« der Bibel verschaffen, »dann über das Geschick jedes einzelnen Buches, nämlich, wie man es zuerst erhalten und in wessen Hände es gekommen ist, ferner wie viel Lesarten es davon gibt und auf wessen Rat es unter die Heiligen Schriften aufgenommen wurde«. Erst dann »können wir uns anschicken, den Sinn der Propheten und des Heiligen Geistes zu erforschen«.

Das aber würde eine vollständige Säkularisierung der Heiligen Schriften bedeuten, deren Heiligkeit Islam und Judentum auf ihrem Weg durch die Geschichte unter endlosen Opfern verteidigt haben. Der Philosoph aus Amsterdam legte den Schriftreligionen ein riesiges Problem vor die Füße, auch dem Buddhismus, besonders aber den Religionen Abrahams. Ich sehe nicht, dass sich die Theologen des Islam oder des Judentums dieser Herausforderung bisher ernsthaft gestellt hätten. Verständlicherweise: Eine Entheiligung ihrer Heiligen Schriften würde beide Religionen bis in ihre Fundamente erschüttern.

Das Christentum befindet sich in einer unkomplizierten Position. Seine Theologen haben zwar auch die Schriften des Neuen Testaments heilig gesprochen, doch nicht so bedingungslos wie die Juden die Tora und die Muslime den Koran. Nie haben christliche Theologen im Ernst behauptet, Gott spreche zu ihnen im O-Ton. So weit konnten sie sich nicht vorwagen. Selbst die Jesusworte liegen den Christen doch nur in Übersetzung vor. Denn Jesus sprach aramäisch, das Neue Testament ist aber in griechischer Sprache zur Welt gekommen. Da konnte man schlecht auf Buchstaben oder einzelne Worte pochen. Es gab bei der Schrift-Interpretation immerzu Ermessensspielräume. Zum Glück! Wie viele Ketzer wären sonst noch verdammt und verbrannt worden! In der Tora, im Koran spricht Gott im Original-Ton, und zwar auf Hebräisch beziehungsweise in arabischer Sprache. Das ist im Neuen Testament nicht der Fall.

Christen müssen die Wahrheitsfrage deswegen bescheidener angehen. Entsprechend heißt es bei Paulus: »Das Deuten von Zukunft endet, das Reden in Ekstase hört auf, alle Erkenntnis wird hinfällig werden. Denn was wir erkennen, ist widersprüchlich, und widersprüchlich ist unser Wissen um Zukunft. Erst wenn das Endgültige wahr wird, findet auch das Widersprüchliche sein Ende.« Und er zieht daraus die Schlussfolgerung: »Bis dahin bleibt es beim Glauben, Hoffen, Lieben, diesen dreien. Am größten davon ist die Liebe.« Anders als Judentum und Islam kann das Christentum also seinen Glauben nicht als ultimative Wahrheit ausgeben. Im 18. Jahrhundert umschrieb Lessing den Sinn der christlichen Botschaft durchaus korrekt, wenn er meinte: Würde Gott ihn zwischen seiner Linken und seiner Rechten wählen lassen, zwischen dem Streben nach Wahrheit und deren völligem Besitz – »ich fiele ihm in Demut in seine Linke und sagte: Vater gib! Die reine Wahrheit ist doch nur für dich allein!« So teuer war ihm die Wahrheit, dass der große Aufklärer nur in aller Demut von ihr sprechen mochte.

Das »Wort Gottes« kann nach christlichem Verständnis nur der »Sohn Gottes«, Christus, alleine sein. Bote und Botschaft sind eins. Ein christlicher Fundamentalismus, der sich an den Buchstaben der Bibel aufhängt, wäre so gesehen ein Widerspruch in sich selbst. »Buchstaben töten, es ist der Geist, der lebendig macht«, lesen wir bei Paulus. »Wir haben diesen Schatz in irdenen Gefäßen.« Hier spielt er darauf an, dass man die Schriftrollen damals in Tonkrügen aufbewahrte. Und die waren zerbrechlich. »Gott und die Bibel sind zweierlei«, lehrte auch Luther. Es ist demnach nur konsequent, wenn das neuzeitliche Christentum Spinoza in Ehren hält. Die kritische Bibelwissenschaft ist längst zum unentbehrlichen Bestandteil der christlichen Theologie geworden, zuerst in der protestantischen, dann in der katholischen Kirche. Hinter Baruch de Spinoza kann die Theologie nicht wieder zum Buchstabenglauben zurück.

Damit bin ich bei den strittigen Fragen, die zwischen Muslimen und Christen zu verhandeln sind. Sie betreffen fast ausschließlich die so genannte Christologie, die Lehre von der Person des Jesus Christus. Darüber hinaus kommt in beiden Theologien ein ganz verschiedenes Weltverständnis zum Ausdruck.

Die unterschiedliche Welterfahrung der Bibel und des Korans wollen wir uns an einem Koran-Vers klarmachen. In der Hebräischen Bibel, deren Weltverständnis das Neue Testament übernommen hat, heißt es bei der Erschaffung Adams: »Jahwe Gott formte aus dem Erdboden die Landtiere und die Vögel und brachte sie zu dem Menschen, um zu sehen, wie Adam sie nennen würde. Genauso sollten sie dann auch heißen.« Im Koran liest es sich anders. Da ist es Allah, der bei der Schöpfung des Menschen »Adam alle Namen lehrte«. Das bedeutet, zugespitzt: In der Bibel lernt Gott vom Menschen, im Koran ist es umgekehrt.

Ein winziger Unterschied in beiden Geschichten, aber er spricht Bände. In der Hebräischen Bibel befindet sich der Mensch in einer gewissen, allerdings nie genau zu definierenden Selbstständigkeit Jahwe gegenüber. Das kommt schließlich auch darin zum Ausdruck, dass sie beide als Partner in einer Art Solidarpakt agieren. Selbstständigkeit gegenüber Allah gilt dem Koran dagegen schon im Ansatz als Sakrileg. Den Menschen irgendwie neben, statt allein und immer unter Gott zu sehen, hieße Allah, dem Einen, etwas Zweites »beizugesellen«. Eine unverzeihliche Sünde, die des »Schirk«, für die der Koran viele Belegstellen liefert:

»Seid Allah ganz ergeben, ohne ihm etwas zur Seite zu stellen! Denn wer Allah etwas zur Seite stellte, wäre wie einer, der himmelabwärts stürzte, und die Vögel erhaschten ihn oder der Wind würde ihn ins Nirgendwo tragen.« Weiter: »Sag, er ist Allah, ein Einziger, Allah, durch und durch, den man angeht in der Not! Er hat weder gezeugt, noch ist er gezeugt worden. Nichts ist ihm ebenbürtig.« Aussagen, die den Koran und alle Hadithen durchziehen: »Der Prophet, Allahs Segen und Heil auf ihm, sagte: ›Die eindrucksvollste Gedichtstrophe, die jemals ein Araber gesagt hat, ist die Strophe von Labaid, wo es heißt: Es ist wahr, alles was außer Allah ist, das ist nichts anderes als ein Nichts.‹«

Es ist schwierig, wenn nicht gar unmöglich, die Realität außerhalb von Allah zu beschreiben. Es gibt sie nicht. Dennoch ist er nicht die Welt, geht weder in sie ein noch in ihr auf. Und weil er strikt außerhalb von ihr bleibt, ist die Welt ein Nichts. Das große Wunder, das Muhammad ehrfürchtig bestaunt, ist ihre unmögliche Existenz. Welt und Mensch: Ihr pures Dasein sind ihm der überwältigende Anlass, sich immer neu Allah unterzuordnen. Die Welt ist nicht möglich, darum wird sie in jedem Augenblick neu geschaffen – von Allah. Würde dieser auch nur einen Augenblick der Schöpfung versäumen, wäre die Welt sogleich dahin.

Bei Buddha war die Welt überwältigend, bei Muhammad ist Allah der Überwältigende, die Welt gegen ihn ein Nichts. Darum ist dem Propheten die einzig angemessene Weise zu leben, sich Allah ganz und gar zu ergeben. Muslimische Frömmigkeit, »sich zu verhalten wie die Leiche in der Hand des Leichenwäschers«, findet ihren höchsten Ausdruck im Sufismus, der islamischen Mystik: »Ich bin nicht ein Frommer und nicht ein Asket und nicht ein Gelehrter und nicht ein Sufi – o Gott, du bist Einer, ich bin eins von dir in deiner Einheit.« Und weiter: »Lange suchte ich Gott. Manchmal fand ich ihn, manchmal nicht. Jetzt bin ich dahin gekommen, dass ich, soviel ich mich selbst suche, mich nicht mehr finde. Ich bin ganz und gar Er geworden und alles ist Er.« »Befriedet« sein durch völlige »Ergebung«, das ist die Selbstdefinition des Islam.

Verfügt der Mensch unter solchen Voraussetzungen überhaupt über so viel Selbstbestimmung, dass er von Allah abweichen, gar sündigen kann? Gibt es im Islam überhaupt so etwas wie eine persönliche Freiheit? An diesen Fragen bissen sich die muslimischen Theologen und Philosophen die Zähne aus, bis sie es schließlich aufgaben, eine Antwort zu finden. Allah bewirkt alles und jedes, zugleich jedoch ist der Mensch voll verantwortlich für sein Tun. Wie sich der Widerspruch auflöst, bleibt Allahs Geheimnis. »Ich weiß vieles, was ihr nicht wisst«, ist eine oft wiederholte Selbstäußerung Allahs im Koran. Eben darum weiß er auch um der Menschen Hinfälligkeit und Schwachheit und erbietet sich ihnen als ihr Retter und Erbarmer. Die stehende Gebetshaltung des Gläubigen mit den ausgestreckten offenen Innenhänden, die der Herr füllen möge, bildet das Vertrauen in Allahs Erbarmen ab. Der Prophet sagte: »Allah setzt einen Engel zur Aufsicht über jeden Uterus. Dann sagt der Engel: O Herr, ich sehe den Samen! O Herr, jetzt sehe ich einen Klumpen! O Herr, jetzt ist es ein Stück Fleisch! Und dann, wenn Allah seine Erschaffung vollenden will, fragt der Engel: O Herr, wird es ein Junge oder ein Mädchen sein? Ein böser oder ein guter Mensch? Und wie wird er seinen Unterhalt finden? Wie alt soll er werden? – Alles das ist bereits schon festgeschrieben, wenn das Geschöpf noch in seiner Mutter Leib ist.« Für den Muslim ist Allah alles.

Islam und Christentum: Verschiedene Jesus-Lehren

Das Christentum setzt Bote und Botschaft in eins, Jesus repräsentiert Gott selbst. In mythologischer Sprache nennt ihn das Neue Testament »Sohn Gottes«. Und Stephanus der Grieche, der erste Märtyrer der Jesus-Bewegung, sieht bei seiner Steinigung den Himmel offen und »Jesus zur Rechten Gottes« stehen. Für muslimische Ohren eine unerträgliche Blasphemie. »Ungeheuerlich ... die Berge stürzen darüber ein, dass sie dem Erbarmer ein Kind zuschreiben«, heißt es im Koran. Darum korrigiert der Koran das Neue Testament. Er gibt Jesus einen Ehrenplatz unter den Propheten, spricht ihm sogar so etwas zu wie eine Jungfrauengeburt und eine Art Auferstehung. Aber der Mariensohn ist Gott nicht beigesellt, nicht ebenbürtig, er ist kein Gegenüber Allahs. Dieser ist und bleibt, was er je gewesen war oder sein wird: ein Einziger, der über allem ist, dem alles unterworfen bleibt und neben dem es nichts anderes gibt. Am Tag des Letzten Gerichts wird Jesus gegen die Christen aussagen, wenn Allah ihn als Zeugen aufruft: »O Jesus, Sohn der Maria, hast du zu den Menschen gesprochen: Nehmt mich und meine Mutter als zwei Götter neben Allah?« Dann wird er antworten: »Heilig bist du! Nie konnte ich sagen, wozu ich kein Recht hatte.« Das ist die koranische Botschaft von Jesus. Doch wie die Muslime nicht ihren Koran, die Juden nicht ihre Tora aufgeben können, so wenig ist es den Christen möglich, die Identität von Boten und Botschaft, die Ebenbürtigkeit von Christus und Gott, preiszugeben. Diese Sünde der Beigesellung, dieser »Schirk«, wird immer zwischen ihnen und den Muslimen stehen.

»Gott ist Liebe. Und wer in der Liebe bleibt, der bleibt in Gott und Gott in ihm«, heißt es in der Bibel. Ein Sufi-Mystiker könnte das mit denselben Worten sagen. Er meint allerdings nicht die Liebe als die Zweisamkeit, sondern als die Einswerdung. Darin bleibt der Sufismus dem Koran treu, der nie von Gottes Liebe, jedoch von Allahs Erbarmen spricht. Liebe bedeutet im Neuen Testament: sich gegenüber sein. Gott und Mensch, Liebe auf Augenhöhe. Bei Paulus steht der zur Rechten Gottes erhöhte Christus stellvertretend für jeden Menschen, sogar für die Schöpfung insgesamt. Durch Jesus rückt die Welt vom Untertanenverhältnis zur Partnerschaft Gottes auf. Im Islam ist eine solche Vision unmöglich, undenkbar.

Der Koran von Ewigkeit zu Ewigkeit

Das Wort »Koran« bedeutet »Rezitation, Schriftlesung«, frei übersetzt »Botschaft«. Unabänderlich ist jedes seiner Worte, unveränderlich ist jeder Buchstabe des Korans. Denn das heilige Buch ist kein Ding wie andere Dinge. Der Koran ist unerschaffen, existiert zugleich mit Allah jetzt und immerdar, von Ewigkeit zu Ewigkeit. Nur vom Koran kann man in Wahrheit sagen, dass er tatsächlich real existiert, seine Worte und Buchstaben sind wirklicher als jede andere Wirklichkeit. So gewichtig sind sie, dass nach der Überlieferung Muhammads Kamelstute, als diesem im Sattel die fünfte Sure herabgesandt wurde, unter der göttlichen Wortlast zusammenbrach.

Von Ewigkeit zu Ewigkeit existierte Gott nie ohne seine Botschaft, bekennt die islamische Theologie. Durch Muhammad, den Propheten, ist sie zu den

Viele Muslime können den Koran vom ersten bis zum letzten Wort auswendig rezitieren.

Menschen gekommen und wirkt als des Höchsten lebendige Gegenwart unter ihnen. Ein frühmittelalterlicher muslimischer Theologe schrieb: »Der Koran, Allahs Wort, ist unerschaffen. Aufgezeichnet in unseren Büchern, bewahrt von unseren Herzen, rezitiert mit unseren Zungen, gehört von unseren Ohren, ist er doch kein Ding, das ihnen einwohnt.« Das heilige Buch der Muslime ist nicht, wie die christliche Bibel, ein geschichtliches Glaubenszeugnis. In jeder Sure ergreift der Ewige hier und heute das Wort.

Der Koran ist kein Buch mit Anfang, Mitte und Ende. Jede Sure, jeder Satz ist Botenwort, ist ein kompletter Koran, enthält das himmlische Buch insgesamt. Im Islam wurde das himmlische Wort zum irdischen Buchstabenwort. Ein Buchstabe des Koran wiegt darum mehr als der ganze Wortbestand des Neuen Testaments. Denn die Buchstaben des Koran transportieren Gottes Wort, seine Botschaft an die Menschen, im Original-Ton. Auf Arabisch, darum kann der Koran eigentlich auch nicht übersetzt werden. Als Übersetzung hört er auf, Gottes Wort zu sein. Er darf in der Moschee darum auch nur in seiner Ursprungssprache zur Verlesung kommen.

In den wenigsten muslimischen Ländern wird Arabisch gesprochen, nur Einzelne können dort den Koran-Urtext lesen und verstehen. Den Zugang zum Gotteswort öffnet aber allen Gläubigen die gottesdienstliche Rezitation der Suren, welche die Schüler der Koranschulen auswendig gelernt haben. Die geläufigste unter ihnen zitierte ich schon: »In Allahs, des guten Erbarmers, Namen! Preis sei Allah, zu dem die Welten kamen, dem Guten, von dem sie Erbarmen nahmen!« Damit beginnt die erste Sure, die Al-Fatiha, welche den Koran eröffnet. Jeder Gläubige, der seine fünf Gebete gewissenhaft verrichtet, rezitiert die Al-Fatiha mindestens siebzehn Mal am Tag, ungezählte Male im Lauf seines Lebens!

Koran-Rezitationen begleiten alle wichtigen Ereignisse. Sie sind wesentlicher Bestandteil der Eheschließungs- und Bestattungsrituale. Suren werden bei der Geburt des Kindes rezitiert, bei seiner Namensgebung und Beschneidung. Unternehmen, privater oder öffentlicher Art, beginnen mit der Verlesung koranischer Verse. In vielen muslimischen Ländern begleiten Rezitationen jede öffentliche Versammlung. Und im Zeitalter der elektronischen Multiplikation kommt der Koran bis in die entlegenen Hütten der sibirischen Tundra und in jedes Nomadenzelt. Vollendet moduliert und vorgetragen! Ein fähiger Rezitator reißt seine Hörer so mit, dass die Gläubigen dabei alle Gefühlsregungen durchlaufen, von Glücksgefühlen bis zu tief empfundener Trauer und schwerem Ernst. Und natürlich darf auch bei Begehung der großen Kalenderfeste der

Koran nicht fehlen! Als besonders verdienstvoll gilt es, während des Fastenmonats Ramadan das ganze Buch, von der ersten bis zur 114. Sure vorzutragen. Viele Muslime können den Koran vom ersten bis zum letzten Wort auswendig dahersagen – by heart, wie es treffend im Englischen heißt. Kurzum, der Koran durchdringt das ganze Leben der gläubigen Muslime. Mit seinen Worten, vom Vater dem Neugeborenen ins Ohr gesagt, beginnt sein Leben, und über seinem Grab werden sie weiter gesprochen. Gedenkt man eines Verstorbenen, zitiert man die Al-Fatiha, um das traurige Grabeslos mit einer Brise aus dem Paradies zu erleichtern.

Ein muslimischer Sprecher, der sich auf den Koran beruft, begeht eine gewichtige Handlung: Er lässt Allah durch seinen Mund zu Worte kommen! Die Mahnungen und Entscheidungen des Ewigen, Allahs Befehle und Verbote, seine Tröstungen und Verheißungen. Dem Muezzin legt Allah selbst sein Wort in den Mund, wann immer er zum Gebete ruft. Ein Aufruf zum Heiligen Krieg ergeht nicht nur in Gottes Namen: Die Worte des Korans geben ihm die Autorität eines direkten göttlichen Befehls, dem ohne Zögern zu folgen ist. Worte und Verse des Koran auf Fahrzeugen, Verkaufsständen, an Haustüren wie an öffentlichen Gebäuden verbürgen Schutz vor Unheil und Übel, und sie sind gleichermaßen Ausdruck jener übergroßen Dankbarkeit, die das ganze Leben der Muslime leiten soll. Mit dem allgegenwärtigen Koran ist Gott selbst allgegenwärtig, präsent und da.

Unter allen Schriftreligionen nimmt nur die Tora im orthodoxen Judentum eine vergleichsweise beherrschende Position ein wie in der islamischen Frömmigkeit der Koran. Hier wie dort umarmen die Gläubigen das Heilige Buch mit einer wahrhaften Herzensinbrunst. So wie es in dem Gebet Alis, des Mitstreiters Muhammads, heißt: »O Gott, erleichtere mir das Herz mit deinem Koran, durchdringe meinen ganzen Leib mit deinem Koran, erleuchte meine Augen mit deinem Koran, bewege meine Zunge mit deinem Koran. Bestärke mich so zu tun, solange du mir Leben gewährst, denn es gibt keine Macht noch Kraft außer allein in dir!« Das ist das Bekenntnis des Islam bis heute.

Religion, kein letztes Wort

Die Raumstation, die gegenwärtig unsere Erde umkreist, ist die erste von weiteren, zukünftigen schwebenden Städten. Im dritten Jahrtausend greift die Menschheit nach den Sternen. Der englische Astrophysiker Stephen Hawking meint sogar: »Die menschliche Rasse wird erst in Sicherheit sein, wenn sie die Sterne erreicht hat und dort besiedelbare Welten findet.« Ehemalige Erdenbürger wohnen auf dem Mars. Meine Urenkel reisen wahrscheinlich noch weiter. Und bei der Odyssee ins All nimmt die Menschheit ihre Religionen mit: die Hindus, Juden, Taoisten, Buddhisten, Muslime und Christen. Unsere Techniker und Astrophysiker haben die Herausforderung der Sterne verstanden, sind aber auch unsere Religionen schon weltraumfähig?

Gegen Ende des letzten Jahrtausends fand an der Ben-Gurion-Universität in Israel eine Tagung von Naturwissenschaftlern und Vertretern verschiedener Religionen statt, die miteinander über die Weltraumfähigkeit der Religion diskutierten. Im Tagungsbericht heißt es: »Die Religionsführer zeigten sich amüsiert.« Sie schienen nicht zu begreifen, welches Problem sich aus dem Weltbild der modernen Astronomie für ihre Religionen ergibt. Moses, Muhammad im Weltraum – war das ein Witz? Ich bin nicht amüsiert, ich lache auch nicht. Wo zum Beispiel liegt Mekka vom Mars aus gesehen? Wie trennt man in der Raumstadt Fleisch und Milch, um wie die Juden koscher zu essen? Dass Jesus für die Sünden der Welt gestorben ist, bekennen die Christen auf der Erde, wollen sie mit ihrer Botschaft vom Kreuz auch den Andromeda-Sektor missionieren? Oder, wo baden Hindus ohne den heiligen Ganges? Wie funktionieren die Sabbatgebote in elektronisierten Welten? Was lernen die Kinder ferner Planeten, unsere Nachkommen, im Religionsunterricht? Wird man ihnen von der Westmauer des Tempels in Jerusalem erzählen, vom Heiligen Grab des Propheten Muhammad in Medina?

Wenn wir die Religionen von einem imaginären Standpunkt im Weltall aus betrachten, hat es den Anschein, als ob die Theologen immer noch in der Vorstellung leben, die Erde sei der Mittelpunkt aller denkbaren Welten. Dabei erklärte vor einem halben Jahrtausend schon Nikolaus Kopernikus, dass dies nicht der Fall ist. Und seit Kopernikus hat sich unser Weltbild noch einmal um entscheidende Dimensionen erweitert. Eine Vielzahl, Dutzende von extrasolaren Planeten sind mittlerweile entdeckt worden. Sie kreisen weit weg von der Erde um andere kosmische Muttersterne im All. Unser Sonnensystem ist kein Einzelfall. Möglicherweise existieren da draußen sogar Planeten, die bereits Leben beherbergen. Oder die irgendwann im Lauf der nächsten Jahr-Milliarden Lebewesen hervorbringen könnten. Kurzum, wir sind Teil eines Prozesses, der nach kosmischen Maßstäben eben erst begonnen hat, und dessen Ende buchstäblich noch in den Sternen steht.

Längst keine Science-Fiction mehr sind Weltraum-Zivilisationen für die Fans der Serienfilme »Krieg der Sterne«. Jedi-Ritter, die Helden der neuen Fantasiereligion, haben in den Herzen ihrer Verehrer einen festen Platz gefunden. Luke Skywalker und Obi-Wan Kenobi sind ihnen nah wie gläubigen Christen die Bilder von Maria und Josef mit dem Jesuskind.

Unseren offiziellen Religionsgemeinschaften ist die elektronische Jedi-Religion um Lichtjahre in die Raumzeit vorausgeeilt.

Die offiziellen Religionen der Erde haben die Erkenntnisse der Astronomie schlichtweg verschlafen. Sie sind keine »Welt«-Religionen, sondern rein lokale Angelegenheiten. Mehr nicht. Ausschließlich auf die menschliche Spezies zugeschnitten, anthropozentrisch, geozentrisch und männerorientiert obendrein. Und das, obwohl die Astrophysiker Zukunft längst in Milliarden von Lichtjahren berechnen. Wo finden Einsteins Erkenntnisse ihren Ausdruck in den irdischen Religionen? Bei den Juden, Muslimen oder bei den Christen?

Die erd- und ortsgebundenen Religionen Abrahams bekommen tatsächlich extreme Probleme mit ihrer Weltraumtauglichkeit. Erinnern wir uns, zwischen den Marsbergen müssten Muslime ihre Gebetsorientierung an einem virtuellen Mekka ausrichten. Anders bei den Buddhisten. Buddhistische Gelehrten-Mönche rechneten von jeher in astronomischen Zyklen und Entfernungen, bewegten sich immer schon in einer unendlichen Vielfalt von Universen. Als Klosterreligion ist der Buddhismus vielleicht kosmisch nicht kompatibel. Doch wer weiß? Warum soll es zwischen den Sternen nicht irgendwann schwebende Klöster geben? Der Amida-Buddhismus Japans hat jedenfalls gar keine Probleme mit den Dimensionen der modernen Astronomie. Erst recht nicht der Zen-Buddhismus: Triffst du Buddha galaktisch, schlag ihn tot! Denn Buddha ist kein Teil der Wirklichkeit, sondern es ist diese selbst. Alles ist Buddha-Natur:

der ganze Kosmos mit all seinen Galaxien, mit all den Lebewesen, die es dort draußen vielleicht gibt. Und die uns heute noch anschweigen.

Auch den Tao Te King des Laotse würden meine Urenkel raumreisend lesen können: »Es folgt der Mensch der Erde, die Erde folgt dem Himmel, der Himmel folgt der Tao-Natur.« Dem Yin und Yang. »Ich schaue hin und sehe nichts, ich nenne es das Verborgene. Ich höre hin und vernehme nichts, ich nenne dies das Schweigende. Ich taste nach ihm und fasse es nicht, ich nenne es das Unverfügbare.« Keine dieser Erfahrungen enthält eine letzte Antwort. Doch sie fließen zusammen in der Frage, wieso das Universum sich der Mühe unterzog zu existieren. Also, warum Welt überhaupt ist und nicht nur ein Nichts. Wäre spirituelle Erfahrung nach Tao-Art, mystisches Inne-Sein, eine Form künftiger, vernünftiger Religion?

Also, wollen sie zukunftsfähig bleiben, werden die irdischen Religionen ihren Lokalpatriotismus revidieren müssen. Die westlichen Religionen besonders. Doch auch sie hätten einen wichtigen Gedanken einzubringen: Die Perspektive der Entwicklung, der Evolution, ein Gedanke, der den östlichen Religionen fremd ist. Im Judentum, dem Christentum und Islam ist das zielgerichtete Denken zu Hause. Alle drei glauben an eine Entwicklung, in der sich ein Ziel realisiert. Für sie hat die Geschichte einen Anfang, der weiterführt in die Heilsgeschichte und sein Ziel in kosmischer Vollendung findet.

Teilhard de Chardin, der französische Theologe und Naturwissenschaftler des vorigen Jahrhunderts, versteht die ganze kosmische Evolution als Heilsgeschichte. Als Prozess, der einem »Omega-Punkt« zustrebt, in dem sich die Schöpfung vollendet. Teilhard erinnert an die Mosesschar, die auf dem Weg durch die Wüste der Feuersäule Jahwes folgte. So sieht er Gott als Zug- und Anziehungskraft den kosmischen Prozess durchdringen. Durch Gottes Einfluss gestaltet sich die Materie seit dem Urknall immer beziehungsreicher, bis sie endlich beginnt, sich selbst zu organisieren: die Geschichte des Kosmos als Lernprozess, in dessen Verlauf die bisher blinde Evolution beginnt, ihre Augen aufzuschlagen und ihren weiteren Werdegang selbst zu bestimmen. An diesem universalen Prozess hat alles teil, vom kleinsten Elementarteilchen über die singenden Wale bis zum menschlichen Bewusstsein. Alles überschreitet, entwirft sich nach vorn, angezogen von der Zukunft Gottes, um sich in ihm zu vollenden.

Gott, der Große Attraktor, spielt in dieser Entwicklung die Rolle eines Entwicklungshelfers. Mit den Worten von Augustinus gesagt: »Qui fecit te sine te, non te salvabit sine te.« Der dich geschaffen ohne dich, wird dich nicht vollenden ohne dich! Diesen Gedanken führt Teilhard de Chardin konsequent weiter: In der kosmischen Evolution ist das emanzipatorische Interesse vorgegeben. Die Natur selbst kommt dem Mündigwerden des Menschen, seiner Ermündigung entgegen.

Teilhards Theologie wird hier zur Religionskritik, zur Absage an das alte suggestive Gottesbild, nach dem ein höchstes Wesen unberührbar oben über den Menschen thront. Statt dessen setzt Teilhard auf religiöse Erfahrung, die in der Liebesfähigkeit ihre Herausforderung und Selbstüberschreitung sieht. »Statt des Droben zieht das Vorwärts an, um es zu bilden«, sagt auch Ernst Bloch. Die Liebe begibt sich auf Augenhöhe. »Sie bläht sich nicht auf«, so drückt es Paulus aus. Die Emanzipation ist ihr vorgegeben, wahre Liebe verträgt kein Über- und Untergeordnetsein, wie es das Bild eines thronenden Gottes suggeriert.

Doch ist der Gott, den Teilhard de Chardin verkündet, überhaupt noch ansprechbar? Für unser Gefühl, für mein Gebet? Für Dank und Lob und für all die Fragen, die einem das Leben schwer machen? Gewiss, antwortet Teilhard. Gott ist zwar kein personales Wesen, doch er ist transpersonal, existiert über uns hinaus, als ultimativer Horizont aller Dinge: Gerade so bleibt er persönlich ansprechbar. – Und plötzlich erscheint mir alles ganz einfach. Ich spaziere doch auch durch die Träume unserer Katzenmamsell, und Kitti verständigt sich mühelos mit mir!

Ich schließe mit einer Textcollage aus Zitaten des Philosophen Georg Wilhelm Friedrich Hegel, den ich mehrmals in diesem Buch zu Wort kommen ließ. »Die verschiedenen Religionen sind nur die verschiedenen Ansichten einer und derselben Sache«, notiert er in seinen religionsphilosophischen Vorlesungen. Die Rede ist von Adam, der nach dem entsprechenden Gegenüber, nach seinem Platz im Kosmos, seiner Passung sucht. Bei Hegel klingt das so: Die treibende Kraft der Religion ist »der Schmerz über mich, dass ich als natürliches Wesen überhaupt unangemessen bin demjenigen, was ich zugleich als mein Wesen weiß«.

Der Psychologe Sigmund Freud beschrieb die Religion als »ozeanisches Gefühl«, und Hegel benutzt dasselbe Bild: »Das Meer gibt uns die Vorstellung des Unbekannten, Unbeschränkten und Unendlichen, und indem sich der Mensch in diesem Unendlichen fühlt, so ermutigt dies ihn zum Hinaus über das Beschränkte.« Denn, »reine, pure Physiker sind in der Tat nur die Tiere, da diese nicht denken, wohingegen der Mensch, als ein denkendes Wesen, ein geborener Metaphysiker ist«. Vielleicht tut Hegel den Tieren Unrecht, sonst aber stimme ich ihm zu: »Gleichgültigkeit gegen die Religion, das ist die Konsequenz seichter Seelen.« In der Religion gelangt der Mensch am weitesten über sich hinaus und erzählt draußen dem Kosmos von seiner Sehnsucht, »über den Trümmern dieses Leibes und den leuchtenden Sonnen, über den tausendmaltausend Weltkörpern und den so viele Male neuen Sonnensystemen« bei sich anzukommen. Und wo bleibt Gott? Der Chassid antwortet: »Gott ist da, wo man ihn einlässt.« Ich könnte ihn auch ein freundliches Nirwana nennen.

Nachwort

Auf den letzten Seiten blicke ich zurück auf mein Buch. Wie der betende Baalschemtow, von dem Martin Buber erzählt, habe ich es »hüpfend und tanzend« geschrieben. Die Leserinnen und Leser werden vieles darin vermissen, umfassende Informationen über die verschiedenen Religionen. Es fehlt ein Kapitel über die hinduistische Bhakti-Frömmigkeit, die so sehr an Franz von Assisi erinnert. Mein Buch enthält leider kein Kapitel zur Mystik, jener Religion ohne Worte, in der sich doch die verschiedenen Welten der Religion so nahe kommen. Den Problemkreis um Palästina, doppelte Heimat von Juden und Muslimen, habe ich erst gar nicht versucht anzugehen. Gern hätte ich auch über die Wiedergeburt des Taoimus im heutigen China geschrieben oder ein

paar Seiten über die Ostkirche Russlands. Der Vatikan, die Reformation sind ebenfalls zu kurz gekommen. Außen vor geblieben sind auch Johann Sebastian Bach und die Klezmer-Musik. All das vermisse ich jetzt. Lauter Fehlanzeigen! Doch so viel passt in kein einzelnes Buch. Und ich wollte den Leserinnen und Lesern eher ein Gefühl, mein Gefühl, als Buchstabenwissen über die Weltreligionen vermitteln.

Noch eine andere, ebenso schwierige Entscheidung musste ich treffen. Sie betrifft den Zitatennachweis. Ich habe darauf verzichtet, schweren Herzens. Aber ich fürchtete, den Lesern die Lektüre zur Augenstrapaze zu machen, hätte ich jedes Zitat mit einem Herkunftsnachweis versehen. Gern hätte ich wenigstens die Fundstellen für meine Zitate aus den Heiligen Schriften nachgewiesen, damit die Leserinnen und Leser alle Texte an Ort und Stelle, im Zusammenhang, einsehen können. Doch auch das erwies sich als undurchführbar.

Belegstellen im Tao Te King, in der Hebräischen Bibel, im Neuen Testament und im Koran anzugeben, wäre kein Problem. Allerdings, für das Judentum steht die talmudische Überlieferung, die ich gelegentlich zitiere, als »zweite Tora« fast gleichberechtigt neben den Texten der Tora. Der Talmud jedoch umfasst Tausende von Seiten, kaum ein Leser hätte die Chance, sich da hineinzufinden. Ähnlich liegt das Problem im Islam. Neben dem Koran gilt die Sunna Muhammads als schlechthin autoritativ, die später aufgezeichneten Aussprüche, Verhaltens- und Handlungsweisen des Propheten. Einige findet der Leser in meinem Buch wieder. Doch auch die Hadithe des Islam bilden einen Textkörper, der mehrere gedruckte Bände umfasst, und davon gibt es überhaupt noch keine deutschsprachige Ausgabe. Vollends verbot es sich, die Leserinnen und Leser auf die buddhistische Sutra-Überlieferung mit Zitatbelegen verweisen zu wollen. Ihr Textumfang beläuft sich auf mehrere tausend Bände, und von ihnen liegen nur Teilübersetzungen vor. Also entschloss ich mich, gänzlich davon Abstand zu nehmen, für die im Buch enthaltenen Zitate den zugehörigen Quellennachweis zu erbringen. Schweren Herzens, das wiederhole ich. Auch meine Lektorin, Carmen Kölz, hätte es lieber anders gesehen.

Ich danke Carmen Kölz, sie war darauf bedacht, dass ich beim Schreiben nicht die Nähe zum Leser verliere. Silke Reimers hat das Buch illustriert, auch dafür bin ich sehr dankbar. Ihre Illustrationen helfen den Leserinnen und Lesern, durch meine Wortgebirge zu finden!

Anhang

Verbreitung der Weltreligionen

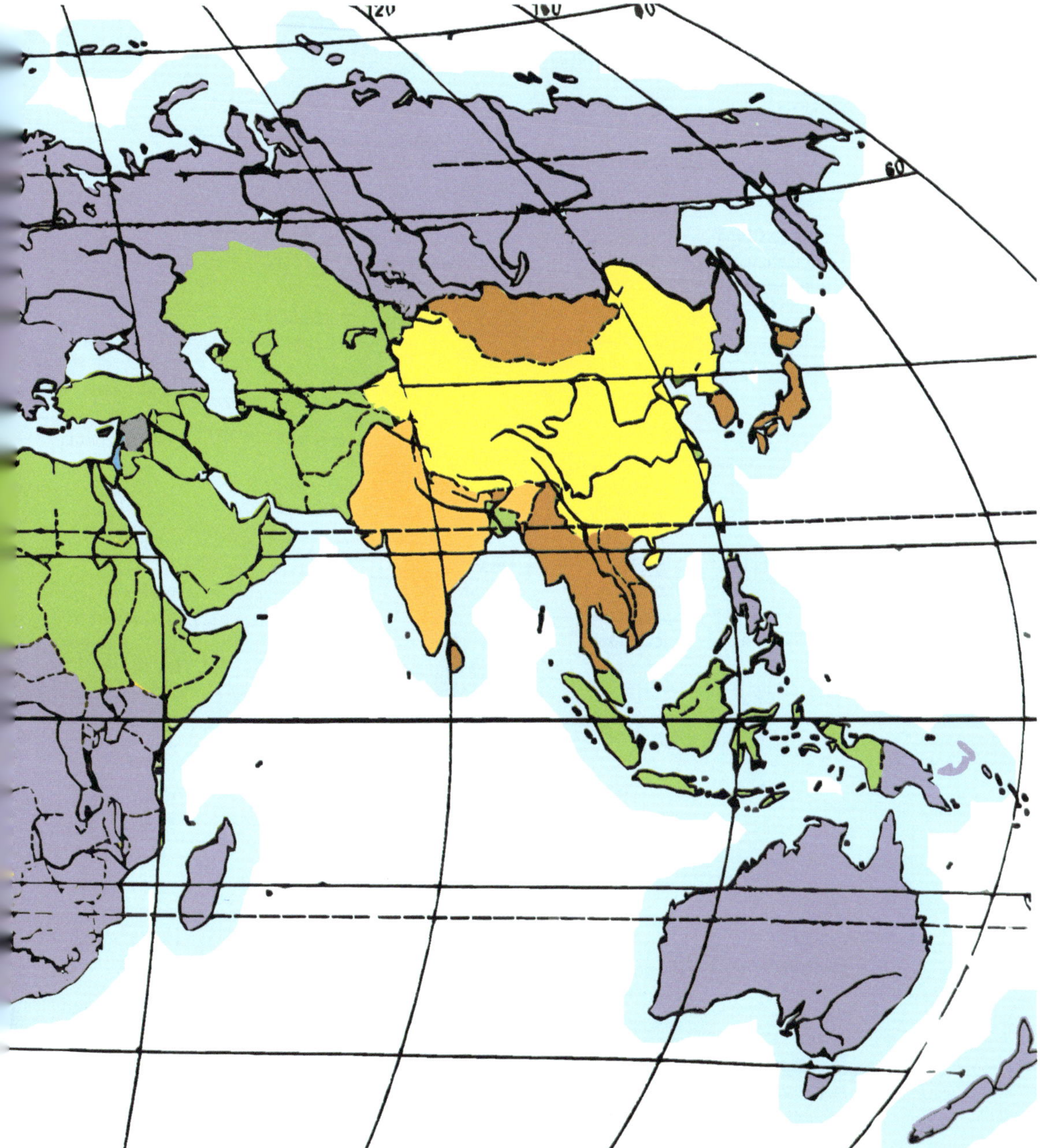
60

Zeittafel

Kulturdaten	Ferner Osten/ Taoismus	Hinduismus/ Buddhismus	Judentum	Christentum	Islam
-2000 ~ 1800 Alphabetschrift im Nahen Osten ~ Katze Ägypten Haustier ~ 1800 Hammurabi; Babylon Wasseruhren, astronom. Lehrbücher	~ 2000 Hsia Dynastie in China ~ Bronze in China ~ 1700 Ganzwortschrift in China ~ Shang Dynastie in China		~ 1850/1750/1700 **Abraham und Sarah, Isaak und Ismael** (traditionelle Datierung) ~ 1800 Alphabetschrift im Nahen Osten		
1391-1358 Echnaton und Nofretete in Ägypten **-1500** ~ 1500 Neues Reich in Ägypten		~ Einwanderung von kaukasischen Völkern nach Indien			~ Mekka und Medina Karawanen-Stützpunkte
~ Harteisen im Vorderen Orient und in Ägypten 1290-1224 Ramses der Große in Ägypten	~ Pferdezucht in China ~ weiße Tonkeramik China	~ Rigveda-Tradition ~ Kasten entwickeln sich	~ Eisenverarbeitung in Vorderasien ~ **Moses** (trad. Datierung) ~ 1250 Moses Schar entkommt aus Ägypten ~ Philister in Palästina 1050-450 Propheten 1030 Saul König in Israel		~ Minäer im Jemen (Südwestspitze der Arabischen Halbinsel): Handelszentrum zwischen drei Kontinenten, früh besiedelt und umkämpft)
-1000 ~ griechische Notenschrift ~ Phönizier umsegeln ganz Afrika	~ westliche Chou Dynastie ~ Seide in China ~ östliche Chou Dynastie ~ Steinplattendruck China	~ die großen Epen ~ Eisenverarbeitung Indien	1000 David König in Israel 970-931 König Salomo baut den 1. Reichstempel 931 Nord- und Süddreich ~ Schrift-Propheten Amos, Hosea, Jesaja		~ 1200-100 Reich von Saba ~ hohe Wasserbau-Kultur (Bewässerungsanlagen, Staudämme) ~ Marib (Hauptstadt des Jemen) 100 000 Einwohner

Kulturdaten	Ferner Osten/ Taoismus	Hinduismus/ Buddhismus	Judentum	Christentum	Islam
~ 650 Stadt Rom 604-562 Nebukadnezar in Babylon		~ 700-300 Upanishaden zusammengestellt	722/721 Nordreich fällt 587/586 Jerusalem fällt, Babylonisches Exil: Tora – Sammlung, Redaktion		738 Vorstoß Assyriens
-500 ~ Pythagoras von Samos ~ Blütezeit Athens Sokrates, Platon, Aristoteles ~ Hippokrates lehrt Heilkunde in Griechenland ~ gebundene Schreibschrift in Griechenland ~ Aristarch (ein Vorläufer des Kopernikus) 17 Kaiser Augustus verkündet Weltfrieden	551-479 **Konfuzius** ~ **Laotse** ~ 5 Jh. Mo-Ti fordert »allumfassende Liebe« ~ »Zeit der kämpfenden Reiche« 221-206 Chin-Dynastie; zentraler Einheitsstaat ~ »Große Mauer« ~ »Gelb. Turban«-Revolte ~ regelmäßiger Handelsverkehr China-Europa	~ Silbenschrift in Indien ~ **Mahavira** erneuert Jaina-Orden ~ 450-370 **Buddha** (trad. Datierung 583-463) 327-325 Alexander d. G. in Indien 272-231 Kaiser Ashoka in Indien	~ Zweiter Jesaja: Jahwe ist der universale Gott 520-515 Zweiter Tempel ~ 458 (oder 398) Esra 333/331 Alexander d. G. ~ Tora in griechischen Übersetzungen 168-163 Makkabäer 63 Römer besetzen Palästina und Syrien 37-4 Herodes der Große		~ 500 Nabonid von Babylon residiert 10 Jahre in Tema, nördlich von Medina 25 Vorstoß Roms in den Jemen
1 ~ Rom 1 Million Einwohner ~ Papier in China ~ Seife in Gallien ~ Ptolomäus: Erde als Mittelpunkt des Himmels ~ Ganznarkose in China / Tee am Kaiserhof 318 Millionenstadt Nanking Hauptstadt Chinas	~ Buddhismus erreicht China	~ Mahayana-Buddhismus entsteht in NW-Indien ~ Nagaryuna, bedeutender Religionsphilosoph	~ Jesus geboren (vor 4) 66-73 Jüdischer Krieg 70 Tempel-Zerstörung ~ Rabbinisches Studienzentrum in Jamnia 132-135 Zweiter Jüdischer Krieg (Bar Kochba) ~ Diaspora bis 1948 (Ausrufung des Staates Israel)	**Jesus** (- 4 bis ~ +30/33) ~ (bis 64?) **Paulus** ~ 50-125 Schriften des Neuen Testaments	

Kulturdaten	Ferner Osten/ Taoismus	Hinduismus/ Buddhismus	Judentum	Christentum	Islam
324-337 Konstantin d. G. 330 Byzanz Hauptstadt 393 letzte Olympiade ~ Schachspiel in Indien		~ 200-400 Endredaktion der indischen Epen 400-470 Buddhaghosa, Religionsphilosoph in Indien und Sri Lanka	~ 200 Mischna-Redaktion (ältestes Werk der rabbinischen Literatur) ~ Blüte des Judentums in Babylon 339 Ehen Christen-Juden im Reich verboten ~ Talmud-Redaktion	250 Mönchsbewegung in Ägypten 303 Kaiser Diokletian verbietet Christentum 306 Ehelosigkeit für hohe Kleriker 313 Christentum im Römerreich geduldet ~ in Abessinien Staatsreligion 391Christentum römische Staatsreligion 432 Patrick, irische Mission	
500 ~ Fussball in Japan aus China eingeführt 527-567 Justinian; »Röm. Recht«, Hagia Sophia ~ Holztafeldruck in China	538 Buddhismus in Japan 604 Prinz Shokotu; Buddhismus und Konfuzianismus Staatsreligion			~ 500 erste Kirchen-Glocken ~ 529 Orden des Benedikt:»Ora et labora«	570-632 **Muhammad** 622 Hidschra 630 Eroberung Mekkas 632-660 »Die vier rechtmäßigen Kalifen«
~ Porzellan in China 732 Muslime in Frankreich von Karl Martell besiegt ~ Araber rechnen mit »Indischen« Zahlen	~ 635 christliche Mönche in China ~ Plattendruck-Bücher in China gebräuchlich	~ 788-820 Shankara, Religionsphilosoph; Welt als Schein (Maya) ~ 8. und 13. Jh. muslimische Eroberer verfolgen Buddhisten in Indien	~ Juden (und Christen) als Übersetzer griechischer Wissenschaftsliteratur ins Arabische	721-747 Bonifatius, fränkische Mission 726-842 Streit um die Bilderverehrung	657 Spaltung des Islam in Sunniten und Schiiten 692 Felsendom in Jerusalem 700 Arabisch Amtssprache im Arabischen Reich; Griechische Wissenschaftsliteratur ins Arabische übersetzt
768-914 Karl der Große 820 Sternwarte in Bagdad	845 große Verfolgung des Buddhismus in China			862 Slawenapostel	732 Karl Martell besiegt Muslime bei Tours 846 Plünderung Roms
~ 900 Mehrstimmiges Singen in Europa ~ Rom unter 50 Tsd. Einw.	~ ab 900 Ausbreitung der Schule des »Reinen Landes« in China	~ vor 1000 Islam verdrängt Buddhismus aus Zentralasien			~ 900 Schachspiel aus Indien ~ 1000 Islamisierung Afghanistans beendet

Kulturdaten	Ferner Osten/ Taoismus	Hinduismus/ Buddhismus	Judentum	Christentum	Islam
1000 980-1037 Ibn Sina, persischer Naturwissenschaftler, Arzt und Philosoph ~ China 90 Mill. Einwohner ~ »Arabische« Zahlen in Europa 1102 Kompass in China 1160 Hildegard von Bingen, Naturkundebuch 1192 Shogunat in Japan 1220 Raketenwaffen in China 1280 Brillen in Italien 1300 Marco Polo schreibt ~ 1350 Kanon in Europa 1430 Nikolaus von Kues lehrt Erdachsendrehung 1453 Konstantinopel fällt 1455 Gutenberg-Druck 1480 erster Alpentunnel 1491 Leonardo da Vinci, Weckeruhr 1492 Kolumbus	~ 12. Jh. Japan: Amida-Buddhismus, »Reines Land« 1173-1262 Shinran Japan, »Protestantischer Buddhismus« ~ 1200 Zen-Buddhismus	~ Brahmanismus verdrängt Buddhismus aus Indien 1097 Theravada in Burma 1391 erster Dalai Lama in Tibet	1135-1204 Maimonides, Arzt, Religionsphilosoph 1150-1250 deutsche Chassidim 1182 Juden aus Frankreich vertrieben 1275 Kabbala, das Buch Sofar; mystische Religionsphilosophie, entsteht in Spanien und der Provence 1290 Juden aus England vertrieben 1492 Juden aus Spanien vertrieben 1455-1522 Reuchlin, christlicher Hebraist und Kabbalist	1064 Ost- und Westkirche 1095 Aufruf 1. Kreuzzug 1182-1226 Franziskus von Assisi 1220 Dominikaner-Orden 1223 Franziskaner-Orden 1453 Konstantinopel fällt 1492-1546 Martin Luther	~ 1000-1600 Islam in Indien und Südostasien 1010 Kalif Hakim lässt die Kirche des »Heiligen Grabes« in Jerusalem zerstören 1096-1250 Kreuzzüge an den Mittelmeerküsten 1453 Türken erobern Konstantinopel/Byzanz
1500 ~ Kaffee kommt nach Europa ~ 1550 Adam Riese schreibt verständliches Rechenbuch			1523 Luther, Judenschutzschrift	1517 Luthers Thesen in Wittenberg 1522 Luthers Übersetzung des Neuen Testaments	1529 Türken belagern Wien; »Halbmond« wird zum Emblem

Kulturdaten	Ferner Osten/ Taoismus	Hinduismus/ Buddhismus	Judentum	Christentum	Islam
1519-1522 Magellan, Portugal; Erdumseglung	Taoismus, Buddhismus, Konfuzianismus beeinflussen und durchdringen sich in China, behalten aber ihre trad. Profile			1525 Deutscher Bauernkrieg 1543 Luther: »Von den Jüden und ihren Lügen« 1544 Konzil von Trient: Selbstreform der katholischen Kirche	1501-1629 Schia, persische Staatsreligion
1543 Kopernikus Schriften erscheinen 1595 Merkator, »Atlas«	1531 katholische Mönche missionieren in China ~ 16. Jh. Jesuiten missionieren in Japan	1578 Kaiser Akbar, Indien; Religionskongress: Alle Religionen sind gleichberechtigt		~ 16. Jh. Reformpapsttum ~ 16. Jh. Hexenverfolgungen ~ ab 16. Jh. christliche Mission außerhalb Europas	~ ab 16. Jh. Koran wird in christlichen Ländern auf Arabisch gedruckt
			17. Jh. Messianische Bewegung in Osteuropa 1670 Spinoza, Bibelkritik	1618-1648 dreißig Jahre Konfessionskriege in Mitteleuropa 1648 Westfälischer Friede: Erstmalig treten Konfessionen in ein geregeltes Rechtsverhältnis 1685-1750 Johann Sebastian Bach: »Der fünfte Evangelist«	1683 Niederlage der Türken vor Wien 8. bis 18. Jh. Islamisierung Afrikas nördlich des Äquators
~ 1700-1800 europäische Aufklärung 1775 industrielle Schokoladenprodukte 1789 Französische Revolution: »Freiheit, Gleichheit, Brüderlichkeit«; Demokratiebewegungen in der westlichen Welt			1729-1786 Moses Mendelssohn, Aufklärungsphilosoph in Deutschland ~ 1785 Osteuropäischer Chassidismus ~ 1820 Reform-Judentum	~ 19. Jh. kritische Bibelwissenschaft	1740 Al-Wahhab etabliert strenggläubigen Islam auf der Arabischen Halbinsel

Kulturdaten	Ferner Osten/ Taoismus	Hinduismus/ Buddhismus	Judentum	Christentum	Islam
1800-2000 technisch-wissenschaftliche Revolution / moderne Kunst / Naturschutzgesetze		1820 wissenschaftliche Studien zum Buddhismus in Europa 1834-1886 Ramakrishna, indischer Mystiker	1897 Zionistischer Weltkongress in Basel		1885-1898 Messianischer Gottesstaat im Sudan
	1850-1860 Taiping-Bewegung christlicher Sozialisten in China wird blutig unterdrückt	1869-1948 Gandhi, Indien, religiöse Freiheitskämpfer 1890 Buddhistengemeinden im Westen 1935* XIV. Dalai Lama	1933-1945 Nationalsozialistische Juden-Pogrome und -vernichtung	1929-1968 Martin Luther King, Bürgerrechtler USA	1919 Kairoer Druckausgabe des Koran 1923-1938 Kemal Atatürk; Trennung von Staat und Islam in der Türkei; dort 1924 Ende des Kalifats und der Scharia-Gerichtsbarkeit
1945 Vereinte Nationen: Charta der Menschenrechte			1879-1955 Einstein, Physiker, Philosoph, Moralist 1948 Staat Israel ausgerufen	1948 Ökumenischer Weltkirchenrat gegründet (ohne kath. Kirche)	
1961 Gagarin, erster Mensch im All	XIV. Dalai Lama flieht 1959 vor chinesischen Truppen nach Indien ins Exil 1966-1976 Chinesische Kulturrevolution beschneidet Religionsfreiheit	1956 Buddhistisches Konzil in Burma		1958-1963 Papst Johannes XXIII. öffnet katholische Kirche der Ökumene und Moderne	~ Orthodoxe Erneuerungsbewegungen im Islam
~ 2000 Globalisierungsbewegung		2001 Taliban zerstören Kolossal-Buddha-Statue in Afghanistan			1979 Islamische Republik im Iran (Khomeini)

Register